国家双高“铁道机车专业群”系列　活页工作手册式立体化教材
——城市轨道交通车辆应用技术专业

# 城市轨道交通车辆空调

## 活页式

主　编 ◎ 张天彤　杨培义
副主编 ◎ 韩增盛　易　楠　张明康
主　审 ◎ 高民富

校企合作

微课

动画

活页式

西南交通大学出版社
·成　都·

图书在版编目（CIP）数据

城市轨道交通车辆空调 / 张天彤，杨培义主编. —
成都：西南交通大学出版社，2023.6
ISBN 978-7-5643-9271-0

Ⅰ. ①城… Ⅱ. ①张… ②杨… Ⅲ. ①城市铁路－铁
路车辆－空气调节系统－教材 Ⅳ. ①U270.38

中国国家版本馆 CIP 数据核字（2023）第 075082 号

Chengshi Guidao Jiaotong Cheliang Kongtiao
城市轨道交通车辆空调

主　编 / 张天彤　杨培义
责任编辑 / 王　旻
特邀编辑 / 孟苏成
封面设计 / 何东琳设计工作室

西南交通大学出版社出版发行
（四川省成都市金牛区二环路北一段 111 号西南交通大学创新大厦 21 楼　610031）
发行部电话：028-87600564　028-87600533
网址：http：//www.xnjdcbs.com
印刷：四川玖艺呈现印刷有限公司

成品尺寸　185 mm × 260 mm
印张　12.75　字数　319 千
版次　2023 年 6 月第 1 版　印次　2023 年 6 月第 1 次

书号　ISBN 978-7-5643-9271-0
定价　45.00 元

课件咨询电话：028-81435775
图书如有印装质量问题　本社负责退换

# 前言

PREFACE

城市轨道交通因其无与伦比的优势得到了快速发展，其优势体现在以下几点：第一是运量大，以地铁为例，单向高峰时段每小时运输能力可达3万～8万人次左右，是城市公共汽车交通运量的5～10倍；第二是安全、准时和快捷，城市轨道交通有专用线路，尤其地铁主要以地下隧道线路为主，安全性高，不受气候、时间和其他交通工具的干扰，不会出现交通阻塞而延误时间；第三是产生的噪声与振动较小，绿色环保；第四是节约土地资源，能够充分利用地下空间。

截至2021年8月，全国共有48个城市开通运营城市轨道交通线路247条，运营里程7 970 km，实际开行列车264万列次，完成客运量17.9亿人次。国内城市轨道交通建设将进一步提速，未来发展空间大，前景十分广阔。

城市轨道交通（简称城轨）的发展离不开城轨车辆的发展，空调装置作为城轨车辆的主要部件之一，不仅保障着乘客的舒适度，同时也是现代轨道交通车辆先进技术的重要体现。

城轨车辆空调装置是一个高度集成的系统化设备，涉及工程热力学、传热学、流体力学等学科，牵涉机械、电气、控制、材料等多领域，是现代车辆装备技术综合化、智能化、网络化的集成体现。

本书以城市轨道交通车辆空调基本原理为基础，结合国内多家地铁公司的城轨车辆车型，系统介绍了典型城轨车辆空调装置的结构、原理、维护和故障处理方法，突出理论与一线现场实践的结合，适合我国目前高等职业院校及高等院校城市轨道交通车辆专业教学需要，对地铁运营公司车辆检修培训和学习也有一定的指导作用。

本书由郑州铁路职业技术学院张天彤、杨培义任主编，韩增盛、易楠、张明康任副主编。具体分工：项目一由韩增盛编写，项目二、三由易楠编写，项目四、五、九由张天彤编写，项目六、八由张明康编写，项目七、十由杨培义编写。全书由张天彤统稿，郑州地铁集团有限公司高级工程师高民富主审。

由于编者水平所限，书中难免有疏漏和不当之处，恳请各位读者批评指正。

编　者

2023 年 3 月

# 数字资源目录

DIGITAL RESOURCES CONTENTS

续表

| 序号 | 二维码名称 | 资源类型/数量 | 页码 |
|---|---|---|---|
| 21 | 7.1 列车通信控制系统概述-1 | 微课、PPT/2 | 109 |
| 22 | 7.1 列车通信控制系统概述-2 | 微课、PPT/2 | 112 |
| 23 | 7.2 空调自动控制系统 | 微课、PPT/2 | 115 |
| 24 | 7.3 地铁空调典型控制系统-1 | 微课、PPT/2 | 119 |
| 25 | 7.3 地铁空调典型控制系统-2 | 微课、PPT/2 | 122 |
| 26 | 8.1 检修仪器与设备 | 微课、PPT/2 | 126 |
| 27 | 8.2 制冷系统安装与接管 | 微课、PPT/2 | 134 |
| 28 | 8.3 制冷系统检漏及充注制冷剂 | 微课、PPT/2 | 141 |
| 29 | 8.4 空调机组的检修 | 微课、PPT/2 | 150 |
| 30 | 9.1 城轨车辆空调装置试验 | 微课、PPT/2 | 153 |
| 31 | 9.2 城轨车辆空调安装及试运转 | 微课、PPT/2 | 158 |
| 32 | 9.3 城轨车辆空调保养与维护 | 微课、PPT/2 | 160 |
| 33 | 9.4 城轨车辆空调维护软件的使用 | 微课、PPT/2 | 168 |
| 34 | 10.1 空调机组的故障检查方法-1 | 微课、PPT/2 | 173 |
| 35 | 10.1 空调机组的故障检查方法-2 | 微课、PPT/2 | 176 |
| 36 | 10.2 城轨车辆空调常见故障和处理方法 | 微课、PPT/2 | 178 |
| 37 | 10.3 通风机的常见故障 | 微课、PPT/2 | 182 |
| 38 | 10.4 城轨车辆空调典型故障案例-1 | 微课、PPT/2 | 184 |
| 39 | 10.4 城轨车辆空调典型故障案例-2 | 微课、PPT/2 | 188 |

# 目录

CONTENTS

# 项目一　城轨车辆空调概况

## 项目概述

空调系统是城轨车辆重要组成部件之一，目前国内城轨交通车辆的空调装置已完全实现国产化。城轨车辆空调系统主要由通风系统、制冷系统、加热系统、加湿系统以及自动控制系统五大系统组成，一般应达到小型轻量化、耐振性、阻燃性、水密性、可维护性（免维护性）、耐蚀性、电源协调使用等要求。

本项目主要讲述了城轨车辆空调概况，包括城轨车辆空调的现状及发展趋势，城轨车辆空调与铁路客车空调的区别，城轨车辆空调的性能评价指标、作用、组成及特点和要求。

## 任务一　认识城轨车辆空调

1.1　城轨车辆空调概述

【学习目标】

- 了解现有城轨车辆空调的现状及发展趋势。
- 理解城轨车辆空调主要指标。

【教学环境】

可利用多媒体设备进行直观的理论教学，利用图片和录制的视频进行初步认知教学，也可以到现场参观城轨车辆空调系统的组成。

【教学设施】

教学用的 PPT、视频以及相关教学引导资料

【理论模块】

随着我国城市轨道交通的快速发展，空调系统被广泛地应用在了城市轨道交通车辆上，空调系统的性能对于调节客室内的温度、湿度、洁净度，提高乘坐人员的舒适性具有重要意义。我国在 20 世纪 60 年代开通的北京地铁并无空调装置，只设通风系统。随着 20 世纪末上海、广州等地引进国外地铁车辆，开始在地铁车辆上安装空调系统。目前，国内城轨交通车辆的空调装置已完全实现国产化。

## 一、现有城轨车辆空调现状

我国采用的城市轨道车辆空调类型在南方城市多为传统的单冷型，只作为制冷机。北方空调机组大多安装有电加热器，部分城市采用热泵制热。随着变频技术的发展，许多城市新开通的地铁采用了变频空调。

## 二、城轨车辆空调系统的性能评价指标

### （一）空调机组

城轨车辆空调系统一般应达到小型轻量化、耐振性、阻燃性、水密性、可维护性（免维护性）、耐蚀性、电源协调使用等要求。

1. 小型轻量化

小型轻量化是城轨车辆空调系统的显著特点。由于城轨车辆一般比铁路车辆小、高度低、运载量大，而空调机组通常置于车顶部，受上部限界的限制，其体积总重受到一定限制。所以小型、轻量化是空调机组必须满足的条件。近年来，国产地铁空调采用一系列新技术来缩小空调制冷装置的体积。如采用卧式蜗旋式压缩机；换热器采用内螺纹管，以增强换热效果，减少换热器体积；采用带亲水膜的轻质铝翅片，降低换热器质量；引进高效进口风机等，在保证流量、噪声等要求下降低了体积及质量。

2. 可靠性高

（1）抗振性能好。车辆在运行中会产生振动，因此车辆空调系统要具备足够的耐振性能。《铁道客车空调机组》（TB/T 1804—2017）对车辆空调设备提出了抗振要求及试验标准。这个标准对运行条件好于铁路车辆的城轨车辆空调系统来说，应该是完全适用的。

（2）耐腐蚀性好。现在城市的大气污染程度较大，尤其是沿海城市的盐雾影响，对暴露在大气当中的空调机的电机、换热器壳体的耐腐蚀性要求较高，因此空调机组在设计、制造时要充分考虑到这点。如采用防护等级较高的电机，并在电机外部配合处增加电机防护技术措施，在换热器上采用耐酸、碱、盐雾腐蚀的覆膜铝翅片，并采用不锈钢板材制造空调机壳体，防止腐蚀，延长空调机组的使用寿命。

3. 免维护程度高

安装于车辆上的空调机组并不能像地面制冷机组那样，可以给检修、维护人员一个易于检视的环境和空间。根据铁路客车空调的使用经验，在条件允许的情况下，城轨车辆空调系统应尽量使用单元式、全封闭式制冷循环系统，并提高免维护的元件使用率。

### （二）空调控制器

空调控制器控制空调机组正常运行，是空调机组的重要组成部分。它在车辆上的使用关键是可靠性、可触及性、自动化程度及电磁兼容性。

1. 可靠性

目前，城轨车辆空调控制器的关键元件采用的是质量较好的进口元件或合资工厂生产的元件，降低了元件的故障率。电路设计经过大量的实际运行验证，可靠性较高。

2. 可触及性

由于空调控制器元件动作较频繁，并有较多的空调机组保护元件，其维护量较大。在

空调机组检修中，还要观察控制器整体的动作情况，以便判明故障原因。因此空调控制器要尽可能布置在检修人员易于触及、易于观察的地方，否则，就会给空调机组的维护、检修带来麻烦。

3. 自动化程度

城轨车辆空调系统自动化程度高，能够在出现问题时自动处理，如对非故障问题有自我保护及自我恢复能力，对故障能够自我诊断及自动存储，以便车辆进站后能够及时修复。

目前地铁车辆空调控制系统能够对偶发性非故障现象进行自我判断，对于实际故障能够诊断记录，可通过笔记本电脑进行联网调试。该控制器还可以进行通信，实现上位机的集中控制功能。控制系统的主要任务是以温度信号为判据，控制制冷或采暖系统的运行及停止。温度过高时，开启压缩机制冷；温度过低时，开启加热器采暖；温度适中时，仅开通风使车内空气循环，并保持一定量的新风。这样使车厢保持适宜的温度和湿度，为乘客和乘务人员创造良好舒适的环境。

4. 电磁兼容性

车辆的自动化程度越高，车辆设备及信号控制系统电磁环境越复杂，电子部件信号系统要适应此电磁环境。因此空调系统控制装置要在预期的电磁环境中能正常工作，且无性能降低或故障，电磁兼容性是要预先考虑的，要遵照车辆运行电磁环境进行功能设计。

### （三）通风系统

经空调机组处理后的空气通过通风系统送入车内，并保持车内送风的均匀。通风系统可制约空调机组的性能发挥，是车辆空气调节的重要组成部分。

目前，城轨车辆空调一般设有废排口，尤其在车辆乘客多的情况下，通过车门开闭不能完全置换车内空气，有必要设置废排。这样的好处是：① 直接将下部拥挤人群散发的热量通过废排口排出，减少上涌热气流与空调系统送风的有效空气的干扰；② 冬季有利于热气流下沉；③ 使乘客感受更多的新鲜空气。

## 三、城轨车辆空调系统的发展方向

变频技术历经多年的发展，已经日趋成熟，工业变频器已经成为各行各业的必备产品。变频技术飞速发展带来的契机，使变频空调以其固有的节能、高效、舒适、提升低温供热能力、可靠等特点，必将成为城轨车辆空调发展的方向。

变频空调机的主要特点如下：

1. 变频空调机节约能源

变频空调机的主要特点是高频降温，低频连续运转维持恒温，同时温度波动小。变频空调机的节电正是由于低速连续小功率运转时具有高能效比，且减少了多次开关造成的开关损耗，从而达到节能降耗作用。

空调机压缩式制冷循环的原理在几十年来未发生变化的情况下，空调机的节能分为 3 类：第 1 类是节能元件的选用，例如采用高效压缩机，采用高效的直流风机电机；第 2 类是提高换热效率，例如采用浸水膜的铝箔，由于水不易形成水珠堵塞风道而提高效率，或采用带内螺纹铜管提高效率等方法；第 3 类是运行节能控制，即变频节能。实践证明，变频空调机可实现运行节能 30%以上。

2. 变频空调的低温供暖能力

变频空调机可利用其高速旋转的特点，额外补充一部分电功率，而使供风温度提高，实现供暖。变频空调机可使使用环境温度调节到 – 10 °C。

3. 变频空调机的舒适度

变频空调机实现了低频运转维持温度，比普通空调机的开关维持温度的温度波动大大减少，同时又利用了变频空调机的高速运转提升能力，实现迅速降温升温而提高舒适度。

4. 变频空调机可实现更宽的工作电压

变频空调机实现了低频启动，启动电流很小，电源电压波动小，还可实现更宽的工作电压，自动修正加到压缩机上的电压，使压缩机的工作更稳定，效率更高。

根据变频空调的特点，未来城轨车辆空调的发展目标如下：

（1）冷暖一体化。热泵型冷暖两用车用空调，弥补目前定速车用空调不能供热的不足，提高空调机的利用率，取消电暖气。

（2）机电一体化。变频控制器与变频空调机实现一体化组装，使城轨车辆设备布置简单，安装简易、安全。

（3）安装简单。采用先进的集成技术，使得该产品体积更小、质量更轻。

（4）配电简单。与外在的电气连接只是两个航空插头，节约了布线成本和车辆空间。

（5）全变频设计。变频涡旋式压缩机加上变频风扇电机和 4 套变频器。

（6）舒适度。动态恒温空调系统，做到冷暖无级调节。

## 任务二　认识城轨车辆空调的作用及组成

**【学习目标】**

- 掌握现有城轨车辆空调的主要组成。
- 理解城轨车辆空调各系统的作用。

**【教学环境】**

利用图片和录制的视频进行初步认知教学，到实训场地参观城轨车辆空调系统。

**【教学设施】**

教学用的 PPT、视频以及空调实物。

**【理论模块】**

### 一、城轨车辆空调的作用

城轨车辆空调的作用是将一定量的车外新鲜空气和车内再循环空气混合，经过滤、冷却或加热、减湿或加湿等处理后，以一定的流速送入车内，并将车内一定量的污浊空气排出车外，从而控制客室内温度、湿度、风速、清洁度及噪声，并使之达到规定标准，以提高车内的舒适性，改善乘车环境。

一般车辆空调系统主要由通风系统、制冷系统、加热系统、加湿系统以及自动控制系统五大系统组成。考虑到城轨车辆实际运行区域的气候条件，有些车辆可不设专门的加热及加湿系统。

通风系统的作用是将车外新鲜空气吸入并与车内再循环空气混合，在滤清灰尘和杂质后，再压送分配到车内，同时排出车内多余的污浊空气，以保证车内空气的洁净度以及合理的流动速度和气流组织。通风系统一般由通风机组、空气过滤器、新风口、送风道、回风口、回风道以及排废气口等组成。

空气冷却系统（也称为制冷系统）的作用是对车内的空气进行降温、减湿处理，使车内空气的温度与相对湿度保持在规定的范围内。冷却系统工作时，由制冷剂通过蒸发器冷却将要送入车内的空气，而蒸发器表面的温度低于空气的露点温度，空气中的部分水蒸气就会凝结成水滴，形成通常所说的“空调水”。因此，空气在通过蒸发器冷却的同时也得到了减湿处理。为保证制冷系统安全、有效地工作，制冷系统除压缩机、蒸发器、冷凝器、节流装置四大件外，还配有贮液器、干燥过滤器、气液分离器等辅助设备。

空气加热系统的作用是在低温时对进入车内的空气进行预热和对车内的空气进行加热，以保证车内空气的温度在规定的范围内。在空气温度较低时，通风系统向车内送风过程中，由预热器对空气进行加热，然后再送入车内，而车内地面式加热器对车内空气加热，以补偿车体和门窗的热损失。空气加热系统通常包括空气预热器和地面空气加热器两部分。

空气加湿系统的作用是在车内空气相对湿度较低时，对空气进行加湿处理，以保证车内空气的相对湿度在规定的范围内。加湿最简单的方法是采用电极加湿器。

自动控制系统的作用是控制各功能系统按给定的方案协调、有序地工作，以使车内的空气参数控制在规定的范围内，并同时对空调制冷装置起自动保护作用。电气控制系统一般由各设备的控制电器、保护元件以及相关仪表和电路等组成。

## 二、城轨车辆空调的组成

城轨车辆空调系统（见图 1-1）主要由单元式空调机组、风道、送风格栅、司机室送风单元及控制装置等部分组成。

图 1-1　空调装置

一般来讲城市轨道交通车辆的空调系统是在车顶两端设置 2 台单元式空调机组，通过车顶风道及风口向车内送风。为了使车辆的外形轮廓不超出车辆静态限界，特在车顶两端设计了 2 个专用于安装空调单元的凹坑，在安装空调单元的机座上加装橡胶垫以减小振动影响。

每个空调单元的控制与监控都是由设在每辆车的电气柜中的空调控制单元实施自动控制、自动调节，并控制整列车的制冷压缩机的顺序启动，以免多台压缩机同时启动造成启动电流过大而引发事故。

空调系统的电源是由 A、B、C 车每辆车的辅助逆变器提供。其中 A 车的逆变器提供控制系统的电源，B 车的逆变器承担 A、B、C 的各一个单元的空调机组的电源，而每节车的另一个单元的空调机组则由 C 车的逆变器供电，这样可避免因一个逆变器故障而造成单节车的空调机组全部停机。另外，每节车还设有一台紧急逆变器，用于在 1 500 V 直流供电中断时，将列车蓄电池直流电源逆变成三相交流电，以供紧急通风使用。

城轨车辆司机室内一般不设立单独的空调机组，而设立一个单独的送风单元。该送风单元设有风量和风向可调的送风口，并且送风口可进行关闭，其内置的调速风机，可由司机根据实际需要进行手动控制。送风单元内置的调速风机通过单独的风道从相邻的空调送风道中吸入已处理的空气送入司机室，通过调节送风口大小来调节送风量，通过调节送风口方向来调节送风方向，回风通过司机室隔门上的百叶窗进入客室实现回风。

## 任务三　城轨车辆空调的特点及要求

**【学习目标】**

- 理解城轨车辆空调的特点。
- 了解城轨车辆空调的主要影响因素。

1.2　城轨车辆空调特点及要求

**【教学环境】**

可利用多媒体设备进行直观的理论教学，利用图片和录制的视频进行初步认知教学。

**【教学设施】**

教学用的 PPT、视频以及相关教学引导资料。

**【理论模块】**

城轨车辆空调主要包括以下特点及要求：

（1）现代城轨车辆客室基本采用全密封结构，而且为保证大流量旅客上下车的时间和效率（每站约停 30 s），每侧设置 3 ~ 5 个客室车门。由于城市轨道交通站间距短（一般 800 ~ 2 000 m），客室车门频繁开启，因此，客室内部制冷损耗大，制冷效率低。要达到和保持使人体感觉舒适的微气候条件，必须加大空调系统的制冷能力（一般应为计算制冷量的 110% ~ 120%）。如果没有足够的制冷能力，不断的制冷损耗会使空调系统长时间的工作也达不到规定的微气候条件，也就失去了空调装置的作用和意义。

（2）城轨车辆载客量大，人员众多，在客室内，由于人的呼吸，车内氧气减少，二氧化碳（$CO_2$）含量增加，车内过多的二氧化碳会使旅客感到气闷、疲劳，当增加到一定浓度后就会影响人的健康。此外，车内还可能产生其他有害气体，使车内空气变得污浊。因此，必须不断更换车内的空气，使车内空气保持一定的新鲜程度。因此，按照卫生标准和要求，每人必须有 10 $m^3/h$ 的新鲜空气量即新风量的要求。空调机组应设有可自动调节的新风口和回风口。新风调节机构可保证从全开到全闭范围内调整新风量，回风口的气流调节装置可确保制冷和紧急通风功能的需要。调节机构设置调节挡板，用于调节新风、回风的混合比例。新风阀与排气阀同步，根据车辆载客量的不同，可调节不同的开度，改变新风量。

（3）城轨客车车内的空气流速，同样影响人体的散热。车内空气流速的增大可以加速人体表面的对流散热，促进人体表面汗液的蒸发，从而增加散热效果。通过试验，夏季人体对空气流速有感觉的极限近似为 0.15～0.25 m/s 的范围。城轨车辆送风均匀性是靠通风系统来保证，该系统的好坏，直接影响着车内的温度均匀性及送风均匀性，它可制约空调机组在车辆中的性能发挥。目前，我国城轨车辆普遍采用静压风道，这种静压风道能够降低噪声，使送风均匀。

（4）城轨车辆通常车内乘客较多，车辆内部要求做到全面送风。即使是空调机回风口区域，也要设有送风口。否则气流受拥挤人群扰动、阻塞，回风往往越过空调机回风口区乘客头顶回到空调机内，使此处乘客感觉不到气流；而且在超员的情况下，回风温度也较高，不能带给乘客相应的凉爽感，无法满足舒适需要。

城轨车辆的空调装置通风系统送入车内的空气中通常含有部分再循环空气和新鲜空气，其通风量为新鲜空气量和再循环空气量之和。一定数量的新风量进入，可以保证客室内的正压，可有效地防止外界未经处理的空气及灰尘的渗入。但是，由于城轨车辆载客量大，客室内所需新风量大，使空调系统的通风量增大，从而也使客室的正压值增大。为保证客室内的一定正压，同时又要平衡所需要的新风量带来的正压过大，需将客室内多余的空气排出车外，因此，城轨车辆一般需设置废排口或废排装置。对于采用塞拉门系统的城轨车辆来说，客室内正压过大，会使塞拉门的关门阻力剧增，从而不能保证车辆的正常运行。因此，客室正压值一般应在 9.81～29.4 Pa 为宜。因此，城轨车辆废排口或废排装置的废排量应略小于或等于新风量，一般为新风量的 90%～95%。

（5）现代城市轨道交通车辆全部采用 VVVF 逆变器控制的交流传动系统，辅助供电系统采用静止逆变器（SIV）。一般情况下每列车设置有两组静止逆变器（SIV）及两组蓄电池组。静止逆变器（SIV）将接收到的直流 1 500 V 或 750 V 高压电变换成三相 380 V/50 Hz 交流、110 V 直流及 24 V 直流，作为客室照明、空调系统及各系统控制设备电源，同时可向蓄电池组充电，并满足不同负载的供电需求。城轨车辆的空调装置其压缩机、冷凝器风机、蒸发器风机一般采用 SIV 提供的三相 380 V/50 Hz 交流电进行工作，控制系统采用 110 V 直流电。

（6）根据城轨车辆运行特点和可靠性要求，一般每节车辆采用两套空调机组，并且由每列车的两套辅助逆变器（SIV）分别供电。这样做可保证两种故障状态时的车辆正常运行。

其一是当每节车辆中一台空调机组故障时或制冷系统出现问题时，另外一台机组还可正常工作或为车辆提供一定的制冷量，保证车辆的正常运行。

其二是当一台辅助逆变器（SIV）故障时，另外一台辅助逆变器（SIV）可保证每节车辆的空调机组的制冷能力可自动减半或保证一台空调机组正常工作。

另外，当两台辅助逆变器（SIV）同时故障或外部供电系统故障，接触网或送电轨停电时，空调系统应自动转入紧急通风状态，此时由蓄电池提供 DC 110 V 电源，制冷压缩机和冷凝风机全部停止运转，仅通过专用逆变器给蒸发器风机提供交流电源使其工作，保证客室正常通风。同时，回风调节挡板将回风关闭、新风阀全部打开，输送空气全部为新鲜空气，以维持客室内的氧气含量及空气流动。在紧急通风状态下蓄电池应保证通风系统 45 min 的应急通风。

（7）随着人们生活水平的提高，对环境污染的要求和控制水平也越来越高。轨道交通也是属于噪声污染源之一，尤其是对沿线居民、办公人员的影响更大，因而噪声限值越来越严。一般来说，现代城轨车辆对空调装置的噪声要求是：列车处于静止状态和自由声场内，所有辅助设备正常运行时，客室内部沿车辆中心线、距离地板面 1.5 m 高处至少测量 3 个点，测得的噪声级不超过 69 dB（A）。在空调回风口下方测得的噪声级不超过 72 dB（A）。对空调机组本身要求在名义工况下，距空调机组中心线 1.5 m 处，空调机组整机噪声级不大于 70 dB（A）。

（8）为了满足免维护程度高、可维修性好的要求，城轨车辆空调制冷系统应采用单元式、全封闭式制冷循环系统，该系统具有以下优点。

① 系统密封性好。

② 出厂前充入定量制冷剂，并在性能试验后发货，无泄漏，所以性能与质量稳定，可靠性高。

③ 相对分体式空调装置，由于可省去储液器、管路接头，以及免充入过多的制冷剂，故质量轻。

④ 因为系统无泄漏，故制冷系统的维修周期长。

⑤ 因为管路元件少，系统不泄漏，故制冷系统维护工作量少。

## 思考与练习

1. 简述现有城轨车辆空调的现状及发展趋势。
2. 空调与制冷装置的作用是什么？
3. 简述城轨车辆空调的特点及要求。

# 项目二　城轨车辆空调基础知识

## 项目概述

在空调工程中，研究与处理的对象是空气环境，所使用的媒介物往往也是空气。因此，需要对空气的物理性质有所了解，熟悉制冷与空调的热力学知识。

制冷剂是制冷系统中完成循环并通过其状态的变化以实现制冷的工作介质,也称冷工质。制冷剂的热力学状态在制冷循环中是不断发生变化的，制冷机借助制冷剂的热力学状态变化将被冷却系统的热量连续不断地传递给高温热源,以完成制冷循环。如果把压缩机当成制冷系统的心脏，则制冷剂可视为血液。

压缩机所有运动零部件的磨合面必须用润滑油加以润滑，以较少磨损。制冷压缩面所使用的润滑油叫作冷冻机油，简称冷冻油。冷冻油把磨合面的摩擦热能通过磨屑带走，从而限制了压缩机的温升，改善了压缩机的工作条件。

本项目主要讲述了城轨车辆空调与制冷的基本概念，包括压力、温度、湿度、焓、焓湿图、干湿球温度等，城轨车辆客室内空气参数的确定，制冷剂的作用、要求、分类、表示方法以及常用制冷剂的性质，润滑油的作用、性能要求、分类及选用。

## 任务一　湿空气

2.1　湿空气

【学习目标】

- 理解湿空气的物理参数。

【教学环境】

可利用多媒体设备进行直观的理论教学，利用图片和录制的视频进行初步认知教学。

【教学设施】

教学用的 PPT、视频以及相关教学引导资料。

【理论模块】

在热工学中，我们把含有水蒸气的空气叫作湿空气。在大气中永远包含一定量的水蒸气，所以绝对干的空气在自然界中是不存在的。而在一般空调研究中，把干空气作为一个整体，对它的组成成分不做详细讨论，因此我们就可认为：

湿空气 = 干空气 + 水蒸气

空调就是空气调节，也就是将外界空气（湿空气）经过一定的处理并用一定的方式送入室内，使室内空气的温度、相对湿度、气流速度和洁净度等，控制在一定范围内。湿空气是空气调节的对象，湿空气的状态通常用压力、温度、相对湿度、含湿量及焓等参数来度量和描述，这些参数称为湿空气的状态参数。因此，首先要对湿空气的状态参数，如压力、温度、湿度和焓等有所了解。

## 一、湿空气的状态参数

### （一）压　力

地球表面的大气层对单位地球表面所形成的压力称为大气压力。空气对容器壁面的实际压力称为绝对压力。在空调系统中，空气的压力是用仪表测出的，仪表上指示的压力称为工作压力，它是以当地大气压作为参考点，所测得的工作压力就不是绝对压力，而是绝对压力与当时当地大气压的差值，也称为表压力。压力的单位用帕（Pa）或千帕（kPa）表示。

工作压力与绝对压力的关系为

绝对压力 = 当地压力 + 工作压力

只有绝对压力才是湿空气的状态参数。凡未指明是工作压力的，均应理解为绝对压力。湿空气是由干空气和水蒸气所组成的混合气体，所以湿空气的压力即为干空气分压力 $p_g$ 与水蒸气的分压力 $p_s$ 之和，即

$$p = p_g + p_s \tag{2-1}$$

在空调工程中所指的湿空气就是大气，所谓湿空气的总压力 $p$ 就是当地的大气压 $p_b$，即

$$p_b = p_g + p_s \tag{2-2}$$

为了对湿空气的压力，特别是对其中水蒸气的分压力有进一步的认识，必须了解饱和空气和未饱和空气的概念。

#### 1. 饱和空气

在一定的温度条件下，空气中水蒸气分子的含量越多，水蒸气的分压力就越大。如果空气中水蒸气的含量超过某一值时，空气中就有水析出。这说明在一定温度条件下，湿空气中容纳的水蒸气的数量是有一个最大限量的。也就是说，湿空气中水蒸气分压力有一个最大值，这个最大值就称为该温度下的饱和水蒸气分压力 $p_{sb}$。在大气中，如从水蒸发为气的数量与空气中水蒸气凝结为水的数量相等，此时大气中所含的水蒸气数量达到最大限度，即水蒸气处于饱和状态。这种湿空气就是干空气和饱和水蒸气的混合物，称为饱和空气。

#### 2. 未饱和空气

若湿空气中水蒸气的分压力低于其相同温度下饱和空气的水蒸气分压力，这时的水蒸气就处于过热状态，这种湿空气就是干空气和过热水蒸气的混合物，称为未饱和空气。由

此可见，在一定温度条件下，湿空气中水蒸气分压力的大小，是衡量水蒸气含量即空气干燥或潮湿的指标。温度相同的情况下，水蒸气分压力越高，说明空气中水蒸气的含量就越多；水蒸气相同的情况下，温度越高，水蒸气的分压力就越大。

### （二）温　度

温度是空气调节中的一个重要参数。当空气受热后其内部分子动能增大，空气则表现为温度升高。湿空气是干空气和水蒸气的混合物，所以湿空气的温度就是干空气的温度，也是水蒸气的温度，即

$$T = T_g = T_s \tag{2-3}$$

测量温度的仪器叫作温度计。当温度计与物体之间不再有热量传递，或者说达到热平衡时，温度计的指示值不再变化，此时温度计的指示值就是被测物体的温度。

温度计的种类很多，常见的有液体温度计（如水银温度计、酒精温度计等）、气体温度计、电阻温度计、温差电偶温度计、比色高温计等。

测量温度的标尺称为温标，工程上常用的温标又可以分为 3 种：热力学温标、摄氏温标和华氏温标。

#### 1. 热力学温标

热力学温标又称绝对温标或开尔文温标，简称开氏温标，符号为 $T$，单位为 K。热力学温标是在一个标准大气压下定义纯水的冰点温度为 273.16 K，沸点温度为 373.16 K，其间分为 100 等份，每等份称为热力学温度 1 度（1 K）。

#### 2. 摄氏温标

摄氏温标又称国际温标，符号为 $t$，单位为°C。在一个标准大气压下，把纯水的冰点温度定为 0 °C，沸点温度定为 100 °C，其间分成 100 等份，每一等份就叫 1 °C。若温度低于 0 °C 时，应在温度数字前面加“ – ”号。

#### 3. 华氏温度

其符号本书用 $\theta$ 标志，单位为°F。华氏温标是在一个标准大气压下定义纯水的冰点温度为 32 °F，沸点温度为 212 °F，其间分成 180 等份，每一等份就叫 1 °F。

#### 4. 3 种温标的换算关系

$$t = T - 273.16\ (°C)\ \text{或简化为}\ t = T - 273\ (°C) \tag{2-4}$$

$$\theta = \frac{9}{5}t + 32\ (°F) \tag{2-5}$$

$$T = t - 273.16\ (K)\ \text{或简化为}\ T = t + 273\ (K) \tag{2-6}$$

温度通常用摄氏温度 $t$ 或热力学温度 $T$ 表示。

### （三）湿度和露点

湿度是表示空气中所含水蒸气量多少的物理量。根据用途，湿度可用以下几种方法表示。

1. 绝对湿度

每立方米湿空气中所含有的水蒸气质量，称为湿空气的绝对湿度。可用下式表示：

$$\gamma_{V} = G_{s} / V \tag{2-7}$$

式中 $\gamma_{V}$——绝对湿度；

$G_{s}$——水蒸气的质量；

$V$——湿空气的体积。

绝对湿度只能说明湿空气在某一温度下所含水蒸气的质量，不能直接反映湿空气的干、湿程度。水蒸气的饱和程度与温度有关，温度低，水蒸气易达到饱和点，温度高，则饱和点也高，因此同一绝对湿度的空气在不同的温度下其吸收水分的能力是不同的。故在空气调节中常采用相对湿度和含湿量来表示湿空气的湿度。

2. 相对湿度

1 $m^3$ 湿空气中所含水蒸气的质量与同一温度下 1 $m^3$ 饱和空气中所含水蒸气质量的比值，称为相对湿度。可用下式表示：

$$\varphi = \frac{\gamma_{V}}{G_{bh}} \times 100\% \tag{2-8}$$

式中 $\varphi$——相对湿度；

$\gamma_{V}$——绝对湿度；

$G_{bh}$——同一湿度下饱和空气中所含水蒸气质量。

从式（2-8）可看出，相对湿度反映了湿空气中所含水蒸气的量接近饱和的程度，相对湿度越小，说明空气越干燥，吸湿能力强；反之，相对湿度越大，说明空气越潮湿，空气的吸湿能力越弱。当相对湿度为 100%时，指的是饱和湿空气；反之，相对湿度值为 0%时，指的是干空气。故相对湿度也可称为饱和度。

3. 含湿量

在空调工程中，调节湿空气中水蒸气的含量是经常要遇到的问题。但用什么样的数值来表达水蒸气的含量最为方便呢？若以单位体积即绝对湿度来表示，由于空气温度的变化，其体积也随之而变化，虽然其中水蒸气的绝对含量不变，但单位体积即每立方米体积内含有的水蒸气量相应地发生了变化，绝对湿度的数值也就不同了；若用单位质量即 1 kg 湿空气中所带有水蒸气量来表示，虽然没有随着空气温度变化的问题，但湿空气在其状态变化过程中，由于水分的蒸发或水蒸气的凝结，不仅水蒸气的含量发生了变化，而且因为 $G = G_{g} + G_{s}$，湿空气的质量也发生了变化，因此以湿空气的体积或质量作为标准，都会给计算带来麻烦。但可以看到无论湿空气的状态如何变化，其中干空气的质量总是不变的。为了计算方便，就采用 1 kg 干空气作为计算的标准。

随 1 kg 干空气同时存在的水蒸气质量（g），称为湿空气的含量，用符号 $d$ 来表示。

$$d = \frac{G_{s}}{G_{g}} \times 1\,000 \text{（g/kg 干空气）} \tag{2-9}$$

要注意：这里是以 1 kg 干空气作为标准，而非为 1 kg 的湿空气，湿空气的质量应是（$1 + d/1\,000$）kg。

相对湿度和含湿量都是表示空气湿度的参数，但意义却不相同：相对湿度能表示空气接近饱和的程度，却不能表示水蒸气的含量多少；而含湿量能表示水蒸气的含量多少，却不能表示空气接近饱和的程度。

4. 露　点

在含湿量不变的条件下，空气中水蒸气刚好达到饱和时的温度或湿空气开始结露时的温度叫作露点。空气的露点只取决于空气的含湿量，当含湿量不变时，露点温度亦为定值。由于含湿量和水蒸气分压力呈对应关系，因此，露点温度也可以理解为饱和水蒸气分压力所对应的温度。

在空气调节中，常利用冷却方式使空气温度降到露点温度以下，再进一步冷却使水蒸气凝结，从而达到干燥空气的目的。空气的含湿量越大，它的露点温度就越高，物体表面也就越容易结露。

## （四）焓

在空调工程中，湿空气的状态经常发生变化，也经常需要确定此状态变化过程中的热交换量。例如，对空气进行加热和冷却时，常需要确定空气吸收或放出多少热量。湿空气的焓是以 1 kg 干空气作为计算基础。含有 1 kg 干空气的湿空气即（$1+d/1\,000$）kg 湿空气的焓 $h$，是 1 kg 干空气的焓 $h_g$ 和 $d$(g) 水蒸气的焓 $h_s$ 的总和，即

$$h = h_g + 0.001d \times h_s \tag{2-10}$$

从热工学的基础知道，在压力不变的情况下，焓差值等于热交换量。而空调工程中对空气加热或冷却都是在定压条件下进行的，故空气定压过程中热量的变化量等于空气状态变化前后的焓差，即

$$q = h_2 - h_1 \tag{2-11}$$

## （五）空气的干、湿球温度

在空调运行中，经常使用干、湿球温度计来测量空气的温度。干湿球温度计是由两支相同的温度计组成，其中一支的感温包裹上脱脂棉纱布，纱布的下端浸入盛有蒸馏水的玻璃小杯中，在毛细作用下纱布经常处于润湿状态，将此温度计称为空气的湿球温度计。

干球温度就是通常所说的温度，用 $t$ 或 $t_g$ 表示，单位为 °C。在空调技术中，为了区别于湿球温度，才特别称之为干球温度。干球温度代表了空气的冷热程度。

图 2-1 所示为两支普通水银玻璃棒温度计，右边一支温度计的感温包上裹有一小块纱布，纱布的下端浸在盛有常温蒸馏水的容器中。由于毛细现象使得纱布处于湿润状态，感温包上裹有纱布的温度计就变成了“湿球温度计”。湿球温度计显示的温度值就是湿球温度，用 $t_s$ 表示，单位为 °C。

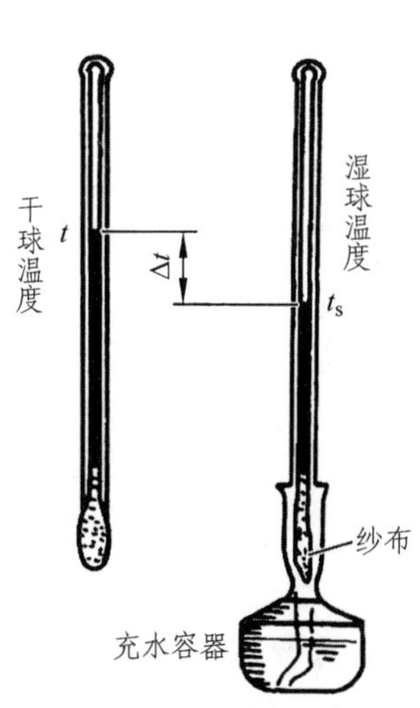


图 2-1　两支普通水银玻璃棒温度计

由于水向空气中蒸发的速度与空气的潮湿程度有关，同样的干球温度条件下，空气越干燥，水的蒸发速度就越快，需要的气化潜热就越多，湿纱布上的水温也相应越低，以便从空气中得到更多的显热，因此达到动态平衡时湿球温度与干球温度的温差就越大。

干湿球温度差的大小可以反映空气的潮湿程度。由于湿球温度实际上是湿球感温包纱布上水与空气之间，蒸发散热与温差得热这两个相反的传热过程达到动态平衡时的温度，而空气的流动速度对上述两个热交换过程有极大的影响。实验证明，当流经湿球温度计感温包纱布的空气流速较小时，由于热湿交换不够充分，测得的湿球温度误差较大；而在空气流速≥2.5 m/s 时，流速对湿球温度的读数影响较小。因此使用湿球温度计测量湿球温度时，要注意：

（1）使湿球温度计感温包附近的空气流速在 2.5 m/s 以上，必要时使用通风干湿球温度计。

（2）达到热湿交换的平衡需要一定时间，所以读数时要使湿球温度计在测量地点放置 1～2 min，等到读数稳定后，再读取其数值。

### （六）热　量

热量是能量变化的一种量度，表示物体在吸热或放热过程中所转移的热能。热量有显热和潜热两种形式。

显热是指物质在只改变温度而不改变其状态的过程中所转移的热量，如水的温度从 20 °C 升至 80 °C，这时水吸收的热量为显热。显热 = 干空气的比热容 × 温差 + 水蒸气的比热容 × 温差。潜热是指物质在只改变状态（如熔解、液化等）而不改变温度的过程中所转移的热量。如将 100 °C 的水变为 100 °C 的水蒸气时，需要吸收的热量。依据物态变化，潜热可分为汽化热、液化热、熔化热和凝固热等。在实际应用中，水的潜热与显热的关系如图 2-2 所示。

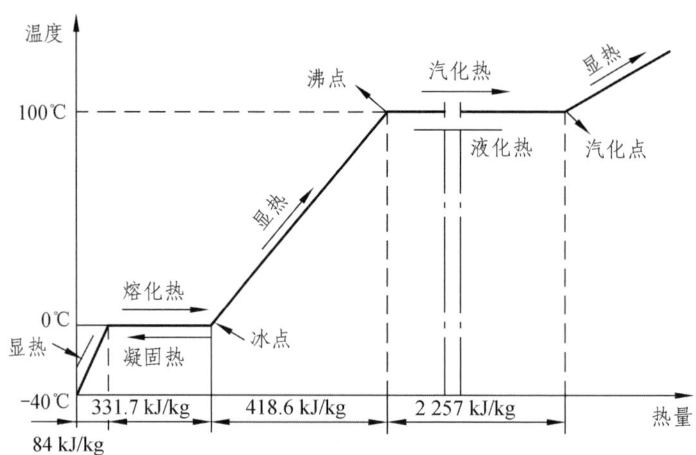


图 2-2　水的潜热与显热的关系

热量的法定单位是 J（焦），非法定单位是 cal（卡）。英美等国家常用 Btu 和 MBH 作为热量单位，它们之间的关系是：1 J = 0.238 8 cal，1 cal = 4.186 8 J，1 Btu = 252 cal，1 MBH = 103 Btu。

## 二、湿空气的焓湿图

空气的主要状态参数包括 $t$、$d$、$B$、$\varphi$、$h$、$p$（$B$ 为大气压力）。在空调工程中，为了避免烦琐的公式计算，在设计和运行中需要有一个线算图，它既能联系以上 6 个参数，又能表达空气状态的各种变化过程，这就是本节要介绍的焓湿图。

线算图有各种形式，我国现在使用的是以焓和含湿量为纵横坐标的焓湿图，也叫作 $h$-$d$ 图，如图 2-3 所示。为了更好地掌握和运用它，下面先介绍该图的绘制过程。

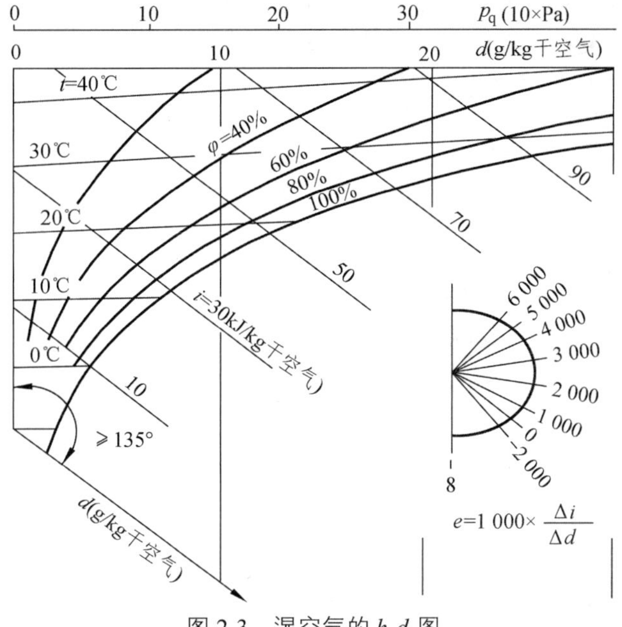


图 2-3　湿空气的 $h$-$d$ 图

一般平面图形只能有两个独立的坐标。而湿空气的状态取决于 $t$、$d$、$B$ 3 个基本参数，因而应该有 3 个独立的坐标。然而可以选定大气压力 $B$ 为已知（在空气调节中，空气的变化过程可以认为是在一定大气压力下进行的）。这样，只剩下 $t$、$d$ 两个坐标参数，就可以进行图形绘制了。但是，因焓 $h$ 与温度有关，为了便于使用，用焓 $h$ 代替温度 $t$。因此选定焓 $h$ 为纵坐标，以含湿量 $d$ 为横坐标建立坐标系。为使图面展开，线条清晰，两个坐标轴之间的夹角由常用的 90°扩展为大于或等于 135°。为了避免图面过长，又常取一水平线画在图的上方代替实际的 $d$ 轴。

焓湿图看上去比较复杂，实际上只有 5 种线条。

（1）45°的等焓线。

（2）垂直的等含湿量线。

（3）近似水平的等温线。

（4）弧形的等相对湿度线。

（5）与等焓线几乎是平行的等湿球温度线。

1. 等焓线和等含湿量线

确定坐标比例尺之后，就可以在图上绘出一系列与纵坐标平行的等 $d$ 线及与横坐标平行的等 $h$ 线。$t=0$ 和 $d=0$ 的干空气状态点为坐标原点。

2. 等温线

等温线是根据公式

$$h = 1.005t + d \times (2\,501 + 1.86t) \tag{2-12}$$

制作而成的。由此可见，当温度等于常数时，公式为直线方程，$h$、$d$ 相对应，因此只需已知两个点即可绘出等温线。若温度常数值分别为 – 5、0、10、20 °C…时，则得到一系列对应的等温线。

显然，等温线为一组不平行的直线。公式中 $1.005t$ 为截距，（$2\,501 + 1.86t$）为斜率，由于 $t$ 值不同，因而每一等温线的斜率是不相同的。但是由于 $1.86t$ 远小于 2 501，温度对斜率的影响不明显，因此，等温线又近似平行。

3. 等相对湿度线

根据公式

$$d = 0.622\frac{\varphi p_{\mathrm{s}}}{p - \varphi p_{\mathrm{s}}} \tag{2-13}$$

可以绘出等相对湿度线。在一定的大气压力 $p$ 下，当相对湿度 $\varphi$ 为常数时，含湿量 $d$ 就取决于 $p_{\mathrm{s}}$，而 $p_{\mathrm{s}}$ 又是温度 $t$ 的单值函数，其可从水蒸气性质表中查出。因此，给定不同的温度 $t$，可求得对应的 $d$ 值，根据 $t$、$d$ 值，就可以在 $h$-$d$ 图中找出若干点，连接各点即成等 $\varphi$ 线。等 $\varphi$ 线是一组发散形曲线。$\varphi = 0\%$ 的等 $\varphi$ 线即是纵轴线，$\varphi = 100\%$ 就是饱和湿度线。公式表明，等 $\varphi$ 线为曲线，因此对应点取得愈多，曲线就愈准确。

以 $\varphi = 100\%$ 线为界（见图 2-4），曲线以下为过饱和区，由于过饱和状态是不稳定的，通常有凝结现象，所以又称为“有雾区”；曲线以上为湿空气区，又称为“未饱和区”。在湿空气区，水蒸气处于过热状态。

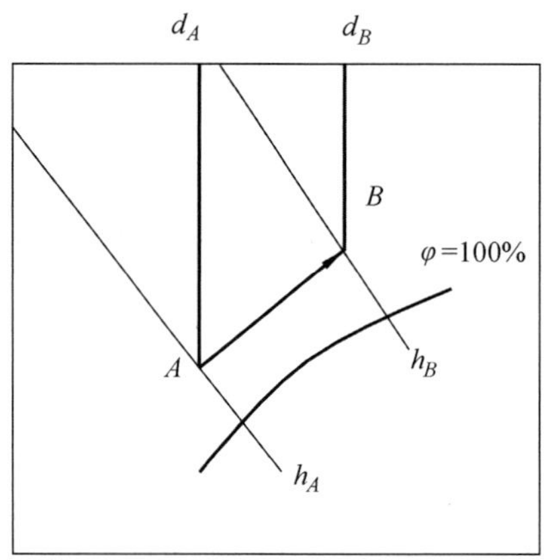


图 2-4　空气状态在 $h$-$d$ 图上的表示

4. 水蒸气分压力线

式（2-13）可变换为

$$p_{\mathrm{s}} = \frac{pd}{\varphi(0.622 + d)} \tag{2-14}$$

当大气压力 $p$ 为定值时，式（2-14）为 $p_s = f(d)$ 的函数形式，水蒸气分压力 $p_s$ 仅取决于含湿量 $d$。因此可在 $d$ 轴的上方设一水平线，标上 $d$ 值所对应的 $p_s$ 值即可。

5. 热湿比线

在空调过程中，被处理的空气常常由一个状态变为另一个状态。在整个过程中，如果空气的热湿变化是同时进行的，那么，在 $h$-$d$ 图上由状态 $A$ 到状态 $B$ 的直线连线就代表空气状态变化过程线，如图 2-4 所示。为了说明空气状态变化的方向和特征，常用状态变化前后焓差和含湿量差的比值来表示，称为热湿比$\varepsilon$，即

$$\varepsilon = (h_B - h_A)/(d_B - d_A) = \Delta h / \Delta d \tag{2-15}$$

将式（2-15）分子、分母同乘总空气量 $G$，将得到

$$\varepsilon = \Delta h / \Delta d = G\Delta h / G\Delta d = Q / W \tag{2-16}$$

由式（2-16）可见，总空气量 $G$ 在处理过程中所得到的（或失去的）热量 $Q$ 和湿量 $W$ 的比值，与相应 1 kg 空气的比值 $\Delta h / \Delta d$ 是完全一致的。式（2-15）、（2-16）中，$\Delta d$ 和 $W$ 是以kg来度量的，若改用 g 为单位，则公式

$$\varepsilon = (\Delta h / \Delta d)/1\,000 = (Q / W)/1\,000 \tag{2-17}$$

由式（2-16）、（2-17）可见，$\varepsilon$就是直线 $AB$ 的斜率，它反映了过程线的倾斜角度，故又称为“角系数”。斜率与起始位置无关，因此，起始状态不同的空气只要斜率相同，其变化过程线必定互相平行。根据这一特征，就可以在 $h$-$d$ 图上以任意一点为中心作一系列不同的$\varepsilon$标尺线。实际应用时只需把等值的$\varepsilon$标尺线平移到空气状态点，就可以绘出该空气状态的变化过程了。

## 三、空气状态变化过程在 $h$-$d$ 图上的表示

由前述可知，$h$-$d$ 图不仅能确定空气的状态参数，而且还能显示空气的变化过程，其变化过程的方向和特征可用热湿比$\varepsilon$来表示。图 2-5 绘制了空气状态变化的几种典型过程，现分述如下。

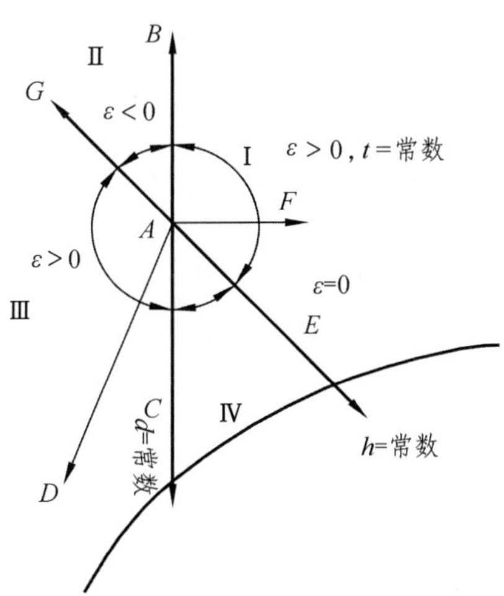


图 2-5　几种典型的空气状态变过程

1. 等湿（干式）加热过程

空气调节过程中常用电加热器来处理空气。当空气通过加热器时获得了能量，提高了温度，但含湿量并没有变化。因此，空气状态变化是等湿增焓升温过程，此过程线如图中 $A \to B$ 所示。在状态变化过程中 $d_A = d_B$， $h_B > h_A$，故湿热比 $\varepsilon$ 为

$$\varepsilon = \Delta h / \Delta d = (h_B - h_A)/(d_B - d_A) = (h_B - h_A)/0 = +\infty \qquad (2\text{-}18)$$

2. 等湿（干式）冷却过程

如果用表面式冷却器处理空气，其表面温度比空气露点温度高，则空气将在含湿量不变的情况下冷却，其焓值必相应减少。因此，空气状态为等湿、减焓、降温过程，此过程线如图中 $A \to C$ 所示。由于 $d_A = d_C$， $h_C < h_A$，故湿热比 $\varepsilon$ 为

$$\varepsilon = (h_C - h_A)/(d_C - d_A) = (h_C - h_A)/0 = -\infty \qquad (2\text{-}19)$$

3. 减湿冷却过程

如果用表面式冷却器处理空气，当冷却器的表面温度低于空气的露点温度时，空气中的水蒸气将凝结为水，从而使空气减湿（或干燥），空气的变化过程为减湿冷却过程或冷却干燥过程，此过程线如图中 $A \to D$ 所示。由于空气焓值及含湿量均减少，故湿热比 $\varepsilon$ 为

$$\varepsilon = (h_D - h_A)/(d_D - d_A) = -\Delta h / -\Delta d > 0 \qquad (2\text{-}20)$$

如果用水温低于空气露点温度的水处理空气，也能实现此过程。

4. 等焓减湿过程

用固体吸湿剂（例如硅胶）处理空气时，水蒸气被吸附，空气的含湿量降低，空气失去潜热而得到水蒸气凝结时放出的气化潜热使温度增高，但焓值基本没变，只是略为减少了凝结水带走的液体，空气近似按等焓减湿升温过程变化，此过程线如图中 $A \to G$ 所示。其湿热比 $\varepsilon$ 为

$$\varepsilon = (h_G - h_A)/(d_G - d_A) = 0/(d_G - d_A) = 0 \qquad (2\text{-}21)$$

5. 等焓加湿过程

用喷水室循环水处理空气时，水吸收空气的热量而蒸发为水蒸气，空气失掉现热量，温度降低水蒸气到空气中使含湿量增加，潜热量也增加。由于空气失掉显热，得到潜热，因而空气焓值基本不变，所以称此过程为等焓加湿过程。由于此过程和外界没有热量交换，故又称为绝热加湿过程。此过程线如图中 $A \to E$ 所示。此时，循环水将稳定在空气的湿球温度上。由于状态前后空气的焓值相等，故湿热比 $\varepsilon$ 为

$$\varepsilon = (h_E - h_A)/(d_E - d_A) = 0/\Delta d = 0 \qquad (2\text{-}22)$$

此过程和湿球温度计表面空气的状态变化过程相似，严格地讲，空气的焓值也是略有增加的，其增加值为蒸发到空气中的水的液体热。但因这部分热量很少，因而近似认为绝热加湿过程是一等焓过程。

6. 等温加湿过程

如图中 $A \to F$ 过程，这也是一个典型的状态变化过程，是通过向空气喷蒸汽而实现的。空气中增加水蒸气后，其焓和含湿值都将增加，焓的增加值为加入蒸汽的全热量，即

$$\Delta h = \Delta d \cdot h_q \ (\text{kg/kg}) \tag{2-23}$$

式中 $\Delta d$——每 1 kg 干空气增加的含湿量，kg/kg；

$h_q$——水蒸气的焓，其值由 $h_q = 2\,501 + 1.86t_q$ 计算。

此过程的湿热比 $\varepsilon$ 为

$$\varepsilon = \Delta h / \Delta d = (\Delta d \cdot h_q) / \Delta d = h_q = 2\,501 + 1.86t_g \tag{2-24}$$

如果蒸汽的温度为 100 ℃ 左右，则 $\varepsilon \approx 2\,690$，该过程线与等温线近似平行，故为等温加湿过程。

以上介绍了空气调节中常用的 6 种典型空气状态变化过程。从图 2-5 可看出代表 4 种过程的 $\varepsilon = \pm\infty$ 和 $\varepsilon = 0$ 的两条线将 $h$-$d$ 图平面分成了 4 个象限，每个象限内的空气状态变化过程都有各自的特征，如表 2-1 所示。

表 2-1　空气状态变化的 4 个象限及特征

| 象　限 | 热湿比 | 状态变化的特征 |
|---|---|---|
| Ⅰ | $\varepsilon > 0$ | 增焓加湿升温（等温降温） |
| Ⅱ | $\varepsilon < 0$ | 增焓减湿升温 |
| Ⅲ | $\varepsilon > 0$ | 减焓减湿降温（等温升温） |
| Ⅳ | $\varepsilon < 0$ | 减焓加湿降温 |

# 任务二　城轨车辆客室内空气参数的确定

【学习目标】

- 了解影响乘客人体卫生和舒适性的因素。
- 了解客室内空气参数的要求。

2.2　城轨车辆客室内空气参数的确定

【教学环境】

可利用多媒体设备进行直观的理论教学，利用图片和录制的视频进行初步认知教学。

【教学设施】

教学用的 PPT、视频以及相关教学引导资料。

【理论模块】

## 一、温热条件的舒适度

人体热感觉取决于周围环境的冷却能力，即取决于空气的温度、湿度、流动性及与四周表面的辐射换热强度等综合作用的效果。在标准大气压下，人体对温热条件的舒适度要求，因每个人的体质、年龄、地域、生活习惯、衣着服装等不同而有所不同，冷热干湿的要求也是有很大差别的。据统计资料表明，大多数人感到舒适的温热条件如表 2-2 所示。

表 2-2　人体感到舒适的温热条件

| 程度 | 夏季温度/°C | 冬季温度/°C | 相对湿度/% | 新鲜空气量/（$m^3 \cdot h^{-1}$） | 风速/（$m \cdot h^{-1}$） |
|---|---|---|---|---|---|
| 舒适 | 22 ~ 28 | 15 ~ 21 | 30 ~ 70 | >20 | 0 ~ 0.2 |
| 适应 | 27 ~ 43 | 0 ~ 15 | 15 ~ 30 | 8 ~ 20 | 0.2 ~ 0.4 |
| 有害 | >43 | <0 | >70 和<15 | <8 | >0.4 |

地铁车厢的温度和乘客的数量也有一定关系，在冬季客流高峰期，地铁车厢内的人口密度增大，甚至出现拥挤。由于人体本身作为散热源，地铁内高度密集的人群会释放出大量热量，如果地铁空调温度调得很高，加之地铁通风不良，会出现车厢内温度过热，甚至无法忍受的现象。如果地铁空调温度调得过低，则无法满足一些特殊群体需求。

空调系统是创造和保持人工气候（主要是空气的温度、湿度、洁净度和流动性）的装置，在车辆运行过程中有着十分重要的作用，尤其是在人们追求乘车舒适性的今天。空调系统不仅要调节人们乘坐空间的温度、湿度，还要对空间内的空气品质进行相应的调控，让乘客在旅途中享有一个舒适的人工环境。因为城市轨道交通车厢必须具有良好的密封性，车内空气品质主要由车载空调通风系统维持。在高峰时期以及极端天气条件下，人体带入以及产生的污染气体无法及时稀释排放，造成车厢内热环境及空气品质恶化，给车厢内人员带来不安全、不舒适的乘坐体验；另外，轨道车辆在地下空间运行过程中，可能遇到因故障终止运行的情况，此时轨道车辆空调系统要为乘客提供足够的通风量，防止危害乘客人身安全的事故发生；车辆遭遇火灾的情况下，轨道交通空调系统还要及时将空间内的浓烟排出，降低事故的危害性；同时，随着地下轨道交通的大力发展，地下空间日趋复杂，地铁车辆运行空间内的空气质量必须借助空调系统的发展而得到有效的调控。由此可以看出，轨道交通的空调系统对于整个轨道交通的运行，都有着不可忽视的作用与不可代替的地位。

随着人们对空气质量要求的提高，在城市轨道交通（地下环境）中的空气质量情况也逐渐被人们重视起来。我们需要一些先进的技术为旅客创造清洁、舒适的乘车环境，例如静电除尘、活性炭和 HEPA 过滤网技术等都是比较先进的空气净化技术，所以空调系统的日益完善仍需要我们继续努力。

## 二、影响乘客卫生和舒适性的因素

城轨车辆的运输任务是单一地运送短途乘客，这就要求客室内环境卫生清洁而且舒适。

根据人们的生活实践和人体生理卫生的要求以及车内的特点，可分析出影响车内人体卫生和舒适性的主要因素是：

（1）客室内的空气温度。

（2）人体周围空气的流动速度。

（3）客室内空气的洁净度。

因为在正常的气候条件下，健康人只要能够使身体内所产生的热量和向外界发散出去的热量保持平衡，人就会感到舒适。而当人周围的空气温度不能使人保持热量平衡，则就会使人感到不舒服——冷或热。通常情况下，人体产生的热量主要靠皮肤和呼吸器官散发到周围的空气中去，这种散发热量的方式有辐射、蒸发、对流和传导 4 种，而周围空气的温度、相对湿度和流动速度则是影响这几种散热效果的主要因素。

当人体周围的相对湿度较大时，将会影响人体的蒸发散热，而使人们感到闷热。卫生学的观点也认为：当人体周围空气温度在 26.7 °C 以下时，湿度对人体影响不明显，但当温度在 28 °C 以上时，空气的相对湿度对人体的影响就较为明显了。相对湿度对人体影响使人感觉不舒适的极限值约为 70%。

在客室内的空气流速，同样影响人体的散热。车内空气流速的增大可以加速人体表面的对流散热，尤其是当人体周围空气的温度和相对湿度都较高的情况下，增大空气流速会促进人体表面汗液的蒸发，从而增加散热效果，给乘客一个舒适的感觉。空气中的氧气是人们生存所必需的。在客室内，由于人的呼吸，二氧化碳（$CO_2$）将增加，当增加到一定浓度后就会影响人的健康。另外，车内乘客携带的物品中产生的有害气体等，也会使车内空气变得污浊，这时就需要外界产生新鲜空气，对车内的空气进行一定的更换。

综上所述，客室内的温度、相对湿度、流速、洁净度等参数是影响乘客舒适性的重要因素，可以根据各地区的气象条件确定地铁车辆客室内夏季的空调参数。

## 三、客室内空气参数的要求

客车内的空气参数不仅决定着乘客的舒适程度，也是进行空调装置热工计算的基本数据，因此对它要提出一定的要求。城市轨道交通车辆空调、采暖及通风装置技术条件标准参考文件《城市轨道交通车辆空调、采暖通风装置技术条件》（CJ/T 354—2010）。

### （一）范　围

标准规定了城市轨道交通车辆空调、采暖及通风装置的使用环境、车辆空调、采暖性能、空调机组、新风及排气、紧急通风、采暖装置、控制及保护和系统的测试等要求。标准适用于城市轨道交通车辆空调采暖及通风装置。

### （二）使用环境

（1）环境温度：－25 ~ 45 °C。

（2）正常工作的海拔不超过 1 200 m。

（3）最湿月的月平均最大相对湿度不大于 90%（该月月平均最低温度为 25 °C）。

（4）列车静止或运行时，采暖通风与空气调节系统部件在风沙、雨雪、日晒、雷电、大气腐蚀、车辆清洗时清洗剂的作用等条件下，应能正常工作。

### （三）车辆空调、采暖性能

#### 1. 车辆空调制冷能力

当环境温度为 33 °C 时，车辆空调的制冷能力应能保证定员条件下车内温度不高于（28 ± 1）°C，相对湿度不超过 65%。根据不同地域的气候条件也可由用户与制造商协商确定。

#### 2. 车辆采暖能力

采暖装置应使司机室温度不低于 14 °C。

客室内达到的温度可由用户与制造商根据当地气候条件协商确定。

3. 其他性能要求

（1）系统的设计应能保证整个客室内空气的均匀分配，保证出风口送风的均匀性，气流组织合理，不应出现送风和回风短路，在风道和客室区域内不应产生冷凝水。

（2）系统运转时，客室内气流速度应大于 0.07 m/s。系统测试时规定的客室内风速测点在 24 ~ 28 °C 时最大气流速度小于或等于 0.9 m/s。

（3）客室内平均温度的变化允许偏离车内温度设定值的最大偏差为 ± 2 K，系统测试中规定室内温度测点；同一水平面或同一铅垂面上任意两点间的温度差不应大于 8 K。

（4）空调装置的安装，风道以及空调装置与风道接口的结构设计应合理，空调系统装车后，车辆静止状态时的整车噪声应满足 GB/T 7928—2003 中 6.18 的要求。

（5）系统设计应考虑最终用户的维护，定期维护工作应便于进行。系统中相关部件应易于接近，可快速拆卸。相关部件的拆卸应考虑系统的可靠性和可维护性的要求。

## （四）空调机组

（1）当环境温度不高于 45 °C 时，空调机组应能正常工作。

（2）空调机组应有可靠的排水结构，在运用中，蒸发器冷凝水及雨水不应渗漏或吹入客室内。

（3）空调机组工作时蒸发器不应被冰霜堵塞，空调机组出风口不应有冰屑、雾气吹出。

（4）空调机组额定制冷量测试，应按照合同要求的车辆内外参数来进行。

（5）空调机组的设计应具有互换性。

（6）空调机组的噪声应符合 TB/T 1804 的规定。

（7）空调机组其他性能要求应符合 TB/T 1804 的规定。

（8）空调机组的试验项目应按照 TB/T 1804 的规定执行。

## （五）新风及排气

（1）客室内人均新风量不应少于 10 $m^3$/h。

（2）司机室内人均新风量不应少于 30 $m^3$/h。

（3）进入客室的新风应经过滤。

（4）客室排气量应保证新风量满足要求，并应使室内维持适当气压。

## （六）紧急通风

（1）在正常供电失效的情况下，紧急通风系统应能提供客室和司机室通风。

（2）紧急通风应为全新风，紧急通风量不应低于超员载荷下每人 8 $m^3$。

## （七）采暖装置

（1）采暖装置可采用独立式电取暖器、空气预热器或空调热泵。

（2）当采暖装置为独立式电取暖器时，可根据需要安装在座椅下或侧墙上等位置。

（3）安装在侧墙上的独立式电取暖器，与其他障碍物的距离不应小于 40 mm，嵌入侧墙内的带状整体式电加热器下端进气孔距地板面的距离不应小于 20 mm，上端距障碍物的距离不应小于 40 mm。

（4）安装独立式电取暖器部位的侧墙、地板及座椅等应进行安全隔热处理。电取暖器表面不应覆盖任何物件，保持自然通风散热。

（5）电取暖器其他要求应符合 TB/T 2704—2005 的规定。

上海地铁车辆客室内夏季空调参数如表 2-3 所示。

表 2-3　上海地铁车辆客室内夏季空调参数

| 客室内的温度 | $t=27$ °C |
|---|---|
| 客室内的相对湿度 | $\varphi=65\%$ |
| 客室内的空气流速 | 0.5 m/s（在 1.2 ~ 1.7 m 处）<br>最大不超过（0.7 ± 0.2）m/s |
| 新鲜空气量 | 10 $m^3$/（h・人） |
| 车内空气含尘量 | ≤0.5 $mg/m^3$ |
| 每辆车总的通风量 | 8 000 $m^3$/h（直流车），8 500 $m^3$/h（交流车） |
| 每辆车总的新风量 | 4 000 $m^3$/h（直流车），3 200 $m^3$/h（交流车） |

注：每辆车均按满载 310 人计算。

## 任务三　制冷剂

2.3　制冷剂

【学习目标】

熟悉制冷剂的作用、分类、性质等。

【教学环境】

可利用多媒体设备进行直观的理论教学，利用图片和录制的视频进行初步认知教学。

【教学设施】

教学用的 PPT、视频以及相关教学引导资料。

【理论模块】

制冷剂通过自身热力状态的循环变化完成与外界热量的转换和传递，实现制冷目的。制冷装置的运行效率、可靠性及经济性很大程度上取决于制冷剂的选择是否恰当。在最为普遍的蒸气压缩式制冷机中，制冷剂在低压状态下从低温热源中吸收热量并气化，被压缩成高压气体后再向高温热源排出热量并冷凝，从而完成热量的转移。因此，只有在工作温度范围内能够完成气化和凝结相变过程的物质才有可能作为制冷剂在蒸气压缩式制冷机中使用。

制冷剂行业最早选用乙醚、氨、二氧化碳等物质，此类制冷剂的使用存在明显局限性。20 世纪 30 年代研发出的氟利昂取代第一代制冷剂，在制冷行业广泛应用。但随着科学研究的发展以及生态环境变化，人们发现氟利昂是造成臭氧层空洞的主要原因之一，1987 年联合国环境规划署制定相应规定逐步淘汰氟利昂在制冷剂领域的应用，至此，第二代制冷剂也即将淡出历史舞台。此后，新型制冷剂不断被人们研发出来，从第一代制冷剂到如今新型制冷剂的发展大致分为 4 个阶段，如表 2-4 所示。

表 2-4　制冷剂的发展史

| 阶段 | 时间 | 主要代表的制冷剂 | 特　点 |
|---|---|---|---|
| 第一阶段 | 1834—1930 年 | 乙醚、$NH_3$、$CO_2$、$H_2O$ | 或有毒、或易燃易爆、或低效率 |
| 第二阶段 | 1930—1990 年 | CFCs、HCFCs | 无毒、无味，不易燃，化学性质稳定，制造成本低，但 CFCs 产生的物质会破坏臭氧层 |
| 第三阶段 | 1990—2010 年 | HFCs | GWP（全球变暖潜值）值高、ODP（臭氧消耗潜值）值为 0，对温室效应影响极大 |
| 第四阶段 | 2010 年至今 | R32、R290 | 低 GWP、ODP 值为 0 |

1977 年南极上空出现臭氧空洞，经过科学家深入研究认定大量使用 CFCs 制冷剂是造成臭氧层空洞的主要因素。1987 年联合国颁布《蒙特利尔议定书》，通过对诱发臭氧层空洞的 CFCs 进行淘汰，达到防止臭氧层被继续破坏的目标。至今，世界上主要使用的制冷剂包括氢氯氟烃、氢氟烃、无机化合物和碳氢这几种类，如表 2-5 所示。

表 2-5　制冷剂的性能

| 种类 | 主要代表 | 性　能 | 应用范围 |
|---|---|---|---|
| 氢氯氟烃类（HCFCs） | R22、R234、RI4lb、R142b | 仍对臭氧层有较大破坏 | 空调、冷库、冷冻冷藏设备 |
| 氢氟烃类（HFCs） | R134a、R32、R407c、R410a | 无毒无味、不燃、ODP 值为 0、传热性能较差、对温室效应有影响 | 汽车空调、家用空调、家用冰箱 |
| 碳氢类（HCs） | R290、R600、R600a 或其混合物 | ODP 值为 0、GWP 值较小、可燃、易爆 | 空调 |
| 无机化合物 | $NH_3$（R717）、$H_2O$、$CO_2$（R744） | 低 GWP 值，ODP 值为 0；$NH_3$ 具有毒性和可燃性、$CO_2$ 运行压力过高以及理论循环 COP 较低 | 大型冷库、冷冻冷藏业、汽车空调 |

为了应战全球气候变化，近年来世界各国正加紧推动以二氟一氯甲烷（R22）制冷剂为代表的 HCFCs 代替过程，制冷剂正在发生重大变革。联合国签订的《蒙特利尔议定书》对氢氯氟烃的消费生产进行限定，经过后续修改完善，对其使用范围增加了限制，对 R22 的用量进行极大的消减，以 R22 为代表的 HCFCs 将逐步被淘汰。以上背景使得开发安全高效、ODP 值为 0，GWP 值较低的第四代绿色环保制冷剂成为当前的紧迫任务。

## 一、制冷剂的作用

蒸气压缩式制冷循环中的制冷剂在低温低压下气化，从被冷却物体中吸收热量，然后制冷剂又在高温高压下凝结，把热量释放到环境介质（如空气、冷却水等）中去。制冷剂在制冷系统中如此反复循环，通过自身热力状态的变化与外界进行能量交换，从而把被冷却物体的热量释放到环境介质中，实现被冷却物体的冷却。制冷系统中充注的制冷剂不同，其制冷效率也有很大的区别，因此制冷剂在制冷系统中起着极其重要的作用。

## 二、对制冷剂的要求

从理论上讲凡是能在蒸发器中吸收被冷却介质的热量而气化，并在冷凝器中放出热量而液化的物质都可以作为制冷剂，但作为空调制冷系统必须要考虑所选用的制冷剂能使整个空调制冷系统安全、可靠、高效和经济地工作，因此对制冷剂是有一定要求的。

对制冷剂的性质要求一般包括以下几点：

（1）热力学性质优良，以便在制冷循环过程中获得较高的制冷效率，主要包括以下几点：① 标准沸点较低，比热容较小；② 临界温度高于冷凝温度；③ 冷凝压力不要太高；④ 绝热指数低，单位容积制冷量和单位质量制冷量较大等。

（2）制冷剂在高温高压下化学性质稳定，不会发生分解，不与装置部件发生化学反应；安全性高，无刺激性、无毒、不可燃。

（3）具有优良的热物理性质，如传热系数高，密度和黏度小。

（4）电绝缘性良好，与润滑油互溶性良好；易获取，价格低廉。

（5）臭氧消耗潜值（ODP）为 0，全球变暖潜值（GWP）小，以保护大气臭氧层及全球气候环境。

表 2-6 给出了部分第四代候选替代制冷剂的情况。虽然它们在环保性质和臭氧层保护等方面具有很好的表现，但热力性质和安全性等相对于 CFCs 和 HCFCs 则不尽如人意。因此，目前第四代绿色环保制冷剂的归属还未有定论。

表 2-6　第四代候选替代制冷剂

| 候选物 | 需要考虑的事项 |
|---|---|
| 天然制冷剂（$NH_3$，$CO_2$，HC，$H_2O$ 和空气） | 效率，$NH_3$ 毒性，HC 可燃性 |
| 低“GWP”HFCs（R152，R32，R161） | 可燃性，易燃剂，GWP 值高 |
| HC，HE（R290，R600，RE170） | 可燃性，爆炸性 |
| 不饱和化合物（烯烃，HFO-1234yf） | 毒性、可燃性、相容性及价格等 |
| HFIC，FIC（R3111-CH2FI，R13I1-CF3I） | ODP>0，需考虑毒性和相容性，成本高 |

## 三、制冷剂的分类及表示方法

### （一）制冷剂的分类

可以当作制冷剂的物质有几十种，但目前工业上常用的不过十余种。按照它们在标准大气压力条件下沸腾温度的高低，一般可将其分为 3 大类：高温制冷剂、中温制冷剂和低温制冷剂。按照它们的组成主要有：无机化合物制冷剂、氟利昂制冷剂、碳氢化合物制冷剂、混合制冷剂。

（1）低温制冷剂。冷凝压力大于 2 MPa，正常气化温度低于 70 °C，主要有 R13、R14 和 R503 等，适用于低温制冷装置及复叠式制冷的低温部分。

（2）中温制冷剂。冷凝压力大多在 0.3 ~ 2 MPa，正常气化温度介于 0 ~ 70 °C，主要有 R12、R22 和 R502 等，适用于电冰箱及中、小型空调器，城轨车辆空调。

（3）高温制冷剂。冷凝压力大多在 0.2 ~ 0.3 MPa，正常气化温度大于 0 °C，主要有 R11、R21 和 R114 等，多用于空调系统的离心式压缩机（大型宾馆的中央空调）。

### （二）制冷剂的表示方法

为书写方便，我国国家标准 GB/T 7778—2017 规定了各种通用制冷剂的代号，以代替其化学名称、分子式或商业名称。标准中规定用字母 R 和它后面的一组数字或字母作为制冷剂的代号。字母 R 表示制冷剂，后面的数字或字母则根据制冷剂的种类及分子式组成，按一定的规则编写。

1. 无机化合物

作为制冷剂的无机化合物有氨、二氧化碳、水等。对于这类制冷剂，其代号“R”后的第一位数为 7，7 后面的数字为该物质的分子量的整数部分，其简写符号规定为 R7××。例如:

| | $NH_3$ | $H_2O$ | $CO_2$ | $SO_2$ | $N_2O$ |
|---|---|---|---|---|---|
| 分子量的整数部分 | 17 | 18 | 44 | 64 | 44 |
| 符号表示 | R717 | R718 | R744 | R764 | R744a |

上例中，因为 $CO_2$ 和 $N_2O$ 分子量的整数部分相同，为区别起见，规定用 R744 表示 $CO_2$，R744a 表示 $N_2O$。

2. 氟利昂和烷烃类

氟利昂是饱和碳氢化合物的氟、氯、溴衍生物的总称。目前用作制冷剂的主要是甲烷和乙烷的衍生物。

饱和碳氢化合物的分子式为 $C_mH_{2m+2}$。氟利昂的分子通式为 $C_mH_nF_xCl_yBr_z$，其原子数 $m$，$n$，$x$，$y$，$z$ 之间的关系为

$$2m+2=n+x+y+z \tag{2-25}$$

它们的简写符号规定为 $R(m-1)\ (n+1)\ (x)B(z)$。每个括号是一个数字，该数字数值为零时省去不写，若 $z$ 为零时，与字母 B 一起省略，同分异构体则在其最后加小写英文字母以示区别。例如，二氟二氯甲烷的分子式为 $CF_2Cl_2$，该化合物的 $m=1$，$n=0$，$x=2$，$z=0$，所以在 R 后的第一位数字 $m-1=0$，第二位数字 $n+1=1$，第三位数字 $x=2$，B 后面的数字 $z=0$，故 $CF_2Cl_2$ 的代号为 R12。一氟一氯甲烷的分子式为 $CHF_2Cl$，其 $m-1=0$，$n+1=2$，$x=2$，$z=0$，故代号为 R22。一溴三氯甲烷的分子式为 $CF_3Br$，其 $m-1=0$，$n+1=1$，$x=3$，$z=1$，故代号为 R13B1。

3. 非共沸混合制冷剂

混合制冷剂是由两种或两种以上的制冷剂按一定的比例相互溶解而成的溶合物，分为共沸混合制冷剂和非共沸混合制冷剂。

非共沸制冷剂没有共沸点，在恒定的压力下蒸发或冷凝时，其蒸发温度或冷凝温度以及气相和液相的组分，均不能保持恒定。由于非共沸制冷剂在组分不同、混合比不同时，会显示不同的热力学性质，因此可满足各种制冷要求。

与其他混合物类似，混合制冷剂的性质与构成它的各纯质制冷剂的性质有着紧密的关系。可以利用混合制冷剂的这一特性，实现各纯质制冷剂的优势互补。例如，有些纯质制冷剂，它们除了可燃性以外，其他性质都较好，就可以在这类纯质制冷剂中，加入一定量的不可燃制冷剂，构成混合制冷剂，使可燃性降低。又比如，有些纯质制冷剂制冷系数大，但容积制冷量太小，为了提高容积制冷量，就可以在这些纯质制冷剂中，加入一定量的容积制冷量大的制冷剂，构成混合制冷剂，使容积制冷量增大；此外，还可以利用混合制冷剂的特性，找到在一定的压力下，具有所需要的相变温度的混合制冷剂。混合制冷剂所有这些特性，使得它们在传统制冷剂替代物的研究中，得到了广泛的应用。

在使用上，使用非共沸制冷剂的麻烦之处，是当制冷装置中发生制冷剂泄漏时，剩余部分在系统内混合物中的质量分数就会改变。因此，需要向系统中补充制冷剂，使其达到原来的数量和质量分数，并需通过计算来确定两种制冷剂的充灌量。这一特点在一定程度上限制了非共沸混合制冷剂的应用。

非共沸混合制冷剂的简写符号为 R4×。×代表一组数字，这组数字为该制冷剂命名的先后顺序号，从 00 开始。构成非共沸混合制冷剂的纯物质种类相同，但成分不同，则分别在最后加上大写英文字母以示区别。例如，最早命名的非共沸混合制冷剂写作 R400，以后命名的按先后次序分别用 R401、R402、…、R407a、R407b、R407c 等表示。

4. 共沸混合制冷剂

共沸混合制冷剂在一定的蒸发压力下蒸发时，具有几乎不变的蒸发温度，而且蒸发温度一般比组成它的单组分的蒸发温度低。这里所指的几乎不变，是指在偏离共沸点时，泡点温度和露点温度虽有差别，但非常接近，而在共沸温度时，则泡点和露点温度完全相等，表现出与纯制冷剂相同的恒沸性质，即在蒸发过程中，蒸发压力不变，蒸发温度也不变。

在一定的蒸发温度下，共沸制冷剂的单位容积制冷量，比组成它的单一制冷剂的容积制冷量要大。这是因为在相同的蒸发温度和吸气温度下，共沸制冷剂比组成它的单一制冷剂的压力高、比体积小的缘故。共沸制冷剂的化学稳定性较组成它的单一制冷剂好。

共沸混合制冷剂的简写符号为 R5×。×代表一组数字，从 00 开始，也是该制冷剂命名的先后顺序号。例如，最早命名的共沸制冷剂写作 R500，以后命名的按先后次序分别用 R501、R502、…、R507 等表示。

在全封闭和半封闭压缩机中，采用共沸制冷剂可使电动机得到更好的冷却，电动机绕组温升减小。试验表明，在由制冷剂吸气冷却电动机的半封闭式压缩机中，采用 R502 后，电动机的温升比 R22 降低 10～20 °C，这是由于 R502 的质量流量和热容量较 R22 大的缘故。

由于上述特点，在一定的情况下，采用共沸制冷剂可使能耗减少，例如，R502 在低温范围内（蒸发温度在 0～－30 °C），能耗较 R22 低；而在高温范围内（蒸发温度－10～10 °C），能耗较 R22 高。因此，通常 R502 用在低温冷藏冷冻中，而 R22 用在空调中。

此外，还有环烷烃、链烯烃以及它们的卤代物。其简写符合规定：环烷烃及环烷烃的卤代物用字母“RC”开头，链烯烃及链烯烃的卤代物用字母“R1”开头，其后的数字排写规则与氟利昂及烷烃类符号表示中的数字排写规则相同。

在大气臭氧层问题出来以后，为了能较简单地定性判别制冷剂对大气臭氧层的破坏能力，氯氟烃类物质代号中的 R 可表示为 CFC，氢氯氟烃类物质代号中的 R 可表示为 HCFC，氢氟烃类物质代号中的 R 可表示为 HFC，碳氢化合物代号中的 R 可表示为 HC 等，数字编号不变。例如，R12 可表示为 CFC12，R134a 可表示为 HFC134a。

## 四、常用制冷剂的性质

目前，城市轨道交通方面，上海地铁 1 号线车辆空调机组采用的制冷剂为 R22，上海地铁 2 号线车辆空调机组采用新型环保制冷剂 R134a；广州地铁 1 号线车辆空调机组制冷剂采用 R134a，广州地铁 2 号线车辆和深圳地铁车辆空调机组均采用新型环保制冷剂 R407c。

一些常用制冷剂的特性：

（一）氨（$NH_3$）

氨属于无机化合物制冷剂，是最古老的制冷剂之一，也是目前广泛被采用的中温中压制冷剂之一。氨的制冷范围为 + 5 ~ 70 °C，常用于不低于 – 60 °C 的大、中型单级或双级活塞式制冷压缩机中。氨的临界温度（133.0 °C）高，凝固点（ – 77.7 °C）较低，标准沸点为 – 33.3 °C。在通常情况下，氨在制冷系统中的蒸发压力为 0.1 ~ 0.5 MPa，氨的冷凝压力一般为 1.0 ~ 1.6 MPa，其压力比适中。

氨有强烈的刺激性气味，故泄漏易发现。氨易溶于水，在常温常压下，一个单位体积的水能溶解 700 单位体积的氨水而形成氨水溶液。在低温下，水不会从氨液中析出而形成“冰塞”现象，所以氨系统中一般不设置干燥过滤器。氨液中溶有水后，其蒸发温度稍有提高，同时对金属有腐蚀作用，故规定氨的允许含水量不超过 0.2%。

（二）氟利昂

1. R22

R22 即二氟一氯甲烷（$CHClF_2$），也是烷烃的卤代物，其标准沸点为 – 40.8 C，凝固温度约为 – 160 °C，是一种较为常用的中温制冷剂。R22 无色，气味很弱，不燃烧，不爆炸，很多性质与 R12 相似，但其毒性比 R12 稍大，单位容积制冷量比 R12 也大得多。R22 也属于不溶于水的物质，系统中含水量超标则可能会引起冰堵和“镀铜”现象，因此一般限制含水量在 0.002 5%之内。

R22 能部分地与润滑油互溶，在系统高温侧部分（冷凝器中）R22 与油完全溶解；在低温侧部分（蒸发器中）R22 与油的混合物出现分层现象，上层主要是油，下层主要是 R22，因此需要采取专门的回油措施。R22 对金属的腐蚀性以及泄漏性与 R12 相似，但它的单位容积制冷量比 R22 高 40%左右，并且它对大气臭氧层的破坏作用相对比较轻微，因此可以作为 R12 的过渡性替代制冷剂，一般在空调、冷藏、低温设备，离心式、活塞式和回转式压缩机系统中均有应用。

2. R32

R32 是一种热力学性能优异的氟利昂替代物，具有较低的沸点，蒸气压和压力比较低，制冷系数较大，臭氧耗损值为零，温室效应系数较小等特点，是 HCFC-22（CHClF2）比较理想的替代品。

R32 是二氟甲烷的简称，是一种卤代烃（化学式：CHF），R32 也是卤代甲烷的一种。它是甲烷的 4 个氢原子中的两个被氟原子代替形成的化合物。R32 在常温下为无色、无臭气体，在自身压力下为无色透明液体，或加压压缩成液体，并呈无色透明状态，无毒、可燃。分子量 52.024，沸点（101.13 kPa） – 51.7 °C，熔点 – 136 °C，蒸气压 1 518.92 kPa，21.1 °C；密度：2.72 kg/m$^3$，15 °C；2.163 kg/m$^3$，21.1 °C；临界温度 78.25 °C，临界压力 5.808 MPa，临界密度 0.43g/mL，沸点时的蒸发潜势 390.5 kJ/kg °C，水中溶解度（25 °C）0.44%，其破坏臭氧层值（ODP）为 0，温室效应值（GWP）为 0.11。R32 在自身压力下为无色透明液体，易溶于油，难溶于水，主要是替代 HCFC-22，作复配中低温混合制冷剂。R32 在自身压力下为无色透明液体，易溶于油，难溶于水，主要是替代 HCFC-22，作为复配中低温混合制冷剂。

3. R134a

R134a 属于 HFC 类物质，是一种新型制冷剂，R134a 作为 R12 的替代制冷剂而提出，它的许多特性与 R12 很接近，R134a 也被用于离心式制冷机中，作为 R11 的替代制冷剂。目前，上海地铁 2 号线、广州地铁 1 号线车辆空调机组制冷剂均采用 R134a。

R134a 的临界压力比 R12 略低，温度及液体密度均比 R12 略小，标准沸点略高于 R12 液体，气体的比热容均比 R12 大。两者的饱和蒸气压在低温时 R134a 略低，大约在 17 °C 时相等，高温时 R134a 略高。因此，一般情况下，R134a 的压力比要略高于 R12，但它的排气温度比 R12 低，对压缩机工作更有利，两者的黏性相差不大。

R134a 的毒性非常低，在空气中不可燃，安全类别与 R12 一样，为 Al，是很安全的制冷剂。与 R12 相比，R134a 具有优良的迁移性质，其液体及气体的热导率显著高于 R12；研究表明，在蒸发器和冷凝器中，R134a 的传热系数比 R12 分别要高 35%～40%和 25%～35%。

R134a 与矿物润滑油不相溶，但在温度较高时，能完全溶解于多元烷基醇类（PAG）和多元醇酯类（POE）合成润滑油；在温度较低时，只能溶解于 POE 合成润滑油。

R134a 的化学稳定性很好，然而由于它的溶水性比 R12 要强得多，这对制冷系统很不利。即使少量水分存在，在润滑油等的一起作用下，将会产生酸、CO 或 $CO_2$，将对金属物产生腐蚀作用，或产生“镀铜”现象。因此，R134a 对系统的干燥和清洁性要求更高。而且，不能用与 R12 相同的干燥剂，必须用与 R134a 相容的干燥剂，如 XH-7 或 XH-9 型分子筛。R134 对钢、铁、铜、铝等金属均未发现有相互化学反应的现象，仅对锌有轻微的作用。R134a 对塑料无显著影响，除了对聚苯乙烯稍有影响外，其他的大多可用。和塑料相比，合成橡胶受 R134a 的影响略大，特别是氟橡胶。

与其他 HFC 类制冷剂一样，R134a 分子中不存在氯原子，应该用专门适合于 Rl34a 的检漏仪检漏。

4. R407c

常温常压下，R407c 是一种不含氨的氟代烷 非共沸混合制冷剂，它是作为 R22 的替代物而提出的，为无色气体，有轻微的气味；化学稳定性好，与活泼金属、碱金属、碱土金属（如铝、锌、钡等）不相容。R407c 是环保型制冷剂，用于替代 R22 和 R502，具有清洁、低毒、不燃、制冷效果好等特点。

广州地铁 2 号线车辆和深圳地铁车辆空调机组均采用新型环保制冷剂 R407c。在压力为 1 标准大气压时，其泡点温度为 –43.4 °C，露点温度为 –36.1 °C，与 R22 的沸点较接近。与其他 HFC 制冷剂一样，R407c 也不能与矿物润滑油互溶，但能溶解于聚酯类合成润滑油。研究表明，在空调工况（蒸发温度约 7 °C）下，R407c 容积制冷量及制冷系数比 R22 略低（约 5%）。因此，将 R22 的空调系统换成 R407c，只要将润滑油和制冷剂改换就可以了，而不需要更换制冷压缩机，这是 R407c 作为 R22 替代物的最大优点。但在低温工况（蒸发温度<–30 °C）下，虽然其制冷系数比 R22 低得不多，但它的容积制冷量比 R22 要低得多（约 20%），这一点在使用时要特别注意。此外，由于 R407c 的泡点、露点温差较大，在使用时最好将热交换器做成逆流形式，以充分发挥非共沸混合制冷剂的优势。

### （三） R290

制冷剂 R290，即丙烷，是一种可以从液化气中直接获得的天然碳氢制冷剂。与氟利昂这种人工合成制冷剂相比，天然工质 R290 的分子中不含有氯原子，因而 ODP 值为零，对臭氧层不具有破坏作用。此外，与同样对臭氧层无破坏作用的 HFC 物质相比，R290 的 GWP 值接近 0，对温室效应没有影响。目前在德国 R290 已经用于家用热水器和空调系统中。目前，我国空调行业使用较多的制冷剂是 HCFC 物质 R22。R290 与 R22 的标准沸点、凝固点、临界点等基本物理性质非常接近，具备替代 R22 的基本条件。在饱和液态时，R290 的密度比 R22 小，因此相同容积下 R290 的灌注量更小，试验证明相同系统体积下 R290 的灌注量是 R22 的 43%左右。另外，由于 R290 的气化潜热大约是 R22 的 2 倍，因此采用 R290 的制冷系统制冷剂循环量更小。R290 具有良好的材料相容性，与铜、钢、铸铁、润滑油等均能良好相容。

虽然 R290 具有上述优势，但其“易燃易爆”的缺点是目前限制其大规模推广的最大阻碍。R290 与空气混合能形成爆炸性混合物，遇热源和明火有燃烧爆炸的危险。提高 R290 安全性的手段包括减少灌注量、隔绝着火源、防止制冷剂泄漏及提高泄漏后的安全防控能力等。

### （四）新型制冷剂代替剂

氟利昂制冷剂的使用推动了制冷技术的迅速发展。由于氟利昂具有许多的优点，所以它发展很快，目前广泛使用的有 R11、R12、R13、R22、R113、R114 等。

氟利昂是用氟、氯、溴等部分或全部取代饱和碳氢化合物中的氢而生成的新化合物的总称。其中不含氢的氟利昂称作氯氟化碳，写成 CFCs，是公害物质，属于限制和禁用的物质；含氢的氟利昂称作氢氯化碳，写成 HCFC，是低公害物质，属于过渡性物质；而不含氯的氟利昂称作氢氟化碳，写成 HCF，是无公害物质，正是人们要研究和开发的替代物。

现在的制冷系统是工业生产、日常生活中不可缺少的一部分。随着科学的进步，人们对环境问题越来越重视。随着《京都议定书》和《蒙特利尔议定书》的签订，现有含氟制冷剂的淘汰成为必然。HCFCs 类制冷剂由于其消耗臭氧潜能值（ODP）和全球变暖潜能（GWP）较高，即将面临淘汰。中国作为发展中国家，将按哥本哈根修正案的要求，履行淘汰 HCFC 等消耗臭氧层物质的义务，将在 2030 年彻底停止 HCFCs 类制冷剂的使用。目前，我国是世界上最大的 HCFC22（R22）生产国和使用国，寻找合适的 HCFCs 替代物的任务迫在眉睫。

目前，新一代制冷剂替代的研究，以环境安全为前提，主要存在两个方向，一个是寻找新的零臭氧消耗潜能值（ODP）和低全球变暖潜力（GWP）的制冷剂，如美国联合信号公司的共沸混合物 R410a，杜邦公司的 R1234yf 和 R1234ze；另一个是退回到自然工质。自然工质的代表就是 $CO_2$，$CO_2$ 作为制冷剂被人类使用具有很长的历史，它具有很多优点，例如无毒、环保、安全、价格低廉，并且具有极佳的热力性质等。但由于其运行压力高，系统效率偏低等缺点，在一定程度上限制了它的进一步发展，如何降低运行压力，提高系统效率成为 $CO_2$ 制冷剂的研究重点；另外，“零 ODP”“低 GWP”的人工制冷剂如 R1234yf、R152a、R161 等尽管也有其自身优势，但是低可燃性、加工复杂以及价格昂贵等缺点也必须要得以解决。经过国际社会讨论通过，对 GWP 值>150 的 HFCs 进行限制。目前，主要研究的单一新型制冷剂主要包括 HFOs、HCs、天然制冷剂，其性能如表 2-7 所示。

表 2-7　新型制冷剂的性能

| 新型制冷剂 | 典型代表 | 优点 | 缺点 |
| --- | --- | --- | --- |
| HFOs | 四氟丙烯（HFO-1234yf、HFO-1234ze） | 无毒，ODP 值＝0，较低的 GWP | 弱的可燃性，价格相比其他制冷剂较昂贵，制冷量小，COP 较低 |
| HCs | HC-290（丙烷）HC-600a（异丁烷） | 无毒、ODP 值＝0，GWP 值低，理论上有很高的制冷效率，环保特性良好 | 具有可燃性，安全性能差，其中 HC-290 在运行中系统充注量大。HC-600a 因与润滑油的一些特性存在不适，造成轴承摩擦增大，影响压缩机寿命 |
| 天然制冷剂 | $CO_2$、$NH_3$ | CO，环境性能优越、ODP-0，GWP 值为 1。$NH_3$ 廉价易得，ODP-0，制冷效率高 | $CO_2$ 饱和蒸气压较高，其工作时压力高、不易润滑、对压缩机要求高、能效低等。$NH_3$ 安全性差、易燃易爆有毒 |

表 2-7 所列出的制冷剂其环保性满足规范要求，然而上述 3 类制冷剂往往存在一些显而易见的缺点，制约了这些环保制冷剂的广泛应用。对于 HFOs 类制冷剂，目前制备成本高昂，其发展突破口在于寻找新的低成本制备方法，同时 HFOs 类制冷剂使用过程中制冷量较小，如何通过化学改性和结构修饰增加其制冷量也是未来发展方向之一；对于 HCs 类制冷剂，加大对 HC-290 充注量研究，尽量减少充注量；对 HC-600a 可寻找其适用的润滑油；对于天然制冷剂开发其适用的压缩机。

# 任务四　润滑油

2.4　润滑油

**【学习目标】**

熟悉润滑油的作用、性能要求、分类及选用。

**【教学环境】**

可利用多媒体设备进行直观的理论教学，利用图片和录制的视频进行初步认知教学。

**【教学设施】**

教学用的 PPT、视频以及相关教学引导资料。

**【理论模块】**

## 一、润滑油的作用

空调压缩机是空调系统的关键设备，而空调系统有相对运动的零件，必须进行润滑以减少摩擦，并增加密封性能，因此空调系统中必须保持一定量的润滑油，压缩机中的润滑油对空调系统运行的可靠性、稳定性和使用寿命等方面均具有重要影响。空调系统中的压缩机各部件能够正常工作保障空调系统实现制冷和制热，离不开润滑油的作用。

润滑油保证压缩机正常运转，对运动部件起润滑与冷却作用，在保证压缩机运行的可靠性和使用寿命中起着极其重要的作用。

（1）润滑：由油泵将润滑油输送到各运动部件的摩擦面，形成一层油膜，降低压缩机的摩擦功，减少运动零件的摩擦，提高了压缩机的可靠性并延长机器的使用寿命。

（2）冷却：由于润滑油带走摩擦热，不至于使摩擦面的温升太高，因而防止运动零件因发热而“卡死”。

（3）密封：对于开启式压缩机，在密封件的摩擦面间隙中充满润滑油，防止制冷剂气体的泄漏。

（4）清洗：润滑油流经润滑面时，带走机械杂质和油污，清洁摩擦面，以防止进一步的磨粒磨损。

（5）防锈：润滑油能在各零件表面形成油膜保护层，防止零件的锈蚀。

（6）能量调节：在压缩机中，通过润滑油推动能量调节部件运动，改变压缩机的排气量，达到调节制冷量的作用。

## 二、润滑油的性能与要求

在空调制冷系统中，压缩机润滑油和制冷剂的相互接触是不可避免的。各种制冷剂与相应的润滑油之间的溶解程度不同，有完全溶解、部分溶解、完全不溶解 3 种情况。所以，在压缩机运转时，润滑油和制冷剂会一起由压缩机排气口进入到空调管路中，如果润滑油不能及时回到压缩机，就会导致压缩机缺油，影响压缩机的使用寿命。制冷剂与润滑油溶解会使润滑油变稀，黏度下降，影响压缩机润滑效果。因此，对润滑油的要求如下：

（1）润滑油的凝固点要低。一般家用电冰箱和家用空调器采用凝固点低于 – 30 °C 的润滑油。

（2）要有适当的黏度。如果黏度太小，在摩擦面不易形成正常的油膜厚度，会加速机械磨损，甚至发生拉毛气缸、抱轴等故障，机械密封性能也不好，制冷剂容易泄漏；如果黏度太大，润滑和密封性能虽好，但流动阻力较大，制冷压缩机的单位制冷量消耗的功率会增大，耗电量增加。

（3）有较好的黏温性能和较高的闪点。制冷压缩机在工作中，气缸等处的温度高达 130 ~ 150 °C，所以要求润滑油的黏度在温度变化时其变化要小，闪点要高，不会使润滑油在温度高的情况下炭化（在规定的条件下，加热润滑油，润滑油的蒸气和周围空气的混合气，一旦与火焰接触，即发生闪火现象的最低温度，称为润滑油的闪点）。

（4）要有良好的化学稳定性和抗氧化安定性。在与制冷剂及金属共存的系统中，高温会促使润滑油发生化学反应，导致油的分解、劣化，生成沉积物和焦炭。且润滑油分解后产生的酸会腐蚀电气绝缘材料。因此，在全封闭式的制冷压缩机内，润滑油在制冷系统内与制冷剂经常接触，一般要求能够使用 10 ~ 15 年以上。

（5）不含水及酸之类杂质，要有良好的电气绝缘性能。在半封闭和全封闭式制冷压缩机中，电动机绕组要与润滑油经常接触，所以要求润滑油不能破坏电动机的绝缘物并有良好的绝缘性能。

（6）除了以上几项指标外，还有一些其他的物理性能指标。只有润滑油的这些指标符合要求，才能应用于制冷系统中。现今大部分制冷系统要求润滑油与制冷剂在系统的工作温度和压力范围内能与制冷剂相溶，要有良好的化学稳定性、润滑性能以及防镀铜性能。

## 三、润滑油的分类与选用

### 1. 润滑油的分类

润滑油按制造工艺可分成天然矿物油和人工合成油两大类。

（1）天然矿物油。简称为矿物油，即从石油中提取的润滑油。作为石油的馏分，矿物油通常具有较小的极性，它们只能溶解在极性较弱或非极性的制冷剂中，如 R600a，R12 等。

（2）人工合成油。简称为合成油，即按照特定制冷剂的要求，用人工化学的方法合成的润滑油，合成油主要是为了弥补矿物油难以与极性制冷剂互溶的缺陷而提出的，因此合成油通常都有较强的极性，它们能溶解在极性较强的制冷剂中，如 R134a，R717 等。人工合成润滑油主要有聚醇类、聚酯类、极性合成碳氢化合物等。

国际标准化组织根据冷冻机油的组成特性、蒸发器的操作温度和所用制冷剂的类型，把冷冻机油分为 DRA ~ DRG 7 个品种（ISO 6743/3B—2003）。我国参照国际产品标准，制定了冷冻机油国家标准 GB/T 16630—2012。润滑油分类及各品种的应用如表 2-8 所示。

表 2-8 润滑油分类及各品种的应用

| 主要应用 | 制冷剂 | 润滑剂分组 | 润滑剂类型 | 代号 | 典型应用 |
|---|---|---|---|---|---|
| 制冷压缩机 | $NH_3$（氨） | 不相溶 | 深度精制的矿油（环烷基或石基），合成烃（烷基苯，聚α烯烃等） | DRA | 工业用和商业用制冷 |
| | | 相溶 | 聚（亚烷基）二醇 | DRB | 工业用和商业用制冷 |
| | HFCs（氢氟烃类） | 相溶 | 聚酯油，聚乙烯醚，聚（亚烷基）二醇 | DRD | 车用空调、家用制冷、民用商用空调、热泵、商业制冷（包括运输制冷） |
| | HCFCs（氢氯氟烃类） | 相溶 | 深度精制的矿油（环烷基或石蜡基），烷基苯，聚酯油，聚乙烯醚 | DRE | 车用空调、家用制冷、民用商用空调、热泵、商业制冷（包括运输制冷） |
| | HCs（烃类） | 相溶 | 深度精制的矿油（环烷基或石蜡基），聚（亚烷基）二醇，合成烃（烷基苯，聚α烯烃等），聚酯油，聚乙烯醚 | DRG | 工业制冷、家用制冷、民用商用空调、热泵 |

### 2. 润滑油的选择

润滑油的选择主要取决于制冷剂种类、压缩机形式和运转工况（蒸发温度、冷凝温度）等，一般是使用制冷机制造厂推荐的牌号。选择润滑油时，首先要考虑的是该润滑油的低温性能和对制冷剂的相溶性。从压缩机出来随制冷剂一起进入蒸发器的润滑油由于温度的降低，如果制冷剂对润滑油的溶解性能不好的话，则润滑油要在蒸发器传热管壁面上形成一层油膜，从而增加热阻，降低系统性能。

值得指出的是，极性润滑油如聚酯类油和聚醇类油都具有很强的吸水性，这一特性对制冷系统极其不利，在使用时要加以特别注意。

选择润滑油除了考虑与制冷剂的互溶性以外，还要考虑润滑油的黏度。

冷冻油要求低中和值和皂化值，非常低的灰尘和水分含量，以及适当的黏度。对于碳氢制冷剂，最多使用的是矿物油。而 HCFCs 制冷剂，则使用的是烷基苯油类（AB）。汽车空调系统使用的是聚亚烷基二醇润滑油（PAG）。中期制冷剂替代品，如 HFCs（R134a）和混合制冷剂（如 R410A）可用 POE。聚α-烯烃润滑油（PAO）在低温下具有较高的流动性，通常应用于氨系统中；它和氨并不相溶，但是氨系统中使用满液式蒸发器，不相溶的润滑油可以通过从蒸发器的底部排出，也能较容易地回到压缩机中。主流制冷剂系统常用的冷冻油如表 2-9 所示。

表 2-9 制冷空调系统常用的润滑油种类及特性要求

<table>
<tr><th>制冷剂</th><th>润滑油种类</th><th>润滑油型号</th><th>对润滑油的要求</th><th>压缩机对冷冻油的要求</th></tr>
<tr><td>R600a</td><td>矿物油</td><td>IS022</td><td rowspan="4">家用冰箱、空调等小型制冷装置一般不设置油分离器，为了避免压缩机失油和在换热器内产生油膜；好的互溶性成为润滑油的主要求</td><td rowspan="6">开启式制冷压缩机用质量等级较低的 L-DRA/A 级冷冻机油；半封闭制冷压缩机用 L-DRA/B 级冷冻机油；全封闭制冷压缩机（加一次油要连续使用 10～15 年以上），选用质量等级高的 L-DRB 级冷冻机油</td></tr>
<tr><td>R134a（替代 R12）</td><td>POE（脂酯类油）</td><td>IS022～IS010</td></tr>
<tr><td>R290（替代 R22 和 R502）</td><td>PAG 或 PEO</td><td>IS022～IS015</td></tr>
<tr><td>R22</td><td>矿物油</td><td>32#</td></tr>
<tr><td>R407C（R134a/R32/R125；52/23/25）</td><td>PEO</td><td rowspan="2">40 °C 时运动黏度为 20～40</td><td rowspan="2">冷水机组或冷库等中大型制冷系统一般设置油分离器，为了避免冷冻油在低温设备中产生“池积”；<br>需要润滑油有良好的低温流动性</td></tr>
<tr><td>R410A（R134a/R125；50/50）</td><td>PEO</td></tr>
</table>

制冷压缩机的种类很多，对冷冻机油的性能要求不尽相同。即使是同一种制冷压缩机，由于所用的制冷剂不同，工作状态不同，对冷冻机油的性能要求也存在着很大差异。因此，只有根据制冷压缩机的种类和工作状况以及制冷剂的类型正确选择冷机油，才能保证制冷设备安全、可靠地运转，确保制冷压缩机的寿命，提高制冷系统的效率和降低设备的电力消耗。有关为制冷剂选择适当的润滑剂，建议按照压缩机生产商或润滑油生产商的资料进行。

## 思考与练习

1. 湿空气的主要状态参数有哪些？
2. 什么是饱和空气？什么是未饱和空气？
3. 常用的温标有哪些？它们之间有何关系？
4. 影响旅客卫生和舒适性的主要因素有哪些？
5. 对制冷剂有哪些热力学方面的要求？
6. 制冷剂按其化学组成分为哪几类？它们的代号如何表示？
7. 简述 R22 制冷剂的特性。
8. 简要说明制冷剂的发展和替代趋势。
9. 为减少对制冷系统工作的影响，对润滑油有哪些要求？
10. 选择润滑油时应考虑哪些因素？

# 项目三　城轨车辆空调制冷工作原理及其结构

## 项目概述

城市轨道交通车辆空调与其他车辆空调制冷方式均为蒸气压缩式制冷，主要从其方便性、安全性、经济性及维修性等方面考虑。蒸气压缩式制冷系统是由压缩机、冷凝器、节流装置、蒸发器 4 个主要部分组成，制冷工质在其中往复流动，用管道依次连接，形成一个完全封闭的系统，制冷剂在这个封闭的制冷系统中以流体状态循环，通过相变，连续不断地从蒸发器中吸取热量，并在冷凝器中放出热量，从而实现制冷的目的。其中压缩机为整套系统的关键部件，节流装置为膨胀阀或者毛细管，冷凝器和蒸发器均为换热器。

国内城轨空调制冷装置在结构布置上基本类似，根据各地使用环境、运行条件等差异性，具体性能、参数、控制等有所不同。

本项目在蒸气压缩式制冷工作原理的基础上，结合国内城轨车辆空调，介绍了城轨车辆空调制冷的工作过程，并通过广州地铁 1 号线、郑州地铁 1 号线两种城轨车辆空调讲解空调机组典型结构、组成和主要部件。

## 任务一　蒸气压缩式制冷原理

【学习目标】

- 掌握蒸气压缩式制冷的基本原理。
- 理解并掌握蒸气压缩式制冷的工作过程。
- 理解制冷剂液体过冷和吸气过热对制冷循环的影响。

3.1　蒸气压缩式制冷原理

【教学环境】

可利用多媒体设备进行直观的理论教学，利用图片和录制的视频进行初步认知教学，也可以到现场参观城轨交通车辆空调系统的组成。

【教学设施】

教学用的 PPT、视频以及相关教学引导资料。

【理论模块】

用一定的方法使物体或空间的温度低于周围环境介质的温度，并且使其维持在某一范围内，这个过程称作制冷。制冷的方式大致有 5 种：① 蒸气压缩式制冷；② 半导体制冷；③ 吸收式制冷；④ 蒸气喷射式制冷；⑤ 涡流管制冷。一般车辆空调制冷装置都采用蒸气压缩式制冷，这主要从其使用的方便性、安全性、经济性及维修等方面考虑。

## 一、蒸气压缩式制冷的基本原理

在一定的压力下，液体温度达到沸点（即饱和温度）就会沸腾。在制冷技术中，常把这个饱和温度称为蒸发温度。沸腾的液体如果继续吸热，它就会因吸收了气化潜热而相变成饱和蒸气。在同一压力下，不同的液体蒸发温度不同，所吸收的气化潜热也不同。例如，在一个大气压下，水的蒸发温度为 100 °C，气化潜热为 2 258 kJ/kg；而 R12（氟利昂-12）的蒸发温度为 – 29.8 °C，气化潜热为 165.3 kJ/kg。

例如，若将一个盛满低温 R12 液体的容器敞开口，放在密闭的被冷却空间内，由于被冷却空间内空气的温度高于 R12 的沸点，所以 R12 液体将吸热而气化，使被冷却空间内空气温度逐渐下降，这个降温过程直到容器内的 R12 液体气化完为止。为了将气化的 R12 蒸气回收使用，需将它再冷却成液体，如用环境介质（如大气或水）来冷凝，蒸气的冷凝温度就要比环境介质的温度稍高一些。我们知道压力较高的蒸气其冷凝温度也较高，因此只要将 R12 蒸气用压缩机压缩到所需的冷凝温度相对应的饱和压力，就能用环境介质来冷凝它，使在被冷却空间吸热气化的 R12 蒸气重新冷凝成液体。由于冷凝后制冷剂液体的温度还高于被冷却空间空气的温度，因此必须让冷凝后的制冷剂液体降压降温，使其温度低于被冷却空间的温度，这样降压降温后的制冷剂液体就可以在被冷却空间内重新吸热气化。制冷剂在一个封闭的系统中，只消耗压缩机的功就能反复地实现制冷剂由液体变为蒸气，再由蒸气变为液体的相态变化，并通过这种相态变化将低温处的热量转移到高温处去，这就是蒸气压缩式制冷的基本工作原理。

## 二、蒸气压缩式制冷循环系统的组成及工作过程

### （一）蒸气压缩式制冷循环系统的组成

蒸气压缩制冷机组主要是由压缩机、冷凝器、节流装置和蒸发器 4 个部件组成的，并用管道连接，形成一个封闭的循环系统，制冷剂在系统中不断地循环流动，发生状态变化，如图 3-1 所示（图中平衡阀即为节流装置）。

1. 蒸发器

蒸发器由一组或几组盘管组成。低温液态制冷剂进入蒸发器盘管流动时，通过管壁吸收盘管周围介质（空气或水）的热量而沸腾气化（工程上简称为蒸发），使盘管周围的介质温度降低或保持一定的低温状态，从而达到制冷的目的。

可见，蒸发器是使低温液态制冷剂与需要制冷的介质交换热量的换热器。因此，蒸发器盘管应置于需要制冷的空间介质中。例如，电冰箱或冷库的蒸发器放在冷藏室或冷冻室内；房间空调器的蒸发器放在空调房间的墙内侧，并作空气冷却器；冷藏车的蒸发器放在需要冷却降温的货物间内等。

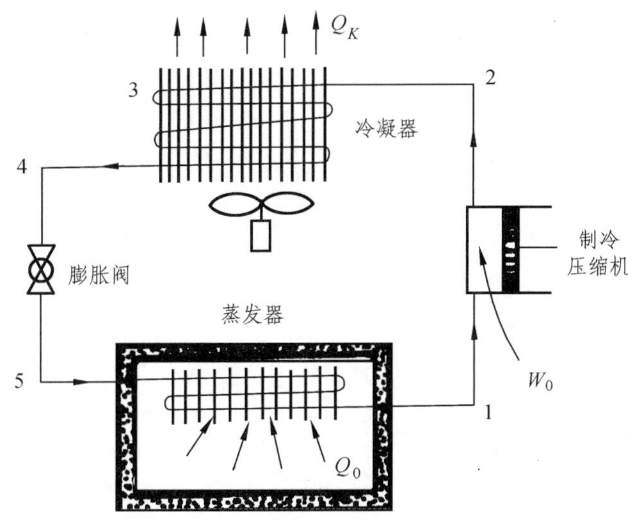


图 3-1　制冷循环系统原理

制冷剂在蒸发器盘管内沸腾气化时保持温度和压力不变，相应的温度和压力称为蒸发温度和蒸发压力。蒸发温度随蒸发压力的增大而升高，它们有确定的对应关系。同时，通过控制或调节蒸发压力即可控制或调节蒸发温度。由于蒸发温度通常都很低，因而对应的蒸发压力也较低。相对于冷凝器，制冷剂在蒸发器中处于低温低压状态。

制冷剂在蒸发器中沸腾气化时从制冷空间介质吸收的热量，就是制冷系统的制冷量。

2. 压缩机

压缩机的作用就是将从蒸发器流出的低压制冷剂蒸气压缩，使制冷剂蒸气压力提高到与冷凝温度相对应的冷凝压力，从而保证制冷剂蒸气进入冷凝器后在常温下被冷凝液化。制冷剂蒸气经压缩机压缩后，温度也将会升高。因此，相对于蒸发器，经过压缩机进入冷凝器的制冷剂处于高温高压状态。

一般压缩机是由电动机带动压缩蒸气来做功的。因此，压缩机的作用实质上是消耗外功，迫使制冷剂把从制冷空间（低温热源）吸收的热量排放给环境（相对于制冷空间为高温热源）。这与热力学第二定律是一致的。因为热力学第二定律表明，热量不能自发地从低温物体传给高温物体。

3. 冷凝器

为了使制冷剂能被反复利用，需将来自压缩机的制冷剂蒸气冷凝还原成液态。冷凝器就是使气态制冷剂向环境介质放热而冷凝液化的换热器。

制冷剂蒸气在冷凝器内冷凝液化时也保持温度和压力不变，相应的温度和压力称为冷凝温度和冷凝压力。冷凝温度随冷凝压力的增大而升高，它们也有确定的对应关系。这种对应关系也可利用其饱和蒸气表或压焓图查取。

从经济和方便的角度考虑，用来使制冷剂蒸气冷凝的冷却介质应是常温的空气或水。利用流动空气来冷却的冷凝器称为风冷式冷凝器；利用流动水来冷却的冷凝器称为水冷式冷凝器，流经水冷式冷凝器的水称为冷却水。

制冷剂在冷凝器中向冷却介质排放的热量称为冷凝器的热负荷。

4. 节流装置

由于在冷凝器中用空气或常温的水来使制冷剂蒸气冷凝，冷凝温度就高于蒸发温度，对应的冷凝压力也高于蒸发压力。所以，在进入蒸发器前必须使它降温降压。为此，让冷凝液先流经节流装置或绝热节流，将压力和温度降至所需要的蒸发压力和蒸发温度后再进入蒸发器蒸发制冷。

液态制冷剂在节流的过程中，因吸收摩擦热将有少量液体气化为蒸气（称为闪发蒸气），因此节流装置出口的制冷剂是干度很低的低温低压湿蒸气。

常用的节流装置有手动节流阀、浮球节流阀、热力膨胀阀或毛细管。在城轨车辆空调机组制冷系统中，常用毛细管作为节流装置。

### （二）蒸气压缩式制冷循环系统的工作过程

（1）制冷剂液体在蒸发器中吸收被冷却物体（如室内的空气）的热量，而气化成低压低温的蒸气后被压缩机吸入。

（2）压缩机消耗一定的机械功将制冷蒸气压缩成压力、温度都较高的蒸气并将其输入冷凝器。

（3）高温、高压的制冷剂蒸气在冷凝器内被环境空气（或水）冷却，制冷剂蒸气放出热量后被冷凝成液体，此时的制冷剂液体还处于高温、高压状态。

（4）高温、高压的制冷剂液体经过节流装置节流降压、降温后进入蒸发器。

此时的制冷剂液体已变为低温、低压状态。在蒸发器中，低温、低压的制冷剂又吸收被冷却物体的热量蒸发成相对的低温、低压的制冷剂蒸气，再被压缩机吸入，如此周而复始地循环。

制冷剂在蒸发压力下沸腾，蒸发温度低于被冷却物体或流体的温度；压缩机消耗一定的机械功不断地抽吸蒸发器中产生的蒸气，并将其压缩到冷凝压力，然后送往冷凝器；在冷凝压力下等压冷却和冷凝成液体，制冷剂冷却和冷凝时放出的热量传给冷却介质（一般为水或者空气），与冷凝压力相对应的冷凝温度一定要高于冷却介质的温度；冷凝后的液体通过膨胀阀或其他节流元件进入蒸发器。当制冷剂通过膨胀阀时，压力从冷凝压力降到蒸发压力，部分液体气化，剩余液体的温度降至蒸发温度，因此离开膨胀阀的制冷剂会变成温度为蒸发温度的两相混合物。混合物中的液体经过蒸发器蒸发，从被冷却物体中吸取它所需要的气化潜热。混合物中的蒸气通常称为闪发蒸气，在它被压缩机重新吸入之前几乎不再起吸热作用。

因此，在整个循环过程中，压缩机起着压缩和输送制冷剂蒸气并造成蒸发器中低压力、冷凝器中高压力的作用，是整个系统的心脏。膨胀阀对制冷剂起节流降压作用并调节进入蒸发器的制冷剂流量大小。蒸发器是输出冷量的设备，制冷剂在蒸发器中吸收被冷却物体的热量，从而达到制冷的目的。冷凝器是输出热量的设备，从蒸发器中吸取的热量连同压缩机消耗的功所转化的热量在冷凝器中被冷却介质带走。在整个循环过程中，根据热力学第二定律，压缩机所消耗的功起了补偿作用，从而能够使得制冷剂不断从低温物体中吸热，并向高温物体放热。

## 三、蒸气压缩式制冷的应用

在普通制冷温度范围内，蒸气压缩式制冷方式占主导地位，是其他任何制冷方式无法与之抗衡的。蒸气压缩式制冷最早用来保存食品和降低房间温度。随着科学技术和社会文明的进步，它的应用几乎渗透到各个生产技术、科学研究领域，在改善人类的生活质量方面发挥了巨大作用。

1. 商业及人民生活

食品冷冻冷藏和舒适性空气调节是制冷产品应用最为广泛的领域。

商业制冷主要用于对各类食品冷加工、冷藏储存和冷藏运输，使之保质保鲜，满足各个季节市场销售的合理分配，并减少生产和分配过程中的食品损耗。现代化的食品工业，从生产，储藏到销售，有一条完整的“冷链”，所使用的制冷装置有各种食品冷加工装置、大型冷库、冷运汽车、冷藏船、冷藏列车、分配性冷库，供食品零售商店、食堂、餐厅使用的小型装配性冷库、冷藏柜、各类冷饮设备、食品冷陈列柜，直至家庭用的电冰箱。

舒适性空气调节为人们创造适宜的生活和工作环境，如家庭、办公室用的局部空调装置或房间空调器；大型建筑、公共场所、车站、机场、宾馆、商厦、影剧院、游乐厅、办公楼等使用的集中式空调系统；各种交通工具，如轿车、客车、飞机、火车、船舱等的空调设施；文物档案保藏馆室的空气调节装置等。

体育馆、游乐场所除采用制冷提供空气调节之外，还用制冷建造人工冰场。

2. 工业生产及农牧业

许多生产场所需要用制冷提供生产性空气调节系统。例如，高温生产车间、纺织厂、造纸厂、印刷厂、胶片厂、精密仪器车间、精密加工车间、精密计量室、计算机房等的空调系统，为各生产环境提供其所必需的恒温、恒湿条件，以保证产品质量或机床、仪表的精度及精密设备的正常特性。

机械制造中，对钢进行低温处理（$-70\sim-90$ °C）可以改变其金相组织，提高强度和硬度。在机器的装配过程中，利用低温方便地进行零件间的过盈配合。化学工业中，借助于制冷，使气体液化、混合气体分离，带走化学反应中和反应热。盐类结晶、润滑油脱脂需要制冷；石油裂解、合成橡胶、合成树脂、燃料生产、化肥生产需要制冷；天然气液化、脱水、储运也需要制冷。在钢铁工业中，高炉鼓风需要用制冷的方法先将其降温，然后再送入高炉，以降低铁水的焦化比，保证铁水质量。

3. 建筑工程与隧道交通

利用制冷实现冻土法开采土方。在挖掘矿井、隧道，建筑江河堤坝时，或者在泥沼、沙水中掘进时，采用冻土法保持工作面，避免坍塌和保证施工安全。拌和混凝土时，用冰代替水，借冰的熔化热补偿水泥的固化反应热。这在制作大型独柱混凝土构件时十分必要，可以有效地避免大型构件因散热不充分而产生内应力和裂缝等缺陷。

目前，我国城市发展规模是以由大城市发展为中心的城市群或城市带，伴随而来的是城市轨道交通，最重要的是地下交通的发展。地下或海底隧道中，随地铁运行隧道内温度逐渐上升，隧道内的环境控制问题和车内的空气调节都将靠压缩式制冷来解决。

4. 科学实验研究

各种环境模拟装置中，用制冷创造人工环境，为科学研究和生产服务。例如，国防工业领域中，高寒条件下工作的发动机、汽车、坦克、大炮等常规武器的性能需要先在相应环境条件下做模拟实验；航空、航天仪表，火箭、导弹中的控制仪，也需要在地面做模拟高空环境下的性能实验。低压低温环境实验装置为这些研究提供了条件。

气象科学中，综合云雾室的制冷系统可提供 35～－45 ℃ 的温度条件。云雾室用于人工气候的实验中，研究雨滴、冰雹的增长过程，冷暖催化剂，各种催化方法及扰动时云雾的出现、微观影响、模拟云的物理现象等。

5. 医疗卫生

制冷在卫生方面，发挥着日益重要的作用。冷冻医疗是可靠、安全、有效易行和经济的治疗方法；用局部冷冻，配合手术有很好的治疗效果，如肿瘤、扁桃腺切除，心脏、皮肤、眼球移植等；心脏大血管瓣膜冻存和移植等；手术中采用低温麻醉；疫苗、药品需要冷冻保存；用真空冷冻干燥法制作血干、皮干；骨髓、胎肝和外周血干细胞的深低温冷冻；诸多的医疗器械、治疗仪、诊断仪（如基因扩增仪）等都使用了制冷手段，其中大多采用压缩式制冷。

## 四、制冷剂液体过冷和吸气过热对制冷循环的影响

1. 制冷剂液体过冷的影响

当制冷剂通过膨胀阀时，压力从冷凝压力降到蒸发压力，部分液体气化，称为闪发。剩余液体的温度降至蒸发温度，因此离开膨胀阀的制冷剂会变成温度为蒸发温度的两相混合物。这部分闪发蒸气无法在蒸发器中通过相变吸收潜热，导致制冷量变小，称为节流损失。

在理论循环中认为从冷凝器中流出和进入节流装置的制冷剂都是饱和液体状态，而在实际制冷装置中，制冷剂在冷凝器中冷凝成液体后还在继续向外放热而变成过冷液体（未饱和液体）后才流出，特别在车辆制冷装置中，冷凝器采用风冷，液体的冷凝温度总是高于环境气温，从冷凝器出来的制冷剂液体在储液器和管路中流动还要不断向外界放热而继续过冷。因此，冷凝器流至节流装置前总有一定的过冷度。饱和温度与过冷液体的温度的差值称为过冷度。过冷度越大，节流损失就越小，单位质量制冷量就越大，因此制冷剂液体的过冷循环将提高制冷系数。

2. 吸气过热度的影响

在理论循环中，我们假定由蒸发器流出和被压缩机吸入的制冷剂都是饱和蒸气，从蒸发器出口至压缩机吸入口之间的管路不存在热交换。实际上，制冷剂的蒸气温度总是低于被冷却介质的温度，从蒸发器流出的饱和制冷剂，在通过吸气管流进压缩机时，还将从冷却介质处或外界吸收部分热量而变成过热蒸气，因此压缩机实际吸入的是过热蒸气。如果制冷装置所采用的压缩机要求低温制冷剂蒸气冷却电机（如全封闭式和半封闭式压缩机），制冷剂蒸气在到达压缩机吸气腔时的过热度就会更大。

若吸入蒸气的过热热量全部来自被制冷的室外，则会增加冷凝器的热负荷。这种过热度越大，制冷系数和单位容积制冷量降低越多，所以称为有害过热。为了减少管路的有害过热，吸气管路都必须用隔热材料包扎起来。

若吸入蒸气的过热热量全部来自被制冷的室内，则制冷剂的单位质量制冷量就应该由蒸气制冷部分和过热阶段所吸收的热量两部分组成。这时制冷剂的制冷系数比理论循环提高了，所以这种过热对制冷循环是有益的。

实际上，为了保证制冷装置的压缩机运转安全，总是使压缩机吸气有一定的过热度。若没有吸气的过热度，压缩机吸入的蒸气就难免带入未蒸发完的少量液滴，液滴在气缸中受热产生急剧的气化，不仅会降低压缩机的实际吸气量，而且液体多时，甚至可能引起液击事故，所以压缩机吸气要有一定的过热度。

# 任务二　典型地铁车辆空调制冷流程

3.2　典型地铁车辆空调制冷流程

【学习目标】

- 熟知上海地铁直流传动车辆空调制冷循环流程。
- 熟知广州地铁空调机组制冷循环流程。

【教学环境】

可利用多媒体设备进行直观的理论教学，利用图片和录制的视频进行初步认知教学，也可以到现场参观城轨交通车辆空调系统的组成。

【教学设施】

教学用的 PPT、视频以及相关教学引导资料。

【理论模块】

## 一、上海地铁直流传动车辆空调制冷循环

早期上海地铁直流传动车辆空调制冷系统如图 3-2 所示。空调机组采用机械压缩制冷，由压缩机、蒸发器、冷凝器、轴流式冷凝风机、干燥器、膨胀阀、热气旁路阀、高低压保护装置等组成。系统还配有变色柱的视液镜，它不但可以观察到制冷剂的流动情况，还可以根据视液镜中色柱颜色的变化，鉴别制冷剂的质量。液管中设有过滤干燥器。

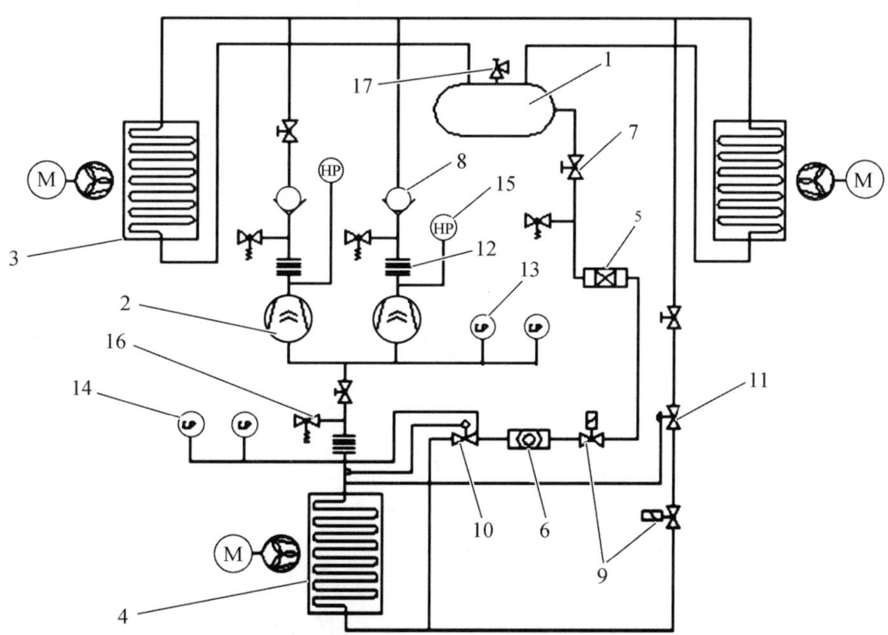


1—储液罐；2—压缩机；3—冷凝器；4—蒸发器；5—过滤干燥器；6—视液镜；7—截止阀；8—单向阀；9—电磁阀；10—膨胀阀；11—热气旁路阀；12—软管；13—压力表；14—低压表；15—高压表；16—限压阀；17—进给阀。

图 3-2　上海地铁直流传动车辆空调制冷循环流程

1. 制冷系统的工作过程

由压缩机压缩成高温高压的冷媒蒸气，进入风冷冷凝器，经外界空气的强制冷却，冷凝成常温高压的液体，进入外平衡式膨胀阀节流降压，变成低温低压的气液混合冷媒，然后进入蒸发器，吸收流过蒸发器的空气热量，蒸发成低温低压的蒸气，再经过气液分离器，分离出冷媒气，然后被压缩机吸入，完成一个封闭的制冷循环。压缩机不断工作，达到连续制冷的效果。

车内的空气通过蒸发器时，空气中的水分冷凝成水滴，汇集至机组内接水盘，由排水管将水引到车外而起除湿作用。

2. 车内制冷

车内的循环空气及由新风口进入的新鲜空气，由机组的通风机吸入，在蒸发器前混合，通过蒸发器得到冷却，并由机组出风口送入车顶通风道各格栅，向车内吹出冷风。在制冷系统连续工作下使车内温度逐渐降低，并由温度调节器自动调节车内空气温度。可在一定的范围内调节车内空气温度。

其他线路车辆上的空调机组的结构与上海地铁基本相同，其主要区别有以下几点：

（1）蒸发器的数量不同。深圳地铁车辆的空调机组采用两端向客室通风，所以机组两端各设有一个蒸发器。

（2）选用压缩机型号不同。上海地铁 2 号线和广州 1 号线均选用螺杆式压缩机，深圳地铁采用涡旋式压缩机。各空调机组的主要技术参数如表 3-1 所示。

从表中可以看出，制冷剂逐步采用环保型，制冷功率和压缩机功率逐步加大。

表 3-1　地铁空调机组主要技术参数

| 地铁技术参数 | 上海地铁 1 号线 | 上海地铁 2 号线 | 广州地铁 | 深圳地铁 |
|---|---|---|---|---|
| 总送风量/（$m^3/h$） | 8 000 | 8 500 | 8 500 | 10 000 |
| 新风量/（$m^3/h$） | 4 000 | 3 200 | 3 200 | 3 200 |
| 客室允许最高温度/°C | 27 | 27 | 27 | 27 |
| 客室 27 °C 时的相对湿度 | <70% | ≤65% | ≤65% | ≤65% |
| 机组型号 | 车顶单元式 | 车顶单元式 | 车顶单元式 | 车顶单元式 |
| 压缩机型号 | 活塞式 | 螺杆式 | 螺杆式 | 涡旋式 |
| 制冷剂 | R22 | R134a | R134a | R134a、R407c |
| 制冷功率/kW | 35 | 40 | 40 | 约 41 |
| 压缩机功率/kW | 14.5 | — | — | ≤22.5 |

## 二、广州地铁空调机组制冷循环

1. 空调机组制冷过程

如图 3-3 所示，制冷剂 R134a 蒸气在压缩机内被压缩，成为高温、高压的气体，被分成两路经两侧风冷冷凝器的冷凝、冷却，通过冷凝风机吸入外界空气来强化对流，增强换热效率，且由控制压力开关来控制冷凝风机的运行台数，使经过冷凝器后的制冷剂成为常温、高压的液体，液体制冷剂进入储液筒、干燥过滤器、流量显示器后，再次被分成两路，每一路都先通过液体管路电磁阀到达热力膨胀阀，制冷剂在膨胀阀中被节流降压，变成低温、低压的气液混合状态，液体制冷剂在蒸发器管内吸收需冷却的空气热量，并由液态蒸发变成气态，气态的制冷剂被再次吸入到压缩机，重新被压缩，压缩机的不断工作和系统的往复循环，达到连续制冷的效果。

在制冷状况下，通过蒸发器的空气在蒸发器外被冷却，空气中的水分冷凝成水珠，通过机组上设的排水孔排到车顶上，最终通过设在车顶两侧的排水道排到车下。

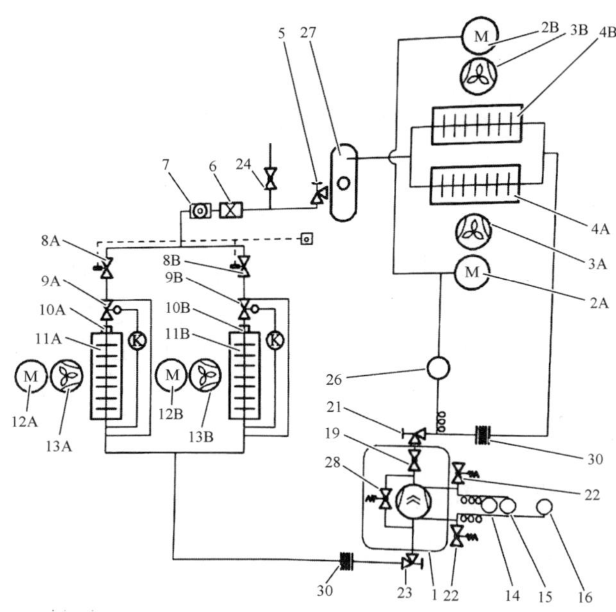


1—压缩机；2A，2B—冷凝风机电机；3A，3B—冷凝风扇；4A，4B—冷凝器；5—角阀；6—干燥过滤器；7—流量/湿度显示器；8A，8B—液体管路电磁阀；9A，9B—热力膨胀阀；10A，10B—分配器；11A，11B—蒸发器；12A，12B—通风机风扇；13A，13B—通风机电机；14—高压压力开关；15—手动复位高压压力开关；16—低压压力开关；19—压缩机内止回阀；21—压缩机排气端截止阀；22—压缩机针阀；23—压缩机吸气端截止阀；24—充注阀；26—控制压力开关；27—制冷剂储液筒；28—压缩机内平衡阀；30—减振管。

图 3-3　空调机组制冷过程

2. 空气处理过程空气状态变化

空调系统采用的是上送侧回式送风方式，车外的新风通过新风口的挡水百叶窗和金属过滤网被吸入，并与部分来自客室的回风混合后被过滤，空气被过滤后进入蒸发器，空气经过蒸发器后被降温、去湿，被送风机送到风道内，然后沿车上的送风道、送风口到客室，客室内的一部分空气从座椅下方及车内墙板的后面导向车顶排出车外，另一部分通过回风道成为回风，成为循环空气。

在蒸发器被冷却、除湿了的空气通过机组的两台离心通风机吸入后，被输送到客室的送风道中，并通过风道均匀的被分配到整个车厢中。

通过司机室的连接风道，与司机室相邻的空调机组将部分已处理的空气直接送到司机室，司机室内配有的独立风机可用来调节风量大小，通过顶部的旋钮来调节风量，风量调节范围设有 3 级，送风方向通过可调叶片调节。

3. 紧急通风原理

若空调机组运行所需的三相电源失效，制冷系统则不再运行，正常通风系统无法保持。

为了保证客室内乘客安全性，空调系统运行转为紧急通风模式，在此情况下由设在机组内的 DC/AC 静态逆变器将蓄电池的 110 V 直流电逆变为三相 100 V/38 Hz 的交流电源，供给空调机组通风机，新风量比正常通风时减少一半。通过空调机组可以提供客室和司机室通风 45 min，且保证每节车的总风量不少于 4 000 $m^3/h$。

应急通风时，回风调节挡板被关闭，新风调节挡板处于全开状态，即在紧急通风时客室里的空气仅由新风组成。

## 任务三　城轨车辆空调典型结构

【学习目标】

3.3　城轨车辆空调典型结构

- 了解广州地铁 1 号线、郑州地铁 1 号线两种形式城轨车辆空调机组布置。
- 理解广州地铁 1 号线、郑州地铁 1 号线两地空调机组主要部件的作用。

【教学环境】

可利用多媒体设备进行直观的理论教学，利用图片和录制的视频进行初步认知教学，也可以到现场参观城轨交通车辆空调系统的组成。

【教学设施】

教学用的 PPT、视频以及相关教学引导资料。

【理论模块】

### 一、广州地铁 1 号线车辆空调

空调机组由空气处理室和压缩机/冷凝器室两部分构成，并被组合在一个不锈钢制的箱体内，通过 4 个安装座，与减振垫一起被固定在车顶上。包括连接软风道在内的尺寸为：长 × 宽 × 高为 2 950 mm × 1 850 mm × 455 mm，每台机组的质量为 889 kg，如图 3-4 所示。

图 3-4　空调机组结构

空气处理单元主要包括的部件有：回风调节板、新风调节板、蒸发器、送风机、紧急逆变电源、制冷管路电磁阀、热力膨胀阀、空气挡板调节用电磁阀、温度传感器、新风气动风缸、回风气动风缸、新风百叶窗、新风过滤器（金属材料）、混合空气过滤器（无纺布材料）等。

压缩机/冷凝器室主要包括的部件有：1 个螺杆式压缩机、2 台冷凝风机、2 个冷凝器、4 个压力开关、1 个压缩机卸载阀、储液器、干燥过滤器、湿度/流量显示器。

### 1. 制冷压缩机

制冷压缩机的作用是将来自蒸发器的低温、低压气态制冷剂压缩成高温、高压的气体。

空调机组的制冷压缩机采用的是全封闭螺杆式压缩机，压缩机、螺杆机构及供油系统组装在一个密封的机壳内。螺杆式压缩机具有结构简单、易损件少、压比大、对湿压缩不敏感、平衡性能好等特点。

### 2. 冷凝器和冷凝风机

冷凝器为主要的热交换设备，高压、过热的制冷剂蒸气在冷凝器中放出热量后，凝结成饱和液体或过冷液体。

车辆用空调装置采用的是空气冷却式冷凝器，制冷剂在管内冷凝，空气在管外流动，制冷剂放出的热量被空气带走。检修过程中需定期清扫和清洗冷凝器，其目的是增强换热器的传热系数，提高制冷剂和管壁间的换热系数，保证机组的正常运行和设计的制冷量。

为了增强换热时的空气流动循环，空调机组采用强迫通风的对流冷却，并通过两台轴流式风机来强化制冷剂在冷凝器中的凝结放热过程。

两台轴流式风机通过引接高压处的压力，由控制器根据压力变化情况来控制风机的启停和运转台数。

### 3. 蒸发器

制冷剂在蒸发器内吸热气化，由液态变成气态。在蒸发器中，来自膨胀阀出口处的制冷剂，通过分配器从管子的一端进入蒸发器，吸热气化，并在到达另一端时让制冷剂全部气化，从而吸收管外被冷却空气的热量，空气的热量被蒸发器内的制冷剂吸收后温度降低，达到冷却空气的目的。

### 4. 送风机

送风机为两台离心式风扇，兼有吸风和送风的双重功能。一方面通过新风格栅吸入新风，并使它与回风混合，另一方面将经过蒸发器冷却、减湿后的空气通过风机输送到客室的送风管道中，并被送到客室内，达到调节客室温度、湿度的目的。

### 5. 热力膨胀阀

膨胀机构位于冷凝器之后，它使从冷凝器来的高压制冷剂液体在流经膨胀机构后，压力被降低而进入蒸发器，它除了起节流作用外，还起调节进入蒸发器制冷剂流量的作用。通过膨胀机构的调节，使制冷剂离开蒸发器时有一定的过热度，避免制冷剂液体进入压缩机。

广州地铁 1 号线空调机组的膨胀阀采用的是外平衡式膨胀阀，它是通过蒸发器出口处制冷剂蒸气过热度的大小来调节阀口的开度，在蒸发器负荷变化时，可以自动调节制冷剂液体的流量，以控制蒸发器出口处制冷剂的过热度，该膨胀阀过热度的设定值为（$10 \pm 3$）K。

当实际过热度高于设定点时，热力膨胀阀会让更多的液体制冷剂流入蒸发器；同样地，当实际过热度低于设定点时，热力膨胀阀会减小流入蒸发器的制冷剂流量。过热度调节弹簧的张力可进行调节，静态过热度通过旋转螺母来调节，顺时针转动螺母可增大过热度，逆时针转动螺母可减小过热度。

6. 阀　件

每台空调机组用的阀主要包括有：压缩机的卸载阀、制冷管路上的液管电磁阀和手动截止阀、控制压缩空气风缸的组合电磁阀。

卸载阀为压缩机的能量调节阀，通过控制压缩机的排气量来控制制冷系统的制冷量。

液管电磁阀用于自动接通和切断制冷回路，它是由 110 V 电源来启闭的截止阀，电磁阀的开启是依靠线圈通电产生的电磁力，并依靠弹簧和阀芯的自重来关闭。它装在膨胀阀之前的液管上，与压缩机联动，当压缩机启动时，电磁阀打开供液管，当压缩机停车时，切断供液管路。

手动截止阀是装在制冷管道上的阀件，在制冷系统需要检修和分解时起着接通和切断制冷剂通道的作用。

列车上的 T09 阀开启和切断空调机组空气调节挡板驱动风缸的压缩空气，而空调机组内的组合电磁阀是由控制系统来控制其电源供给，从而控制着新风、回风风缸的压缩空气供给情况。

7. 储液器

用于储存由冷凝器来的高压液体制冷剂，以适应工况变化时制冷系统中所需制冷剂量的变化，并减少每年补充制冷剂次数。在储液器的中部设有一个可视液面的浮球，机组运行到稳定状态后，若制冷剂充足则视镜中的小球应上浮。

8. 干燥过滤器

由于制冷系统在充灌制冷剂前难以做到绝对干燥，总含有少量的水汽。当制冷循环系统中存在水分时，一旦蒸发温度低于 0 °C，会在节流机构中产生冰堵，影响系统的正常运行。

干燥过滤器中的干燥剂用来吸收制冷循环系统中的水分，过滤器用来清除系统中的一些机械杂质，如金属屑和氧化皮等，避免系统中出现“冰堵”和“脏堵”。

9. 流量/湿度指示器

用来显示系统运行时制冷剂量和流动情况，而示镜中心部位的圆芯则用来指示制冷剂的含水量。当圆芯纸遇到不同含水量的制冷剂时，其水化合物能显示不同的颜色，从而根据纸芯的颜色来判断含水的程度。纸芯的颜色变化可显示出制冷剂的含水量情况：正常、警示、超标，当纸芯的颜色为紫色时表明正常，当纸芯颜色开始偏红时说明系统中制冷剂的含水量已到了需加强跟踪的警示位置，一旦纸芯颜色为粉红色时必须尽快更换干燥过滤器。

检修中，在制冷系统运行情况下，若流量指示器中有气泡出现，则必须确认管路是否有堵塞的问题或制冷剂量不足，若制冷剂量不足需及时补加制冷剂，否则容易导致系统因低压问题出现的故障。

### 10. 压力开关

广州地铁 1 号线空调机组共设有 4 个压力开关，分别为高压压力开关 2 个，控制压力开关 1 个，低压压力开关 1 个。当制冷系统的压力异常高时，高压压力开关动作，使压缩机停止运行，避免意外事故的发生和设备的损坏，根据压力动作值的不同设置，高压开关设有自动复位和手动复位两种，各压力开关的动作值如表 3-2 所示。

表 3-2 压力开关的设定动作值

| 序号 | 压力开关名称 | 动作 | 设定压力/bar（g） |
|---|---|---|---|
| 1 | 手动复位的高压开关 | 关 | 22.5±0/－1.6 |
| 2 | 自动复位的高压开关 | 关 | 20.0±0/－1.6 |
| 3 | 低压压力开关 | 关 | 0.5±0.3 |
| | | 开 | 2.0±0.3 |
| 4 | 控制压力开关 | 关 | 8.0±0.8 |
| | | 开 | 11.0±0.8 |

注：1 bar = 100 kPa。

### 11. 温度传感器

空调系统分别在客室、新风入口、送风管道处设有温度传感器，用于监测客室温度、环境温度和已处理空气的温度，通过对温度采样值的判断来控制空调机组的运行模式。广州地铁 1 号线空调机组的温度传感器采用的是 NTC 型，这种传感器的温度与电阻呈负曲线关系，即温度值愈高电阻值愈低，如表 3-3 所示。

表 3-3 温度传感器电阻值 $R(\Omega)$ 与温度 $T$（°C）的对应关系

| °C | 0 | 1 | 2 | 3 | 4 | 5 | 6 | 7 | 8 | 9 | 10 |
|---|---|---|---|---|---|---|---|---|---|---|---|
| －20 | 48 635 | 45 805 | 43 245 | 40 845 | 38 590 | 36 475 | 34 490 | 32 620 | 30 065 | 29 215 | 27 665 |
| －10 | 27 665 | 26 200 | 24 825 | 23 630 | 22 310 | 21 165 | 20 080 | 19 055 | 10 095 | 17 185 | 16 325 |
| 0 | 16 325 | 15 515 | 14 750 | 14 025 | 13 345 | 12 695 | 12 085 | 11 505 | 10 960 | 10 440 | 9 960 |
| 10 | 9 950 | 9 485 | 9 045 | 8 625 | 8 230 | 7 855 | 7 500 | 7 160 | 6 840 | 6 535 | 6 245 |
| 20 | 6 245 | 5 970 | 5 710 | 5 460 | 5 225 | 5 000 | 4 706.5 | 4 583.5 | 4 388.5 | 4 203.5 | 4 028.5 |
| 30 | 4 028.5 | 3 861.5 | 3 701.5 | 3 548.5 | 3 403.5 | 3 265 | 3 133.5 | 3 008.5 | 2 888.5 | 2 773.5 | 2 663.3 |
| 40 | 2 663.3 | 2 550.5 | 2 458.5 | 2 363.5 | 2 271.5 | 2 185 | 2 100.5 | 2 020 | 1 945 | 1 871.5 | 1 801.5 |
| 50 | 1 801.5 | 1 733.5 | 1 670 | 1 608.5 | 1 549.5 | 1 493 | 1 439 | 1 387 | 1 337.5 | 1 289.5 | 1 244 |
| 60 | 1 244 | 1 200 | 1 158 | 1 117.5 | 1 078.5 | 1 041.5 | 1 005.5 | 971 | 938 | 906.5 | 876 |
| 70 | 876 | 846.5 | 818 | 791 | 765 | 739.5 | 715.5 | 692 | 670 | 648.5 | 627.5 |
| 80 | 627.5 | 607.5 | 588.5 | 570 | 552 | 535 | 518 | 502 | 486.85 | 472 | 457.65 |
| 90 | 457.65 | 443.85 | 430.5 | 417.65 | 405.15 | 393.35 | 381.65 | 370.5 | 359.65 | 349.35 | 339.15 |
| 100 | 339.15 | 329.5 | 320.15 | 311 | 302.15 | 293.65 | 285.5 | 277.5 | 269.85 | 262.5 | 255.15 |
| 110 | 255.15 | 248.35 | 241.5 | 235 | 228.65 | 222.5 | 216.65 | 210.85 | 205.35 | 200 | 194.65 |
| 120 | 194.65 | 189.65 | 184.85 | 180 | 175.3 | 170.85 | 166.55 | 162.35 | 158.25 | 154.3 | 150.47 |

注：第一列和第一行之和（温度）所对应的值即为电阻值。

## 二、郑州地铁 1 号线车辆空调

### （一）客室空调机组说明

空调机组安装于列车车顶，外形如图 3-5 所示。每个客室装有两台空调机组，安装位置位于整个客室的 1/4 和 3/4 位置。

图 3-5　空调机组外形

A 车、B 车、C 车都安装有两台相同 35 kW 顶置单元式空调机组以提供旅客客室车厢的空气调节。空调机组向安装在天花板顶棚的管道系统送入调节空气。在空调机组底部的送/回风口通过橡胶密封条和车厢风道系统之间连接，其使空调机组和车厢之间的连接是柔性的。通过风道，空气被均匀地吹入客室，通过集成在天花板上的空气扩散器扩散到整个车体的长度范围。

空调系统的目的是保证旅客车室内取得舒适的温湿度。A 车同时装有一个司机室通风单元。送入司机室的送风量由风速选择开关和集成在司机室通风单元上的可调扩散器控制。

该空调机组包含两个独立运行的制冷循环。冷凝器设计为制冷剂（R407c）通过室外空气冷凝。

在制冷模式下，混合风被送风机吸入，经过混合风滤网再经过蒸发器盘管，在经过蒸发器盘管时，盘管内的制冷剂蒸发吸热，热量从混合风经蒸发器盘管传给制冷剂，混合风得以冷却减湿。冷却减湿后的空气经过送风机送入车顶风道系统，通过风道输送到乘客车厢。

每节车的空调机组均由 KGDC35-1T2H 控制器控制。通过对空调机组各部件发出指令，时刻确保车内保持所需的“设定”温度以及系统在设计范围内安全运行。每个微处理器单元通过 MVB 自始至终与列车信息系统连接，MVB 提供启动和停止系统的信号，以及符合列车标准的故障数据和诊断信息。

每台空调机组包含的主要部件如图 3-6 所示。

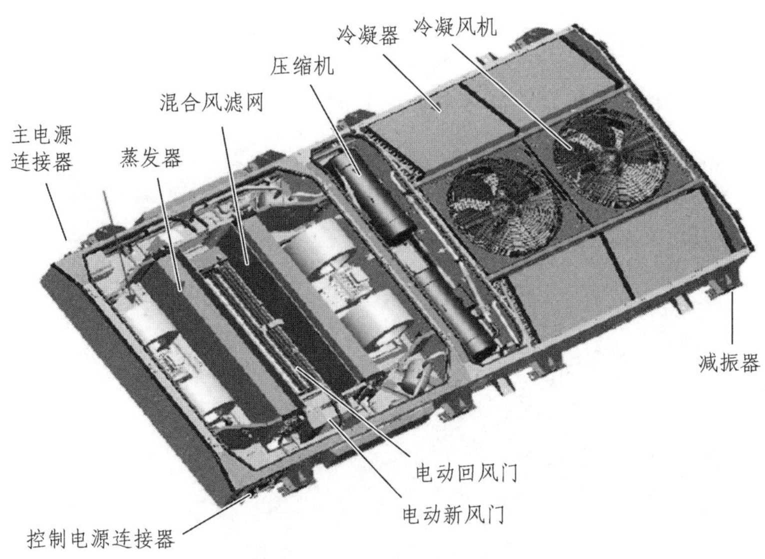


图 3-6　客室空调机组主要部件

新风从机组侧边的两个格栅口进入空调机组，然后与从旅客车厢来的回风相混合。回风通过蒸发腔底部的回风口进入空调机组。然后混合风被冷却并被吹入旅客客室的风道系统。

## （二）主要部件介绍

### 1. 压缩机

在每台机组中制冷输出由 2 台涡旋压缩机提供。涡旋压缩机由 3 相辅助电源供电。

从蒸发器回来的低压制冷剂蒸气进入压缩机，并被压缩机压缩成高温高压的过热气体后通过压缩机的排气阀离开压缩机，流入冷凝器盘管。

每台压缩机（见图 3-7）装有 4 个减振器用以避免振动的传播并降低噪声。

图 3-7　郑州地铁 1 号线压缩机外形

### 2. 冷凝风机

冷凝风机（见图 3-8）包括风机叶片、电机和格栅。为确保冷凝盘管内高效热传递，两台轴流风机从空调机组两侧将周围“冷”空气吸入冷凝盘管，然后将“热”空气通过圆形格栅从空调机组的上方排出。

每个冷凝风机组件包含一台 AC 380 V、三相、50 Hz 的电动机，支持一个安装在轮毂上的 6 叶片轴流风机，风机运行在一个导风圈内。需要注意的是：格栅不能被随意移动，格栅用于防止人员接触风机叶片，并保护风机内部部件。

图 3-8　郑州地铁 1 号线冷凝风机

### 3. 冷凝器

冷凝器位于制冷回路中压缩机和高压开关之后干燥过滤器之前。

每台冷凝器盘管由铜管和铝翅片组成。

两个冷凝风机使外界空气经过冷凝盘管。外界空气带走盘管中来自压缩机排出的高温高压制冷剂蒸气的热量，从而使制冷剂蒸气冷却并冷凝成为液体。

### 4. 送风机

送风机（见图 3-9）安装在蒸发器后部。

为符合车厢空气调节要求，克服空调机组以及送风管道中的压力损失，每台空调机组中装有两台送风机。每台送风机既能经新风滤网从外界吸入新风，也能够将客室回风吸入到蒸发腔。蒸发腔内两股气流混合后经混合风滤网和蒸发器盘管进入送风机。混合风被吸入风机后，立即被吹到通风管道并输送分配至车顶风道。

每台送风机包含一台 AC 380 V、三相、50 Hz 的电动机和两个安装在轴上的风机叶轮。

图 3-9　郑州地铁 1 号线送风机

5. 蒸发器

蒸发器位于制冷回路中节流装置之后压缩机之前，每台蒸发器由铜管和铝翅片组成。

液体制冷剂在蒸发器盘管中以一定的比率和温度蒸发。蒸发器盘管中低压低温制冷剂从由通风机吸入的流过盘管的空气中吸收热量。回风和新风组成的混合风经过蒸发器盘管，被冷却除湿后均匀地送至车厢。

6. 滤　网

混合风滤网安装在蒸发器之前，新风滤网安装在空调机组两侧的新风格栅后。

空调机组配有 2 块混合风滤网和 2 块新风滤网用以滤清进入蒸发器盘管的空气，以防止会卡在盘管翅片之间阻止空气进入及阻碍空气流通的灰尘、脏物和其他固体颗粒，因为这样的堵塞会降低制冷/制热系统的效率。

7. 回风门执行器

回风门执行器位于蒸发单元中。

回风口位于机组蒸发腔底部，回风门安装在空调机组蒸发单元中，用来调节进入空调机组的回风量。根据空调控制模式和环境温度以及回风温度，控制器将发送信号给回风门，令其调节至一定的角度。回风门对回风口的角度将决定进入空调机组的回风量。在紧急模式中，回风门完全关闭。

回风门执行器的技术参数：

额定电压范围：DC 24 V；

输入功率：1.5 W/额定扭矩；

转矩：最小 5 N・m（额定电压下）；

旋转角度：最大 90°（通过机械调节）；

运行时间：35 s；

防护等级：IP54。

8. 接线盒

接线盒用于确保持久可靠的电气连接，并防止水进入。接线盒材质为不锈钢。

9. 新风门

新风门位于蒸发器两边。新风门用来调节送入客室的新风量。根据空调模式、外界温度和回风温度，控制器将发送信号到阀门指令其调节新风阀到一特定位置。阀门对新风入口孔径的开度（角度）将决定送入空调机组的新风量。在紧急模式下新风阀完全打开。

10. 减振器

减振器用于吸收振动，降低噪声。一组共 8 个减振器装在空调机组上，安装位置为空调机组与车厢体连接处。

11. 电器连接器

空调机组通过安装在回风口的电气连接器连接到控制面板。每台空调机组共使用 2 个电气连接器。电气连接器 X01 是用于主电源连接的，而电气连接器 X02 则用于直流电源连接。

12. 温度传感器

在空调机组内安装有一组温度传感器来检测新风、回风和送风的温度。每机组有 1 个新风温度传感器和 1 个送风温度传感器。它们分别位于新风入口和送风机上。1 个回风温度传感器位于客室以监测客室内部温度。通过它们监测不同的温度并由此选择所需运行模式，以便为乘客提供最舒适的环境。

### （三）司机室通风单元说明

司机室送风单元（见图 3-10）是用于地铁车辆司机室的增压换气加热设备。具有耐振动、抗冲击的特点，能适应地面及地下隧道等不同的运行环境。通风单元的结构形式为单元式，安装在司机室顶板上，与车体之间通过安装座连接。通过单独的风道从相邻空调送风道引入已冷却的空气送入司机室内。

司机室送风单元配有电气连接器插座，用于司机室送风单元与车辆布线之间的连接；电气连接器采用防水型连接器。

司机室增压器不由客室空调机组的控制器控制，它是由设在增压器出风面板上的风量选择开关和温度选择开关来单独调节的。通过风量选择开关调节输入给送风机电机的电压来调节送风量。

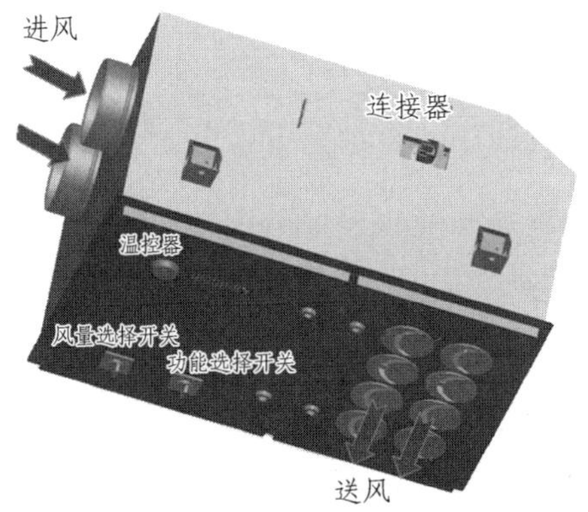


图 3-10　司机室送风单元

## 思考与练习

1. 制冷有哪些方式？
2. 简述蒸气压缩式制冷的基本过程。
3. 简述制冷剂液体过冷对制冷循环的影响。
4. 吸气过热对制冷循环有何影响？
5. 绘制上海地铁交流传动车辆空调制冷循环流程图，简述其工作过程。
6. 简述广州地铁 1 号线车辆空调紧急通风原理。
7. 结合广州地铁 1 号线和郑州地铁 1 号线车辆，阐述二者空调机组主要不同之处。

# 项目四 制冷装置主要部件

## 项目概述

空调制冷装置主要部件包括压缩机、冷凝器、节流装置和蒸发器。随着蒸发器形式和装置的特点不同，采用的制冷剂节流装置也不一样，常见的种类有热力膨胀阀和毛细管等，目前国内地铁车辆空调大多采用毛细管。本项目主要介绍了3种制冷压缩机的工作原理和结构，常见形式换热器的工作原理和结构类型，以及内外平衡式膨胀阀和毛细管的原理。

## 任务一 认识制冷压缩机

【学习目标】

4.1 制冷压缩机

- 理解3种制冷压缩机的基本结构和原理。
- 掌握螺杆式、涡旋式制冷压缩机的工作过程。

【教学环境】

利用图片和录制的视频进行认知教学，通过动画加深理解压缩机工作过程。

【教学设施】

教学用的PPT、视频以及动画。

【理论模块】

在蒸气压缩式制冷装置中，压缩机是4大主要部件之一。它把制冷剂蒸气从低压状态压缩至高压状态，创造了制冷剂液体在蒸发器中低温下气化制冷和在冷凝器中常温液化的条件。此外，由于压缩机不断地吸入和排出气体，为制冷剂在制冷系统中不断循环提供了动力，才使制冷循环得以周而复始地进行，因此它有整个装置的“心脏”之称，常被称为蒸气压缩式制冷装置的主机。

为保护压缩机这样一个重要部件的安全工作，制冷压缩机往往采取多重装置保护其安全工作。例如，机组内设过流保护，高低压保护，缺相保护和延时启动。

## 一、制冷压缩机的类型

制冷压缩机按工作原理不同可分为容积型和速度型两大类。容积型压缩机是通过改变工作容积来完成气体的压缩和输送的。容积型压缩机主要有活塞式、螺杆式和涡旋式压缩机。其中活塞式压缩机是通过活塞在气缸内作往复运动来改变工作容积；而螺杆式和涡旋式压缩机是通过螺杆或转子在气缸内做旋转运动来改变工作容积。速度型压缩机是使气体在高速转动的叶轮中提高速度，而后通过导向器使气体的动能转化为压力能，进而来完成气体的压缩和输送任务。目前常采用的速度型压缩机是离心式压缩机。

制冷压缩机按标准工况下制冷量的大小分为小型、中型和大型 3 种类型。

标准工况制冷量小于 58 kW 为小型；标准工况制冷量在 58 ~ 580 kW 为中型；标准工况制冷量大于 580 kW 为大型。

活塞式压缩机发展历史悠久，至今在各个领域中依然被广泛采用。制冷压缩机的持续进步也反映在其种类的多样化方面，活塞式以外的各类压缩机型，如离心式、螺杆式、滚动转子式和涡旋式等都在被卓有成效地开发而各具特色。这对于从事制冷工程的技术人员在制冷压缩机类型的选择上提供了更多的可能性。在这种背景下，活塞式压缩机的使用范围必受到影响而出现逐渐缩小的趋势，这种趋势在大冷量范围内表现得更显著。但是，在中小冷量范围内，实用上还是以活塞式压缩机为主。

随着压缩机本身可靠性和耐久性不断得到提高和压缩机紧凑轻量化的追求，制冷压缩机从开启式逐渐向封闭式发展是很自然的。对于小型制冷压缩机而言，业内人士一般将开启式活塞压缩机称之为第一代，全封闭活塞压缩机称之为第二代，旋转（滑片）式压缩机称之为第三代，涡旋式压缩机称之为第四代，环形压缩机称之为第五代小型制冷压缩机。

旋转式压缩机在国内外已普遍用于房间空调器中，几乎取代了活塞式压缩机。旋转式压缩机具有结构简单、体积小、质量轻、容积效率高、运行平稳、噪声和振动小、可靠性高等优点。但旋转式压缩机也存在一些不利因素，如主要零件加工精度要求高，电动机绝缘等级高，起动转矩较大等。

目前，国内城轨车辆空调装置主要采用螺杆式压缩机和涡旋式压缩机，均为全封闭式。活塞式压缩机因为其体积大、结构复杂、振动差等缺点，已基本退出城轨车辆空调市场。

## 二、活塞式制冷压缩机

### 1. 活塞式制冷压缩机基本结构

活塞式制冷压缩机的结构形式有很多种，但其基本组成（见图 4-1）不外乎以下几部分：由机体和各种盖板组成的机体组件；由气缸、活塞和吸、排气阀片等构成容积可变的工作空间；由曲轴、连杆等构成的传动机构；由油泵、轴封等构成的润滑和密封设施（小型压缩机没有油泵，封闭式压缩机没有轴封）。

压缩机的工作是靠压缩机电机输入功率后，电机的轴带动压缩机的曲轴转动，曲轴通过连杆带动活塞在气缸中做往复运动，同时气缸顶部的吸排气阀片配合活塞运动开启或关闭，从而使压缩机完成对制冷剂蒸气的压缩和输送作。曲轴每旋转一周，活塞就做一次往复运动，压缩机就完成一次工作循环。

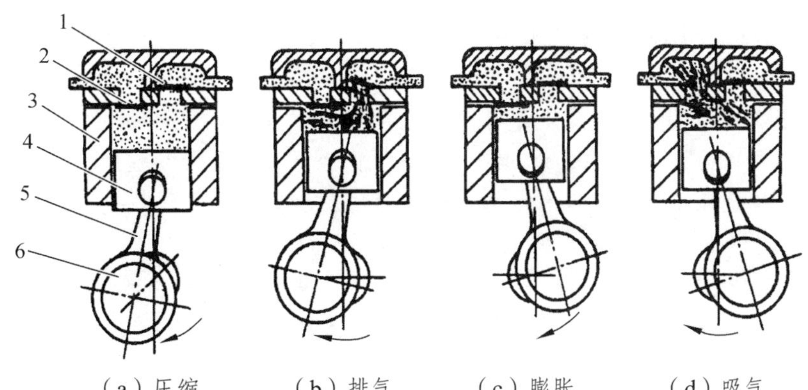

1—排气阀片；2—吸气阀片；3—气缸；4—活塞；5—连杆；6—曲轴。

图 4-1　压缩机的基本构成及实际工作过程

2. 活塞式制冷压缩机的理想工作过程与理论输气量

首先，我们还是来熟悉以下几个活塞式制冷压缩机工作过程描述名词。

（1）活塞的上止点和下止点：活塞在气缸内上下往复运动时，最上端的位置称为上止点（又称为上死点），最下端的位置称为下止点（又称为下死点）。

（2）活塞行程：上止点与下止点之间的距离称为活塞行程，它也是活塞向上或向下运动一次所走的路程，通常用 $S$ 表示。

（3）气缸工作容积：上、下止点之间气缸工作室的容积，用 $V_g$ 表示。

（4）余隙容积：当活塞运动到上止点时，活塞顶与气阀座之间的容积，第一道活塞环以上的环形空间以及气阀通道（与气缸一直相通的）的 3 部分容积组成称为余隙容积，用 $V_c$ 表示。

（5）相对余隙容积：余隙容积与气缸工作容积之比，称为相对余隙容积，用 $c$ 表示。

压缩机的理想工作过程是指压缩机工作时无能量损失及容积损失。压缩机的理想工作过程表示在 $p$-$V$ 图上，如图 4-2 所示。图中纵坐标表示气缸中气体形成的压力 $p$，横坐标表示活塞移动时在气缸中形成的容积 $V$。

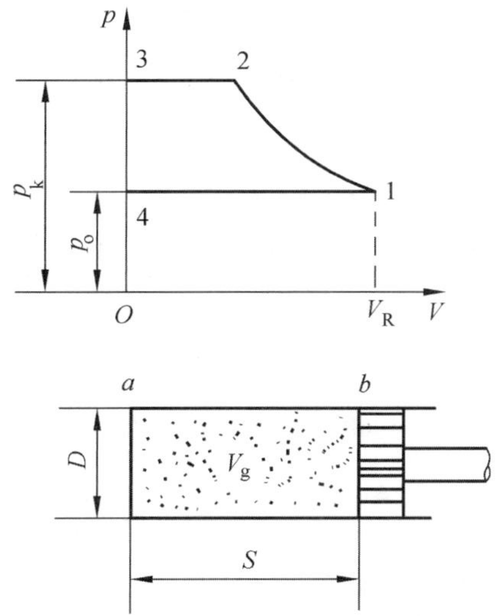


图 4-2　活塞式制冷压缩机理想工作过程 $p$-$V$ 图

压缩机在理想工作过程中每完成一个工作循环，要经历吸气、压缩和排气 3 个过程。在图中：

4—1 表示吸气过程。活塞从上止点开始向右移动，吸气阀打开，吸气过程开始。压缩机吸入从蒸发器中出来的压力为 $p_0$ 的制冷剂蒸气，吸气过程直至活塞运行到下止点为止。

1—2 表示绝热压缩过程。活塞从下止点向左移动，压力升高，吸气阀关闭，气体被绝热压缩，压缩过程直至气缸内气体压力增大到冷凝压力 $p_k$ 为止。

2—3 表示排气过程。当气体压力达到 $p_k$ 时，活塞继续左移，排气阀即被顶开，高压气体在 $p_k$ 下等压排出，排气过程直至活塞运行到上止点为止。排气结束后，压缩机再重新开始吸气、压缩、排气 3 个过程，如此循环下去。

压缩机在一个循环中，气缸的吸气量等于活塞移动一个行程所扫过的容积，称为气缸的工作容积，以 $V_g$ 表示，它等于气缸的截面积与活塞行程的乘积。

理想工作过程中压缩机每秒钟吸入的蒸气量，称为压缩机的理论输气量，以 $V_h$ 表示。它等于每秒钟所有气缸的工作容积之和。

3. 典型结构

下面以 JH514YZ 型压缩机为例介绍其结构。JH514YZ 型压缩机为全封闭式压缩机，它被广泛使用在 KLD-29 型单元式空调机组中。其主要技术参数为：

| | | | |
|---|---|---|---|
| 气缸直径 | 44.45 mm | 制冷剂 | R22 |
| 活塞行程 | 24 mm | 制冷量 | 12.7 kW（空调工况） |
| 气缸数 | 3 个 | 电动机功率 | 3.75 kW |
| 转速 | 2 880 r/min | | |

JH514YZ 型压缩机的结构如图 4-3 所示，它主要由机壳、机体、电动机、曲轴、连杆、活塞、气缸、气阀以及排气消音器等组成。其工作过程如下：

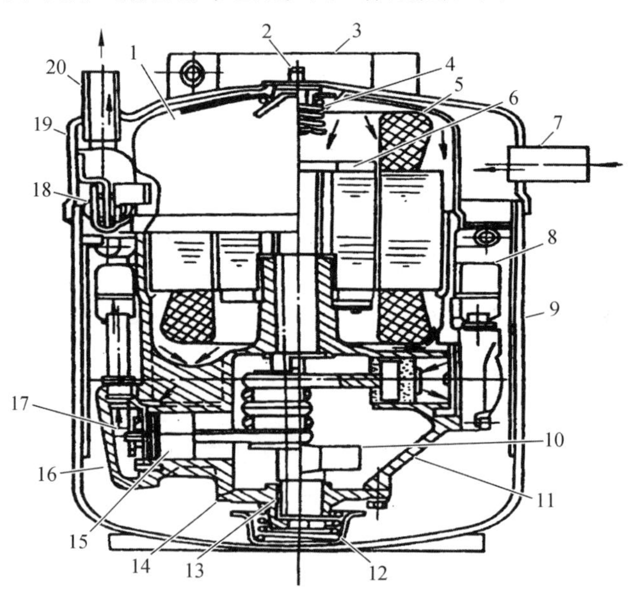


1—电动机壳；2—吊具；3—端子箱；4—上弹簧；5—定子线圈；6—转子；7—吸气管；8—排气消音器；9—下壳体；10—曲轴；11—曲轴箱；12—下弹簧；13—下轴承；14—支承架；15—活塞连杆；16—气缸盖；17—高压室；18—横弹簧；19—上壳体；20—排气管。

图 4-3　JH514YZ 型压缩机结构

压缩机工作时，低压氟利昂蒸气经吸气管进入机壳内，并充满整个机壳，使电机获得较好的冷却，然后经电机定子内侧机体上的吸气通道进入机体内腔。当活塞由上死点向下运动时，低压蒸气经阀板上的吸气孔顶开吸气阀进入气缸。压缩后高温高压蒸气顶开排气阀排入高压室，再经气缸盖上与排气消音器的连接管排入排气消音器，然后通过排气消音器上的排气管排出压缩机。排气消音器不仅起消音作用，而且使高压气体压力均匀稳定。

压缩机的机壳，由 5 mm 厚的热压或冷压钢板冲压成上、下两部分，装入电机与压缩机组成的机芯后，将上、下壳焊接成一体，机壳外部只有吸气管、排气管和电源引线。为了减少机器工作时的振动，机芯通过 3 个减振弹簧支承在机壳上，机壳再通过橡胶减振装置与单元式机组的钢骨架连接。机芯上部是压缩机电机，下部是压缩机机体。

压缩机的电动机有时会因负载过大，压缩机的间断操作过于频繁，环境温度过高，气缸和活塞间严重漏泄，系统管路堵塞，高温工况下冷却条件不好等原因而引起温度过分升高导致烧损。因此，为了防止电机绕组过热，在电机定子绕组中预埋了温度继电器，当温度过高或电流过大时，切断电动机控制电路的电源，使压缩机停车。

## 三、涡旋式制冷压缩机

涡旋式压缩机是回转式压缩机的一种。它发明于 1905 年，但直到 20 世纪 80 年代初才在日本首次应用到制冷及空调领域中。原先主要应用在汽车空调及 2.2 ~ 4.4 kW 的家用热泵型空调器中，现城轨车辆空调大量采用该结构。图 4-4 所示为郑州地铁 1 号线采用的 ZRH78KTE-TFD-650 型卧式涡旋式压缩机。

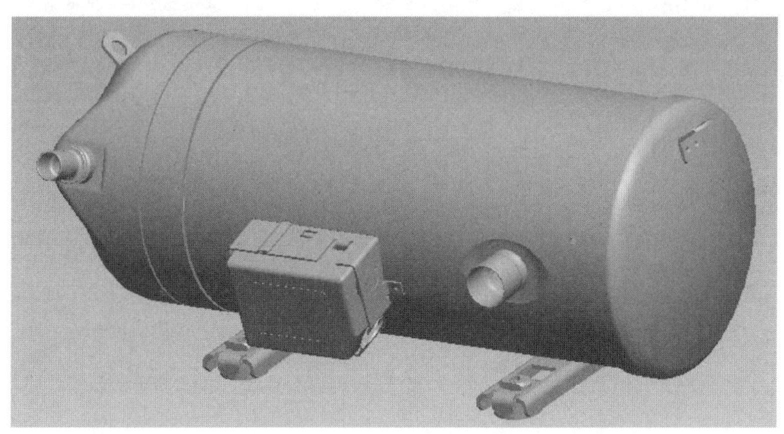

图 4-4　ZRH78KTE-TFD-650 型卧式涡旋式压缩机

### （一）涡旋式制冷压缩机的基本结构

涡旋式制冷压缩机目前仅有小型全封闭及开启式两种机型。

图 4-5 所示为 3.75 kW 全封闭涡旋式压缩机剖面图。压缩机主要由固定涡旋盘、旋转涡旋盘、十字滑环、曲轴、支架、机壳等组成。固定涡旋盘 5 和电动机定子安装在机壳内壁上。十字滑环 18 是上、下两面设置互相垂直的两对凸键的圆环，上面凸键装在旋转涡旋

盘 7 背面的键槽内，下面的凸键装在支架 10 的键槽内。十字滑环的作用是防止旋转涡旋盘倾斜和自转。在旋转涡旋盘 7 下设有一个背压腔 8，背压腔由旋转涡旋 7 底盘上的小孔引入中压气流自动充气，使气腔压力支撑着旋转涡旋盘，同时在旋转涡旋盘顶部装有可调轴向密封，使得旋转涡旋盘可以轴向移动这样便可补偿运行中的逐渐磨损，并且也能防止液击或压缩腔中润滑油过多时引起的过载。

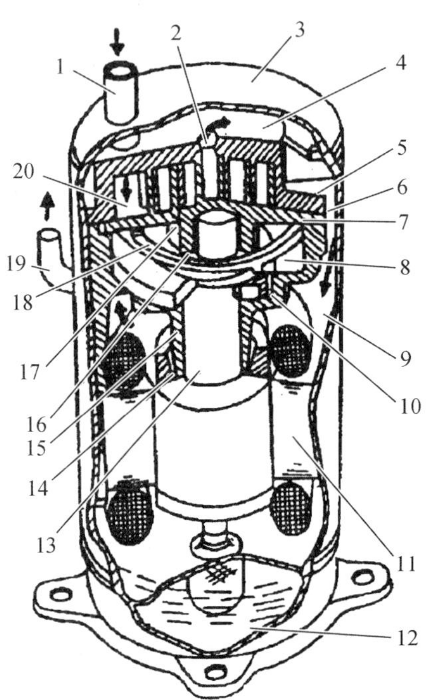


1—吸气管；2—排气口；3—密封外壳；4—排气腔；5—固定涡旋盘；6—排气通道；7—旋转涡旋盘；8—背压腔；9—电动机腔；10—支架；11—电动机；12—油；13—曲轴；14、16—轴承；15—密封；17—背压腔；18—十字滑环；19—排气管；20—吸气腔。

图 4-5　全封闭涡旋式压缩机剖面图

在曲柄销轴承处和曲轴通过支架的地方，装有转动密封，以保持背压腔与机壳之间的气密性。轴承的润滑油是利用排气压力和中间压力的压差，由密封壳体的底部经曲轴上加工的油道来供给的，并最终由背压腔流向压缩腔以润滑涡旋面，然后同压缩气体一起排出，在机壳中将油分离，然后流至底部。再者，在固定涡旋盘外有油流，由这里给涡旋盘摩擦部位供油。涡旋压缩机停止运转后会逆转，为此在固定涡旋盘上的吸气管内装有止逆阀。

吸入气体从腔上部被直接导入涡旋板的四周，封在月牙形容积中，然后被压缩，并由固定涡旋盘的中心排入机壳内，最后由排气管 19 排出。

### （二）涡旋式制冷压缩机的工作原理

涡旋式制冷压缩机基本结构主要由两个涡旋盘相错 180° 对置而成，其中一个是固定涡旋盘，而另一个是旋转涡旋盘，它们在几条直线（在横截面上则是几个点）上接触并形成一系列月牙形容积。

1. 工作原理（见图 4-6）

旋转涡旋盘由一个偏心距很小的曲柄轴驱动，绕固定涡旋盘平动，两者间的接触线在运转中沿涡旋曲面移动。它们之间的相对位置，借助安装在旋转涡旋盘与固定部件间的十字滑环来保证。

工作过程：吸气口设在固定涡旋盘的外侧面，由于曲柄的转动（顺时针），气体由边缘吸入，并被封闭在月牙形容积内，随着接触线沿涡旋面向中心推进，月牙形容积逐渐缩小而压缩气体。而高压气体则通过固定涡旋盘上的轴向中心孔排出。

2. 工作过程

工作过程包括吸气、压缩、排气 3 个过程。

在曲柄轴的每一转中，都形成一个新的吸气容积，所以上述过程不断重复，依次完成。图 4-6（a）表示正好吸入完了的位置。图 4-6（b）表示出了涡旋外围为吸入过程，中间为压缩过程，中心处为排气过程。图 4-6（c）表示出了连续而同时进行着吸入和压缩过程。

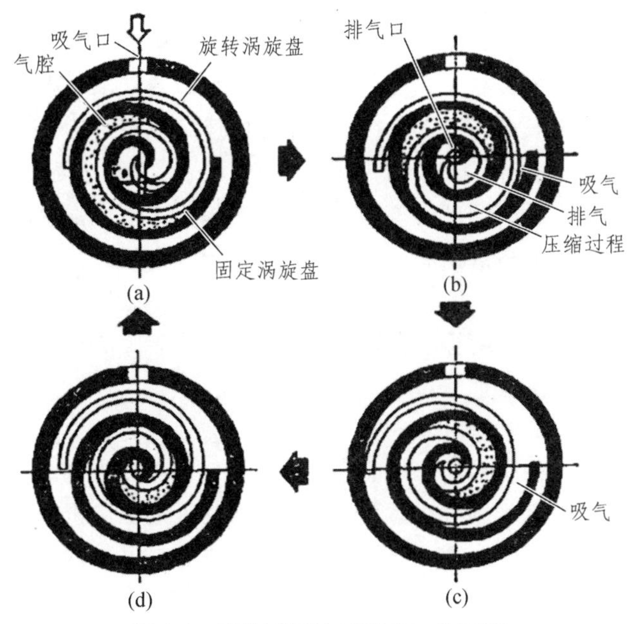


图 4-6　涡旋式制冷压缩机工作原理

3. 特　点

从结构及工作原理看，小型涡旋式压缩机具有下列特点。

（1）效率高。涡旋压缩机吸气、压缩、排气连续单向进行，直接吸气，因而吸入气体有害过热小；没有余隙容积中气体的膨胀过程，因而输气系数高。同时，两相邻压缩腔中的压差小，气体泄漏少。另外，旋转涡旋盘上所有接触线转动半径小，摩擦速度低，损失小，加之吸、排气阀流动损失小，因而效率高。

（2）力矩变化小、振动小、噪声低。涡旋压缩机压缩过程较慢，并可同时进行两三个压缩过程，机器运转平稳，而且曲轴转动力矩变化小；其次，气体基本连续流动，吸、排气压力脉动小。

（3）结构简单，体积小，质量轻，运动零部件少；没有吸、排气阀，易损件少，可靠性好。涡旋式压缩机同活塞式压缩机相比，体积小 40%，质量减轻 15%，效率高 10%，噪声低 5 dB（A）。但其制造需高精度的加工设备及精确的调心装配技术，这就限制了它的制造及应用。

## （三）影响涡旋式压缩机性能的主要因素

造成全封闭式涡旋压缩机电机输入功率偏大的原因，在压缩机实际工作过程中是非常复杂的，但主要有：电机损耗过大，包括铜损、铁损，这与电机材料和加工工艺有关（本文不做详细分析）；压缩机工作过程引起的功率消耗。从以上分析可知，影响涡旋压缩机性能的主要因素有以下几个方面。

### 1. 机械摩擦

当压缩机工作时，动、定盘之间，防自转滑环与配合键槽之间，曲轴与各被驱动面（轴承）之间接触并发生相对滑动等，不可避免地产生摩擦损失。

1）动盘与定盘之间的摩擦损失

动、定盘间的摩擦损失，即是压缩机工作腔内的摩擦损失，若动定盘的涡旋线、齿顶、底面或镜板面因加工精度、平面度、位置度等没有达到要求，则会在这些地方产生异常摩擦；或者压缩机整机含尘量较高，又或者固体尘埃（如焊渣、加工余屑等）颗粒直径过大也会造成压缩机工作腔内异常摩擦，严重时甚至影响压缩机正常工作。

2）防自转滑环与各配合键槽之间的摩擦损失

防自转滑环主要用于防止动盘的自转运动，在压缩机工作过程中，防自转滑环在机架和动盘上分别沿垂直方向上与键槽滑动配合，在滑动过程中产生滑动摩擦损失。若十字键或键槽的垂直度、平行度、粗糙度、平面度超差较大时，则会增大摩擦，加大功耗。

另外，因为对立式涡旋压缩机防自转滑环是直接与机架上的支撑面接触的，在运动过程中，也不可避免地产生摩擦损失。

3）曲轴与各驱动面间的摩擦损失

电动机驱动力是通过曲轴转动，从而带动动盘旋转来完成吸气、压缩、排气的过程。由于曲轴中心线与滑动轴承的中心线重合是非常困难的，而且由于加工误差和装配误差的影响，轴和轴承常常是偏心的，由此而产生的摩擦损失也是必然的，另外止推轴承与主轴承内圈之间也存在摩擦损失。

4）润滑油的影响

以上各摩擦面、啮合面都必须有足够的润滑，才能保证压缩机安全、可靠、高效地工作。在制冷压缩机中，不论是强制冷却或是自然风冷，润滑油总是在降温后由上油孔或上油管进入各摩擦面，吸收十字环、工作腔、轴承等处的热，随高压气体经排气口排出，从而保证压缩机正常工作。但是如果润滑油量过多时，则会随排气进入系统且滞留在冷凝器、蒸发器等存油弯，影响两器换热，严重时会影响压缩机正常工作。

### 2. 流体阻力

1）动盘运动引起的流动阻力损失

当动盘旋转时，因其背面受中间压力腔中流体（包括气体、油气混合物）阻碍，会产生流动阻力损失，阻力大小与动盘背部结构、几何尺寸、旋转角度及流体密度有关。

2）平衡块的流动阻力损失

平衡块所在空间是具有一定压力的气体，油或油气混合物，当平衡块随曲轴一起旋转运动时，会产生阻力损失，阻力大小与平衡块几何尺寸、流体扰动系数、黏度、密度等有关。

3）吸、排气阻力损失

气体流动时，由于气体内部的摩擦以及气体与管壁之间的摩擦，而导致流动阻力损失。当气体通过吸气管道和吸气阀（逆止阀）时，产生阻力损失，使吸气压力降低，既减少了吸气密度，相应地使实际排气量降低，降低了容积效率；同样地，排气孔口处的流动阻力，使得压缩机实际排气压力升高，而使功耗增加。

3. 气体泄漏

气体泄漏可分为内泄漏和外泄漏。

内泄漏是指压缩机各压缩腔之间，压缩腔与背压腔之间的气体泄漏，表现为高压气体向低压腔泄漏，再从低压腔压力压缩到泄漏前压力，造成重复压缩消耗功率，所以内泄漏直接结果为增加功耗。

外泄漏是指压缩机在吸气过程中与外界（大于吸气压力的高压气体）进行气体交换。显然，高压气体进入到吸气腔内膨胀，并占据空间，使得实际吸气量减少。即外泄漏不仅使功耗增加，而且还减少吸入气体量，使排气量减少和制冷量降低。

（1）内泄漏。涡旋压缩机中，内泄漏的发生途径主要有工作腔之间的泄漏，工作腔与背压腔之间的泄漏，安全阀孔泄漏等。

（2）工作腔之间的泄漏。

径向泄漏：气体或油中溶解的工质通过轴向间隙产生的泄漏。

轴向泄漏：气体或油中溶解的工质通过径向间隙产生的泄漏。

（3）工作腔与背压腔之间的泄漏。中间压力腔与背压腔之间的气体，或油中溶解的工质的交换。背压腔与动盘端板面密封之间的气体或油气混合物的交换。

（4）安全阀孔泄漏。主要是排气缓冲腔内的高压气体通过安全阀孔泄漏到低压工作腔。所以，目前有些压缩机在确保正确使用的前提下，也采用取消安全阀的设计，以减少内泄漏，提高压缩机效率。外泄漏主要是指由于定盘吸气孔 O 形环密封性差，导致高压气体进入吸气腔的泄漏。

（5）吸气预热。吸入气体受压缩机机体或环境加热，使吸入气体密度减少，实际吸气量减小，从而实际排气量减小，制冷量降低，功耗增加。有资料表明，吸气预热每增加 3 °C 则能效比下降 1%。

综上所述，影响涡旋压缩机性能的因素是错综复杂的，它包括了设计、制造和使用等各个环节。除以上分析的因素外，还有如吸油管搅油损失，气体流动摩擦损失，动定盘材料（热膨胀系数）影响，动定盘齿高选配等。

## 四、螺杆式制冷压缩机

螺杆式制冷压缩机是一种容积型回转压缩机。它是由一对互相啮合的螺杆转子的旋转来实现对制冷剂蒸气的压缩和输送的。螺杆式制冷压缩机的制冷量介于活塞式和离心式之间。结构上有开启式、半封闭式和全封闭式之分；冷却方式可采用水冷或风冷；从级数上看有单级、双级和单机双级等。图 4-7 所示为南京地铁 2 号线采用的 VSK4161-25Y 型全封闭螺杆式压缩机。

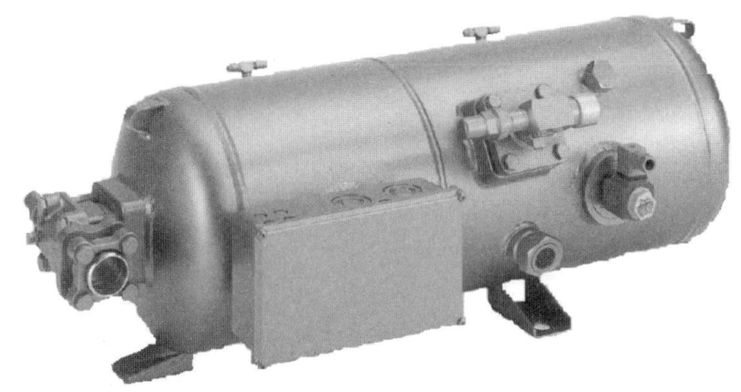

图 4-7　VSK4161-25Y 型全封闭螺杆式压缩机

螺杆式压缩机又可分为双螺杆和单螺杆压缩机，如图 4-8 和图 4-9 所示。单螺杆压缩机又称为蜗杆压缩机，它由一根螺杆和两个星轮组成。它在很多方面与双螺杆压缩机类似，而且具有更加理想的力平衡性，故在国内外得到了较快的发展，不过目前在制冷方面使用还不广泛。

图 4-8　单螺杆压缩机

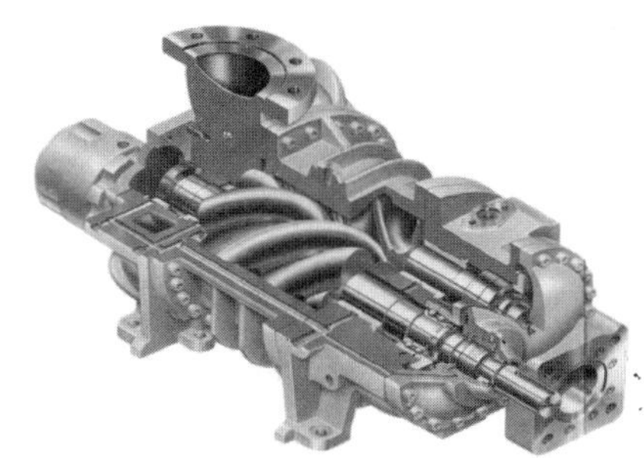

图 4-9　双螺杆压缩机

目前应用于制冷系统上的多为喷油式螺杆压缩机，如图 4-10 所示，且大都采用单级开启式结构形式。有些小型氟利昂螺杆压缩机采用半封闭式或全封闭式的结构。

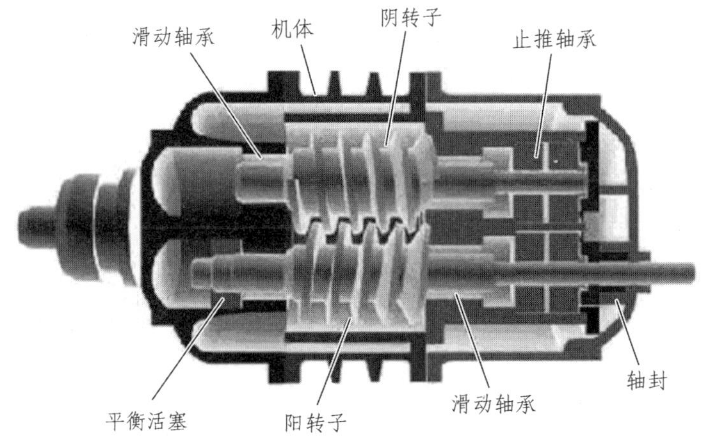


图 4-10　喷油式螺杆压缩机

### （一）螺杆式制冷压缩机的基本结构

图 4-10 所示为全封闭式螺杆式制冷压缩机的结构。它主要由压缩机的机体、阳转子、阴转子及电机等组成。两个互相啮合的转子平行地安装在机体内，彼此反向旋转。一般主动转子的端面齿形是凸齿，称为阳转子或阳螺杆；从动转子的端面齿形是凹齿，称为阴转子或阴螺杆。阳转子与阴转子的齿数比一般取 4∶6，以使两个转子的刚度大致相等。

阳螺杆与阴螺杆的螺旋方向相反，但它们螺旋部分的轴向长度相等，且小于螺旋导程，即螺杆扭转角小于 360°（一般在 200°～300°）。转子螺旋部分的轴向长度与其直径之比称为长径比，一般在 1.0～1.7。

螺旋转子的齿廓曲线称为型线。转子的端面型线有对称圆弧型线和非对称型线两种，如图 4-11 所示。非对称型线转子压缩容积的密封性较好，气体压缩时，能够减少转子啮合部位的漏泄，使压缩机的输气系数提高 5%～10%。上海地铁交流车的螺杆压缩机为非对称型线。

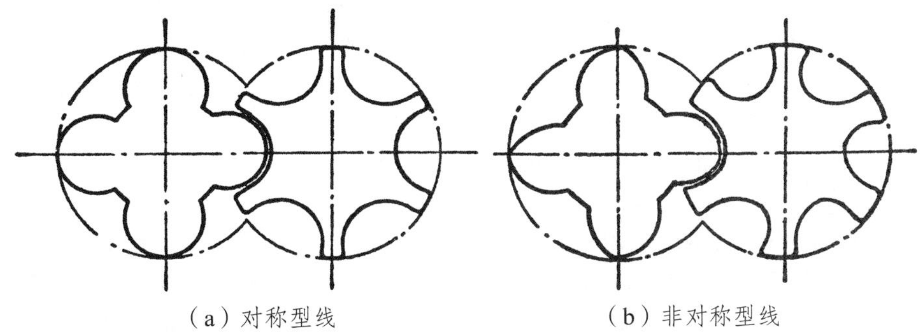

（a）对称型线　　（b）非对称型线

图 4-11　螺杆端面型线

螺杆压缩机的蒸气压缩容积是由啮合的转子和气缸内壁组成的。如果与活塞式压缩机相比，阳螺杆的凸齿相当于活塞，阴螺杆的凹齿与气缸内壁所组成的容积就相当于气缸，随着转子的旋转，压缩容积沿着转子的轴向移动，因此螺杆的一端为吸气端，另一端则为排气端，并在压缩机机体的前、后端盖上也相应地开有吸、排气口。

螺杆压缩机工作时，阳、阴转子的齿廓和齿槽并不直接接触，齿廓与齿槽之间，转子与气缸内壁之间都有微小的间隙。润滑系统通过喷油孔向转子啮合部位喷射润滑油，使互相啮合的转子之间及转子与气缸内壁之间形成一层密封的润滑油膜，既避免转子啮合部位的干摩擦，又能减少压缩容积内气体的泄漏，提高输气效率。同时，呈雾状的润滑油喷入后，与制冷剂气体混合，制冷剂得到冷却，这样便能显著地降低压缩机的排气温度。因此，螺杆压缩机单级的压缩比就可达到 20。

此外，由于螺杆压缩机在结构上不存在像活塞式压缩机那样的吸排气阀和余隙容积，因此即使有少量的液体被吸入也不会发生“液击”现象。

### （二）双螺杆式制冷压缩机的工作原理

螺杆式（即双螺杆）制冷压缩机具有一对互相啮合、相反旋向的螺旋形齿的转子。其齿面凸起的转子称为阳转子，齿面凹下的转子称为阴转子。转子的齿相当于活塞，转子的齿槽、机体的内壁面和两端端盖等共同构成的工作容积，相当于气缸。机体的两端设有成对角线布置的吸、排气孔口。随着转子在机体内的旋转运动，使工作容积由于齿的侵入或脱开而不断发生变化，从而周期性地改变转子每对齿槽间的容积，来达到吸气、压缩和排气的目的。

互相啮合的转子，在每个运动周期内，分别有若干个相同的工作容积依次进行相同的工作过程，这一工作容积，称为基元容积。

基元容积构成：它由转子中的一对齿面、机体内壁面和端盖所形成。只需研究其中一个工作容积的整个工作循环，就能了解压缩机工作的全貌。

螺杆式制冷压缩机的运转过程从吸气过程开始，然后气体在密封的基元容积中被压缩，最后由排气孔口排出。阴、阳转子和机体之间形成的呈“V”字形的一对齿间容积（基元容积）的大小，随转子的旋转而变化，同时，其空间位置也不断移动，如图 4-12 所示。

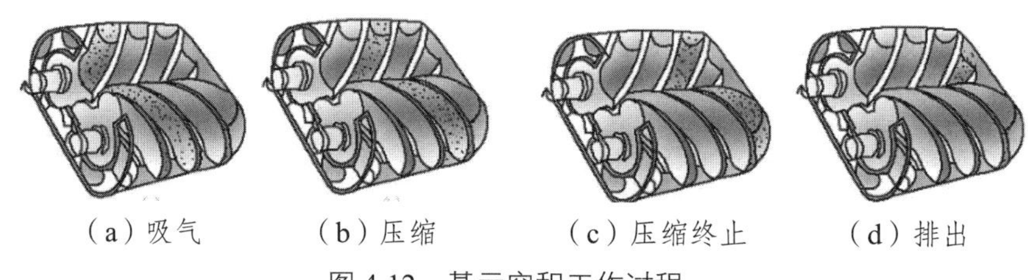

（a）吸气　（b）压缩　（c）压缩终止　（d）排出

图 4-12　基元容积工作过程

1. 吸气过程

转子旋转时，阳转子的一个齿连续地脱离阴转子的一个齿槽，齿间容积逐渐扩大，并和吸气孔口连通，气体经吸气孔口进齿间容积，直到齿间容积达到最大值时，与吸气孔口断开，齿间容积封闭，吸气过程结束，如图 4-12（a）所示。值得注意的是，此时阳和阴转子的齿间容积彼此并不连通。

2. 压缩过程

转子继续旋转，在阴、阳转子齿间容积连通之前，阳转子齿间容积中的气体，受阴转子齿的侵入先行压缩；经某一转角后，阴、阳转子齿间容积连通，形成“V”字形的齿间容积对（基元容积），随两转子齿的互相挤入，基元容积被逐渐推移，容积也逐渐缩小，实现气体的压缩过程，如图 4-12（b）所示。压缩过程直到基元容积与排气孔口相连通时为止，如图 4-12（c）所示，此刻排气过程开始。

3. 排气过程

如图 4-12（d）所示，由于转子旋转时基元容积不断缩小，将压缩后气体送到排气管，此过程一直延续到该容积最小时为止。

随着转子的连续旋转，上述吸气、压缩、排气过程循环进行，各基元容积依次陆续工作，构成了螺杆式制冷压缩机的工作循环。从以上过程的分析可知，两转子转向互相迎合的一侧，即凸齿与凹齿彼此迎合嵌入的一侧，气体受压缩并形成较高压力，称为高压力区；相反，螺杆转向彼此相背离的一侧，即凸齿与凹齿彼此脱开的一侧，齿间容积在扩大形成较低压力，称为低压力区。此两区域借助于机壳、转子相互啮合的接触线而隔开，可以粗略地认为两转子的轴线平面是高、低压力区的分界面。另外，由于吸气基元容积内的气体随转子旋转，由吸气端向排气端做螺旋运动，因此吸气、排气孔口要成对角线布置，吸气孔口位于低压力区的端部，排气孔口位于高压力区的端部。

### （三）双螺杆式制冷压缩机的主要零部件

双螺杆式制冷压缩机主要由转子、机壳、轴承、轴封、平衡活塞及能量调节装置等组成。

#### 1. 机　壳

机壳由机体、吸气端座和排气端座组成，是压缩机的主要组成部分。

机体是连接各零部件的中心部件，它为各零部件提供正确的装配位置，保证阴、阳转子在气缸内啮合，可靠地进行工作。其端面形状为∞形，这与两个啮合转子的外圆柱面相适应，使转子精确地装入机体内。

在机体内壁面设有符合转子转角要求的径向吸气孔口，保证转子在旋转中顺利实现吸气过程。供调节能量用的卸载活塞和卸载滑阀，可根据实际需要实现输气量调节。

机体上还钻有回油孔，以便及时把润滑轴承、轴封和平衡活塞流出的油，以及二次油分离器和能量调节机构的回油等输送回气缸，随排气带走或停机后放掉。

#### 2. 转　子

它是实现变容式压缩的主要部件，由阴、阳转子组成，材料常用球墨铸铁如 QT600-3。转子齿形是用高精度的专用机床、专用刀具加工而成，是压缩机的关键零件之一。转子型线常为单边非对称摆线——圆弧型线，阳转子 4 个齿，阴转子 6 个齿，以使两转子的抗弯强度大致相等。

一般阳转子与电动机连接为主动转子，传递转矩，同时，通过啮合关系带动阴转子（从动转子）旋转。两转子的径向负荷由两对主轴承承担，阴转子的轴向负荷由一对角接触球轴承承担，阳转子的轴向负荷较大，由一对角接触球轴承和平衡活塞共同承担。

#### 3. 轴　承

轴承是支承阴、阳转子，并保证转子高速旋转的零件。完成上述功能的这种轴承叫主轴承，其结构形式一般为滑动轴承。

转子在旋转并压缩气体时，会产生一种轴向推力，为了克服这种轴向力，还必须有推力轴承（滚动轴承）。这种轴承叫副轴承，它除克服转子旋转的轴向力之外，还可以承受部分径向力。所以，主、副轴承在螺杆式压缩机中必不可少，它们使转子始终处在正常工作位置。

#### 4. 平衡活塞

平衡活塞位于阳转子吸气端的主轴颈尾部，用来减轻由于排气侧与吸气侧之间的压力差，引起对主轴承端面的负荷，减轻副轴承所承受的轴向力。

#### 5. 轴　封

轴封采用摩擦环式机械密封结构，采用标准产品装在主动转子靠联轴器的伸出端上，它是由随轴转动的动环与装在轴封盖上的静环以弹力相互摩擦作为径向密封，聚四氟乙烯及耐油橡胶 O 形环作为轴向密封。

#### 6. 能量调节机构

能量调节机构由滑阀、油缸、油活塞、连接件、复位弹簧、四通换向阀（也可用四通电磁换向阀）、油管路及能量指示器等组成，它起调节制冷量的作用。

能量调节是用改变滑阀位置来实现的，而滑阀的位置是由油活塞的位置决定。油活塞的位置则由四通阀控制，可由自动或手动来完成。

7. 消声器

噪声来源于压缩气体动力噪声、旋转噪声和电动机噪声等。最常用的消声方法是采用消声器。消声器有扩张室消声器（共振腔式消声器）和吸收式消声器等。

### （四）螺杆式制冷压缩机的特点

就压缩气体的原理而言，螺杆式制冷压缩机与活塞式制冷压缩机同属于容积型压缩机，但就其运动形式来看，它又与离心式制冷压缩机类似，转子做高速旋转运动。所以螺杆式制冷压缩机兼有活塞式和离心式压缩机两者的特点。

（1）具有较高转速（3 000 ~ 4 400 r/min），可与原动机直联，体积小、质量轻、占地面积小、输气脉动小。

（2）没有吸、排气阀和活塞环等易损件，故结构简单、运行可靠、维修次数少、寿命长。

（3）因向气缸中喷油，油起到冷却、密封、润滑的作用，因而排气温度低（不超过 90 °C）。

（4）没有往复运动部件，故不存在不平衡质量惯性力和力矩，运行平稳，可提高转速。

（5）具有强制输气的特点，输气量几乎不受排气压力的影响。

（6）对湿行程不敏感，无液击危险。

（7）没有余隙容积，也不存在吸气阀片及弹簧等阻力，因此容积效率较高。

（8）输气量调节范围宽，且经济性较好，小流量时也不会出现像离心式压缩机那样的喘振现象。

（9）油路系统复杂。

（10）内压比固定，存在压缩不足或过压缩的可能性。

（11）转子加工精度高。

（12）泄漏量大，噪声大。

## 任务二　认识制冷换热器

【学习目标】

- 理解换热器的工作原理。
- 掌握城轨车辆冷凝器、蒸发器的结构。

4.2　制冷换热器

【教学环境】

利用图片和录制的视频进行认知教学，通过动画加深理解换热器原理。

【教学设施】

教学用的 PPT、视频以及动画。

## 一、换热器的工作原理

### （一）传热的基本方程式

换热器是将两种或两种以上温度的流体进行热量传递的设备，冷凝器和蒸发器是制冷装置的重要换热设备，它们的结构类型虽然很多，但基本传热方式大都是冷热两种流体被金属壁面隔开而进行相互传热的，属于表面式换热设备。表面式换热设备的基本传热公式为

$$Q = KFt_{m} \tag{4-1}$$

式中 $Q$——换热设备的传热量（W）;

$K$——传热系数（$W/m^2 \cdot K$）

$F$——传热面积（$m^2$）;

$t_m$——平均温差（°C）。

制冷传热器的传热计算，一般根据 $Q$、$t_m$ 和 $K$ 来求取传热面积。$Q$ 是从制冷循环的热力计算中得出，$t_m$ 是换热器管两侧流体的对数平均温差或算术平均温差，传热系数又是传热计算的关键。

### （二）传热系数与传热面积

式（4-1）表示两侧流体之间的传热量分别与两流体的温差、传热管长度以及传热系数成正比。温差是由环境（室内外空气温度、水温等）与制冷系统的运行工况（冷凝温度、蒸发温度等）决定，不会任意变动。而面积决定了换热器的大小，与金属材料消耗量及制造成本有关，也不宜随意增加，因此要增大传热量，设法提高传热系数 $K$ 才是有意义的。

理论上传热系数计算必须要确定传热面两侧的流体表面传热系数及传热面总热阻，还要考虑污垢及传热面积等因素的影响，往往比较复杂。实际计算中，通常给出各种制冷换热设备的传热系数的大致范围。国产各种制冷传热器的传热面积，一般以传热管外表面积计算。在既定的换热设备中，其传热面积是一定的。

### （三）换热器的工作效率及其影响因素

从式（4-1）可以看出，如果制冷机的设备、工作条件已经确定，提高换热器工作效率的主要途径是提高传热系数 $K$。而换热器的结构对传热系数的影响已无法改变，污垢对传热系数的影响也只能靠勤清理而改善，因此，提高换热器的换热系数主要是如何提高换热器两侧流体的换热系数。蒸发器的传热效果与冷凝器一样，也是受到制冷剂侧的换热系数、传热表面污垢物的热阻及被冷却介质侧换热系数等因素的影响，其中表面污垢的热阻及冷却介质侧换热系数的影响与冷凝器的一样，但制冷剂侧的换热系数与冷凝器的有很大不同。这是因为制冷剂在它们中的换热方式有着本质的区别，一个是凝结，一个是沸腾。下面主要分析冷凝器和蒸发器两种换热器传热效率的影响因素。

1. 影响冷凝器传热效率的因素

1）影响制冷剂蒸气凝结换热的因素

（1）制冷剂蒸气的流速和流向的影响。

制冷剂在冷凝器中的凝结一般都是膜状凝结，即当制冷剂蒸气与低于饱和温度的冷凝

器壁面接触时，便凝结成一层液体薄膜，液膜在重力作用下向下流动。液膜是冷凝器中制冷剂侧的热阻，液膜越厚，热阻越大，换热系数越小。当制冷剂蒸气的流动方向与液膜的流动方向一致时，使液膜的流动加快，液膜厚度减小，换热系数增大，而且随蒸气流速的增加而增加。因此，适当增加蒸气的流速，可获得较大的换热系数。

（2）传热壁面粗糙度的影响。

当壁面很粗糙或有氧化皮时，液膜流动阻力增大，使液膜增厚，换热系数降低，所以应保持冷凝器内表面光滑和清洁，以获得较大的凝结换热系数。

（3）制冷剂蒸气中含有不凝性气体的影响。

在制冷系统中，总会有一些不凝性气体存在，如组装、检修时不慎或低压段处有渗漏点进入了空气以及制冷剂、润滑油在高温下分解出的氮气、氢气等，这些不凝性气体在冷凝器中附着在凝结液膜上，由于不凝性气体的分压力很高，因而使制冷剂蒸气的压力减小，其饱和温度也相应减小，制冷剂蒸气的凝结速度减慢。因此应注意防止空气等不凝性气体进入系统，一旦进入要及时排出。

（4）制冷剂中含油对凝结换热的影响。

如果制冷剂与润滑油不相溶，随制冷剂蒸气进入冷凝器的润滑油将形成油膜沉积在冷凝器内表面上，降低换热系数。因为氟利昂能与润滑油互溶，因此对氟利昂系统，当润滑油浓度小于 6%～7%时，可不考虑对传热的影响，如超过此限，换热系数也将降低。

（5）冷凝器构造形式的影响。

制冷剂蒸气在横放单管外表面冷凝时的传热系数一般大于直立管的换热系数。因为直立管的下部，冷凝液膜层厚度较大。不管是何种结构形式的冷凝器，要提高凝结传热系数，就必须保证能迅速将传热表面的冷凝液体排除，并保证表面清洁。

2）影响空气侧换热的因素

影响空气冷却式冷凝器空气侧换热的主要因素是空气的流速。换热系数随着空气流速增加而增大。但是流速太大，会使通过冷凝器的空气流动阻力增加，从而增加冷却风机的功率。因此综合考虑技术经济指标，一般取空气流速为 2～4 m/s。空气冷却式冷凝器长期使用后，表面会积一些灰尘和油污等，这会影响冷凝器的传热效果，因此应定期对冷凝器清扫或清洗。

### 2. 影响蒸发器传热效率的因素

1）制冷剂液体物理性质的影响

热导率较大的制冷剂，在传热方向的热阻小，其沸腾换热系数就大。密度和黏度较小的制冷剂液体，沸腾时单位时间内产生的气泡多，其对流换热系数就大。

2）制冷剂润湿能力的影响

如果制冷剂对受热表面的润湿能力强，则沸腾时形成的气泡小，能迅速地脱离传热表面，换热系数就大。如果制冷剂不能很好地润湿传热表面，则沸腾时形成的气泡就很大甚至形成气膜，使换热系数明显下降。

3）制冷剂蒸发温度的影响

同一种制冷剂其蒸发（沸腾）温度越低，饱和温度下的密度差（蒸气与液体的密度差）越大，液体的表面张力就越大，气泡的直径就越大，换热系数就越小。反之，蒸发温度越高，换热系数越大。

4）制冷剂中润滑油含量的影响

制冷剂中含有润滑油的浓度对换热系数有一定的影响。当制冷剂中含油的浓度在8%～12%时换热系数比无油时还高，但含油量再进一步增加时，换热系数将会降低。

5）蒸发器构造的影响

实验表明，肋片管上的换热系数大于光管的换热系数，而且管束上的大于单管的，肋片管束的大于光管管束的。

## 二、冷凝器

### （一）冷凝器的类型与结构

在制冷系统中，冷凝器是一个制冷剂向系统外放热的换热器。自压缩机经油分离器来的制冷剂蒸气进入冷凝器后，向冷却介质（水或空气）放热，其状态由过热蒸气变成饱和液体或过冷液体。制冷剂在冷凝器中放出的热量包括两部分：通过蒸发器从被冷却物体吸取的热量；在压缩机中被压缩时，外界机械功转化的热量。

冷凝器按其冷却介质和冷却方式，可以分为水冷式冷凝器、蒸发式冷凝器和空气冷却式（或称为风冷式）冷凝器 3 种类型。图 4-13 所示为郑州地铁 1 号线车辆空调采用的冷凝器。

图 4-13　郑州地铁 1 号线车辆空调冷凝器

#### 1. 水冷式冷凝器

水冷式冷凝器用水作为冷却介质，使高温、高压的气态制冷剂冷凝的设备，称为水冷式冷凝器。由于自然界中水温一般比较低，因此水冷式冷凝器的冷凝温度较低，这对压缩机的制冷能力和运行经济性都比较有利。目前，制冷装置中大多采用水冷式冷凝器，所用的冷却水可以一次流过，也可以循环使用，但容易在冷凝器表面结水垢。当使用循环水时，须建有冷却水塔或冷却水池，使离开冷凝器的水再冷却，以便重复使用。常用的水冷式冷凝器有卧式壳管式冷凝器、立式壳管式冷凝器及套管式冷凝器等形式。

#### 2. 蒸发式冷凝器

蒸发式冷凝器用水和空气作为冷却介质，主要是靠水的蒸发把热量带走。蒸发式冷凝器特别适用于缺水的地区，尤其是当气候较干燥时，应用效果更好。需要说明的是，水在冷凝器管外气化时，将其中的矿物质完全留在管子的外表面上，水垢层增长较快，因此蒸发式冷凝器应使用软水或经过软化处理的水。在结构上，挡水板上方设有预冷管组，可以使进入蛇形管组的蒸气温度有所降低，这样有利于减少外表层结垢。总之，蒸发式冷凝器的主要缺点是管外易结水垢、易腐蚀，且维修困难。

3. 空气冷却式冷凝器

空气冷却式冷凝器又称为风冷式冷凝器。在这种冷凝器中，制冷剂冷却凝结放出的热量被空气带走。

空气冷却式冷凝器多为蛇管式，制冷剂蒸气在管内冷凝，空气在管外流动。根据空气运动的方式，又分为自然对流式和强迫对流式两种形式，如图 4-14 所示。

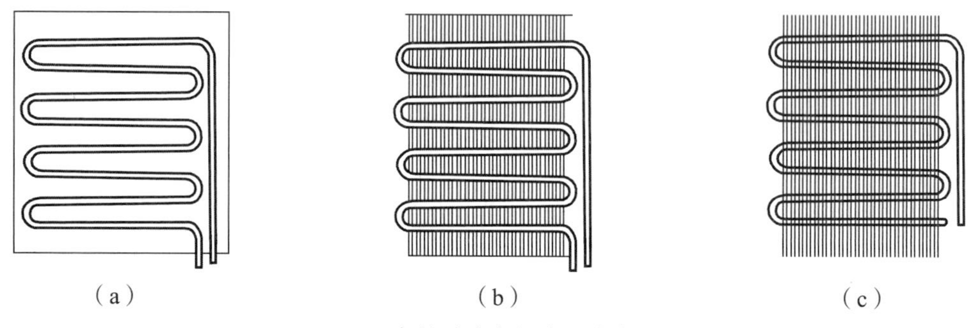


图 4-14　自然对流空气冷却式冷凝器

自然对流空气冷却式冷凝器依靠空气受热后产生的自然对流，将制冷剂冷凝放出的热量带走。如图 4-14 所示的几种不同结构形式的自然对流空气冷却式冷凝器，其冷凝管多为铜管或表面镀铜的钢管，管外通常做有各种形式的肋片。管子外径一般为 $\phi 5 \sim 8$ mm。这种冷凝器的换热系数很小，为 $5 \sim 10$ W/（$m^2 \cdot K$），主要用于家用冰箱和微型制冷装置。

图 4-15 所示为强迫对流空气冷却式冷凝器的结构。它是由几组蛇形盘管组成。在盘管外加肋片，以增大空气侧换热面积，同时采用风机加速空气的流动。氟利昂蒸气从上部的分配集管进入每根蛇管中，凝结成液体沿蛇管流下，汇入液体集管中，然后流出冷凝器。空气在风机的作用下从管外流过。

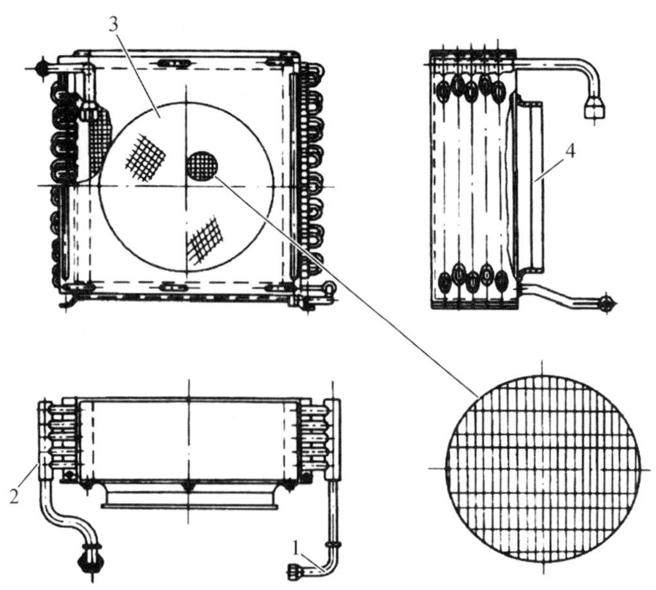


1—液体集管；2—蒸气集管；3—肋片管组；4—风机的扩散器。

图 4-15　强迫对流空气冷却式冷凝器

这种冷凝器的换热系数不高，当迎面风速为 2 ~ 3 m/s 时，按全部外表面计算的换热系数为 24 ~ 29 W/（$m^2$ · K）。

由于夏季室外温度较高，采用空气冷却式冷凝器时，其冷凝温度也较高，尺寸大，能量消耗也大，但在城轨车辆制冷系统中，由于受运用条件的限制，只能采用空气冷却式冷凝器。

### （二）制冷剂在冷凝器中的变化

冷凝器的任务是将压缩机排出的高温高压的制冷剂过热蒸气对外向冷却介质（水或空气）放热，冷却、冷凝成高温高压的制冷剂液体，其过程一般可分为以下 3 步。

（1）过热蒸气冷却成为干饱和蒸气。

由压缩机排气温度下的过热蒸气对外向冷却介质放出显热冷却为冷凝温度下的干饱和蒸气。

（2）干饱和蒸气冷却为饱和液体。

干饱和液体在冷凝温度下不断放出冷凝潜热而逐渐地冷凝成饱和液体，这一过程，就是蒸气凝结为液体的过程。

（3）饱和液体进一步被冷却为过冷液体。

由于冷却介质（水或空气）的温度总是低于冷凝温度，故在冷凝器的末端，在保持冷凝压力不变的情况下，饱和液体一般还可进一步被冷却，继续放出显热，使其成为过冷液体。

## 三、蒸发器

### （一）蒸发器的类型与结构

蒸发器是制冷系统中的一种吸热设备。在蒸发器中，制冷剂液体在较低的温度下沸腾，转变为蒸气，利用制冷剂的蒸发潜热，吸收被冷却介质的热量而使被冷却介质的温度降低，达到制冷的目的。因此，蒸发器是制冷系统中制取和输出冷量的设备。

蒸发器按冷却介质的不同分为冷却液体（水、盐水等）的蒸发器和冷却空气的蒸发器两种。冷却液体的蒸发器有卧式壳管式蒸发器、干式壳管式蒸发器和沉浸式蒸发器；冷却空气的蒸发器有冷却排管和直接蒸发式空气冷却器。图 4-16 所示为郑州地铁 1 号线车辆采用的蒸发器。

图 4-16　郑州地铁 1 号线车辆空调蒸发器

冷却排管式多用于冷库和试验用制冷装置中。其共同点是制冷剂在管内蒸发，管外空气自然对流，传热系数较小。冷却排管可以用光管，也可以用肋片管制成。直接蒸发式空气冷却器也称冷风机，它适用于各种空调机组、冷藏库及低温试验箱。其共同点是在这种蒸发器中，制冷剂在蛇管内吸热蒸发，管外空气是在风机的作用下受迫流动。由于空气是强迫流动，所以传热系数比冷却排管高，车辆制冷系统中，采用的蒸发器均为直接蒸发式空气冷却器。

直接蒸发式空气冷却器其结构如图 4-17 所示，跟空气冷却式冷凝器很相似，空气冷却器也是制作成长方体形的蛇形管组，外部有边框以形成空气通道。由于蒸发器安装在车内比较干净，故空气冷却器的肋片间距较冷凝器的要小。

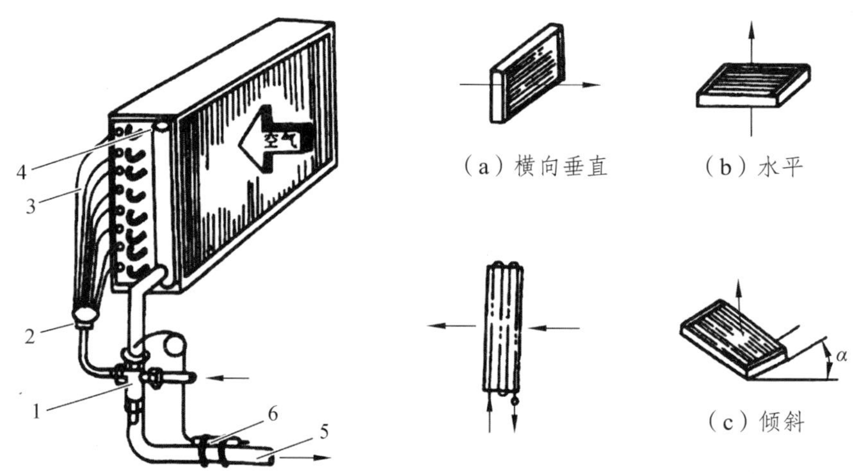


1—膨胀阀；2—分液器；3—分液管；4—汇集管；5—回气管；6—感温包。

图 4-17 直接蒸发式空气冷却器及其安装位置示意图

直接蒸发式空气冷却器一般由许多并联的蛇形管组成，而且制冷剂分配到各通路是否均匀对蒸发器的冷却效果影响很大，所以在蒸发器的进液处设有分液器 2（俗称为莲蓬头），使经膨胀阀节流后的制冷剂液体通过分液管 3 均匀分配到各蒸发蛇管中。为了保证向各管分液时均匀，各分配管的长度要求一样。蒸发后的制冷剂蒸气汇合到汇集管 4 后，经回气管 5 再被压缩机吸入。回气管 5 上包扎有感温包 6，用以调节膨胀阀的开启度。

### （二）制冷剂在蒸发器中的变化

自节流装置过来的气液混合状态（液体占 80%以上）制冷剂进入蒸发器，低温低压的制冷剂液体在蒸发器中不断吸收被冷却介质的热量而气化成低温低压气体。制冷剂液体在蒸发器中处于泡状沸腾，沸腾时在传热表面产生许多气泡，这些气泡逐渐增大、脱离表面并在液体中上升，它们上升后，在该处又继续产生一个个气泡，该过程习惯上被叫作蒸发过程，实际上是沸腾过程。其过程一般可分为以下 2 步。

#### 1. 湿蒸气气化成干饱和蒸气

低温低压的气液混合制冷剂吸收被冷却介质的热量而气化成低温低压的饱和制冷剂气体。

2. 干饱和蒸气进一步过热成过热蒸气

由于被冷却介质（水或空气）的温度总是高于蒸发温度，故在蒸发器的末端，在保持蒸发压力不变的情况下，干饱和蒸气还可以继续吸收热量，使其成为过热蒸气。

# 任务三　认识节流机构

【学习目标】

- 理解节流机构的工作原理。
- 掌握城轨车辆节流机构的结构。

4.3　节流机构

【教学环境】

利用图片和录制的视频进行认知教学，通过动画加深理解节流机构原理。

【教学设施】

教学用的 PPT、视频以及动画。

【理论模块】

在制冷系统中，能够按一定需要向蒸发器中供应液体制冷剂的设备，总称为流量控制设备。流量控制设备是制冷系统中的一个重要部分，它应当保证向蒸发器送入充足的液体制冷剂，使蒸发器的冷却盘管内全部为液体制冷剂所浸润，以充分发挥蒸发器的制冷效能；同时还应保证在蒸发器出口的制冷剂能全部气化，而不致因送入了过量的液体制冷剂造成部分液体制冷剂来不及蒸发而随回气进入压缩机，发生“液击”致使阀和填料损坏。

## 一、热力膨胀阀

热力膨胀阀是一种能自动调节供液量的节流降压机构，外形如图 4-18 所示。它是利用蒸发器出口处制冷剂蒸气的过热度来调节制冷剂流量的。由于膨胀阀具有自动调节制冷剂流量的功能，因此在采用膨胀阀节流的系统中，通常配有贮液器。热力膨胀阀按平衡方式的不同，可分为内平衡式和外平衡式两种。

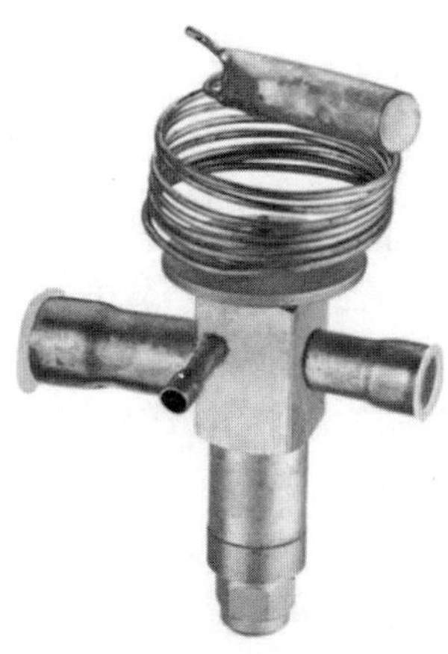

图 4-18　热力膨胀阀外形

内平衡式热力膨胀阀的结构如图 4-19（a）所示。它主要由感温包、毛细导管、膜片、顶杆（也称为传动杆，2～3 根）、阀座、阀针及调节机构等组成。

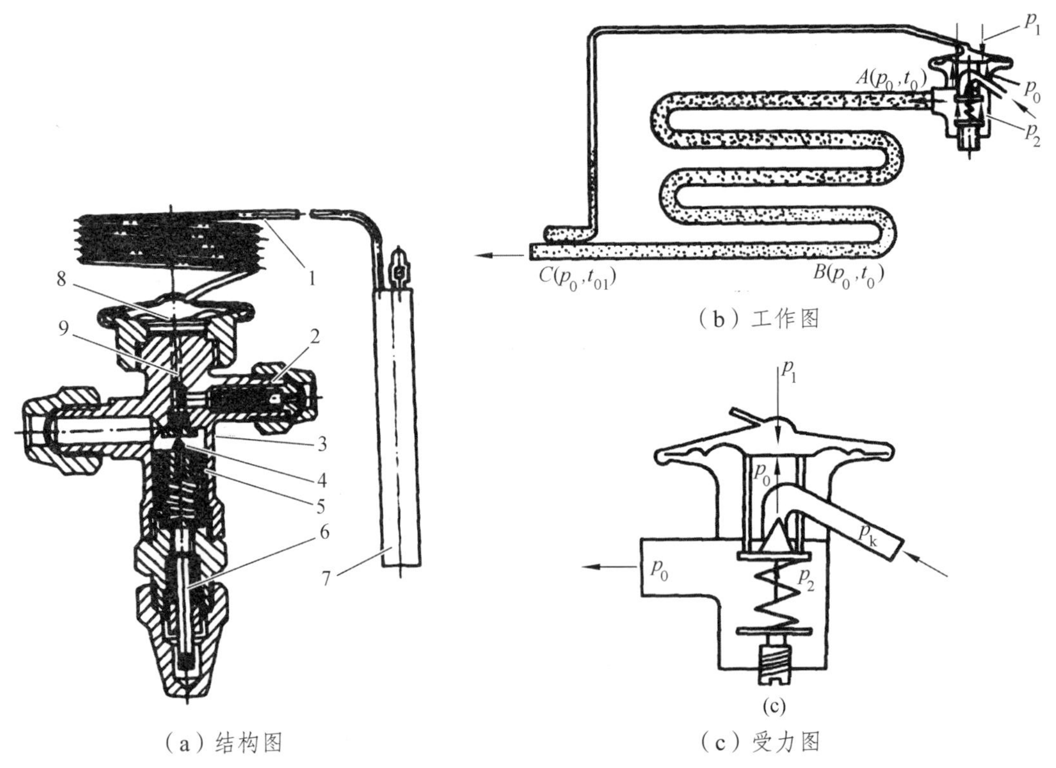


1—毛细管；2—阀体；3—阀座；4—阀芯；5—弹簧；6—调整杆；7—感温包；8—膜片；9—推杆。

图 4-19　热力膨胀阀结构及原理

膨胀阀安装在蒸发器的进口管上，感温包包扎在蒸发器的出口处。感温包、毛细导管及膜盒（膜片上方空腔）构成的密闭空间称为感温系统。在感温系统中充注与制冷剂相同或者不同的低沸点液体，通常情况下感温包中充注的工质与系统中的制冷剂相同。

热力膨胀阀的工作原理是建立在力平衡的基础上。工作时，感温包内工质感受制冷剂离开蒸发器时的温度，与该温度相对应的感温系统中蒸气的饱和压力经毛细管传至膜片上方，使膜片受一向下的推力。膜片下方承受两个向上的力：一个是经过阀孔节流后制冷剂的压力，通过传动杆与阀体间的空隙传递到膜片下方；另一个是阀针下面弹簧的弹力，通过传动杆作用在膜片下方。膜片在这 3 个力作用下保持平衡，即 $p_1 = p_0 + p_2$。

当蒸发器的供液量相对于蒸发器的热负荷来说显得较少时，蒸发器出口处制冷剂蒸气的过热度增大，因而使感温包中蒸气温度升高，压力 $p_1$ 增大。由于 $p_1 > p_0 + p_2$，使膜片向下弯曲，并通过传动杆压缩阀针下面的弹簧使阀针下移，阀孔开大，供液量增加；反之，当供液量较多时，蒸发器出口处制冷剂蒸气过热度减小，感温系统中的压力 $p_1$ 降低，$p_1 < p_0 + p_2$，使膜片向上弯曲，阀针上移，将阀孔关小，供液量随之减少。

由此可见，热力膨胀阀就是根据蒸发器出口处制冷剂蒸气的过热度来自动调节制冷剂流量的。弹簧的预紧力可通过调节杆 6 调整。

外平衡式热力膨胀阀的结构与内平衡式热力膨胀阀基本相同，如图 4-20 所示，不同之处是前者的膜片下方不与供入蒸发器的制冷剂相通，而是设有一个空腔，用一根平衡管与蒸发器出口连通。因此，它的膜片下方不再承受蒸发器进口处制冷剂压力，而是蒸发器出口处制冷剂的压力。当蒸发器冷却盘管较长，阻力损失较大，特别是低温情况下，应采用外平衡式热力膨胀阀。内平衡式热力膨胀阀适用于小型蒸发器。

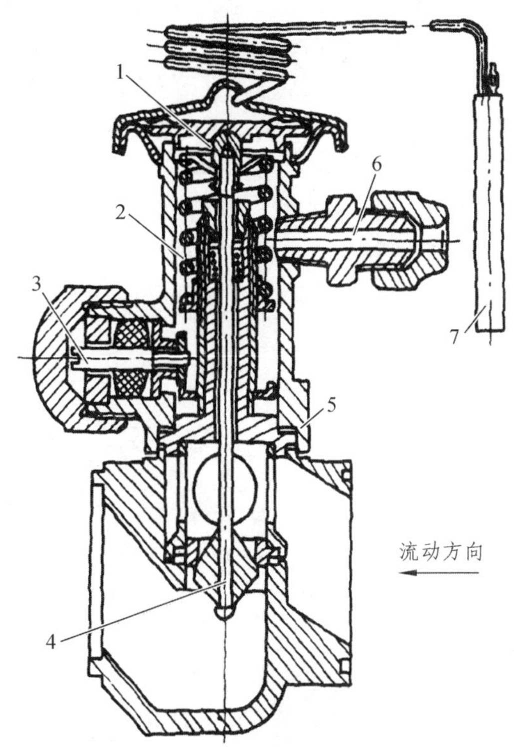


1—阀杆螺母；2—弹簧；3—调节杆；4—阀杆；5—阀体；6—外平衡接头；7—感温包图。

图 4-20　外平衡式热力膨胀阀结构

## 二、毛细管节流装置

在小型的氟利昂制冷装置中，如电冰箱、窗式空调器、小型降湿机等，由于冷凝温度和蒸发温度变化不大，制冷量小，为了简化结构，一般都利用毛细管作为制冷系统的节流降压机构。毛细管，实际上就是一根直径很小而较长的管子（一般为紫铜管）。当流体沿管内流动时，由于管道摩擦阻力而产生压降，管径越小、管子越长则流动阻力就越大，产生的压降也越大。目前使用的毛细管为内径 0.6 ~ 2.5 mm 的紫铜管。管长一般根据制冷系统的需要而定，一般长度在 0.5 ~ 2.0 m。在城轨车辆空调机组中大多采用毛细管节流。图 4-21 所示为国内地铁车辆空调采用的毛细管。

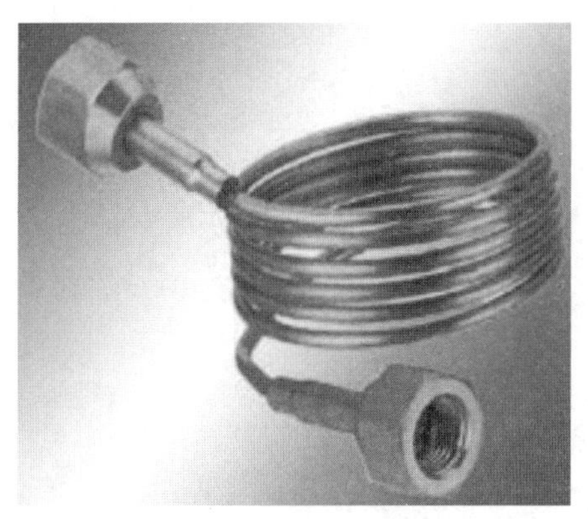

图 4-21　地铁车辆空调毛细管

毛细管节流装置的优点是结构简单，工作稳定，无运动部件，价格低廉，而且在压缩机停车后，冷凝器与蒸发器内的压力可较快地自动达到平衡，减轻再次起动时电动机的负载，很适用于装有全封闭式活塞压缩机的制冷系统。

毛细管的主要缺点是调节能力差，其供液量不能随工况变动而调节。因毛细管的长度和直径是根据一定的工况确定的，如果使毛细管的供液量能随工况的变化而变化，就得使毛细管的直径能随工况的变化而变化，显然，这是不可能的。采用毛细管节流的制冷装置，当蒸发压力下降时，容易引起压缩机的湿冲程，当蒸发压力上升时，容易出现蒸发器供液不足的情况。因此，毛细管节流宜用于蒸发温度变化范围不大、负荷比较稳定的场合，且通常在系统中配有气液分离器，以防止压缩机湿冲程，而不配有贮液器。

采用毛细管节流的制冷装置，制冷剂充注量要很准确，否则会影响制冷装置的正常工作。毛细管可以用一根也可以几根并联。当用几根并联时要配分液器，且应仔细调整，使几根毛细管的工作情况大致相同（可由结霜情况来判断）。在毛细管前应设有过滤器，以防止毛细管脏堵。

实验证明，毛细管的供液能力主要取决于毛细管入口处制冷剂的状态（压力和温度）以及毛细管的几何尺寸（长度和内径）。

## 思考与练习

1. 简述活塞式制冷压缩机的理论工作过程。
2. 涡旋式制冷压缩机是如何工作的?
3. 影响涡旋式压缩机性能有哪些因素?
4. 冷凝器和蒸发器的作用是什么？影响其换热的因素有哪些?
5. 制冷剂在冷凝器、蒸发器中是如何变化的?
6. 内平衡式热力膨胀阀是如何节流的?
7. 毛细管相对于热力膨胀阀，有哪些优缺点?

# 项目五　空调机组辅助部件

## 项目概述

在蒸气压缩式制冷装置中，除压缩机、冷凝器、蒸发器和节流机构等主要设备外，还包括一些辅助部件，如温度传感器、压力开关、电磁阀、干燥过滤器等。这些辅助部件的作用是保证制冷装置的正常运转、提高运行的经济性和保证操作的安全可靠。

随着计算机、数据通信技术的发展，目前城轨车辆空调自动化控制已转为计算机网络控制，温度控制器由以往的控制功能转移为信号传递为主，即温度控制器减少，更多的为温度传感器。

本项目主要介绍了温度传感及控制元件、压力保护开关、管路阀件和其他辅助部件的工作原理和结构，结合目前国内现状，对城轨车辆空调装置较为常见的辅助部件进行重点阐述。

## 任务一　温度传感及控制元件

【学习目标】

- 理解温度控制器的基本结构和原理。
- 掌握温度传感器的主要特点。

5.1　温度传感及控制元件

【教学环境】

利用图片和录制的视频进行认知教学，通过实物加深对温度传感器的理解。

【教学设施】

教学用的 PPT、视频以及温度传感器实物。

【理论模块】

### 一、温度控制器

1. 电接点水银温度计

电接点水银温度计用于最早的空调设备，是最简单的温控器。它由电接点温度计、全波整流器、电阻及继电器组成。在水银温度计中装入两根探针，利用温度变化时水银柱的升降来接通或断开两导线，控制温度器的得失电情况。继电器得电时，机组停机，反之机组运行。当温度低于调定值时，两探针断路得电，其动断触头断开，压缩机失电停机；当温度高于调定值时，两探针导通，被短路失电，其动断触头复位，压缩机得电运行。

2. 波纹管式温度控制器

波纹管式温度控制器，是对室温及其幅差（即温度波动范围）进行控制的电路开关，常用它控制压缩机的停机。WT-1226 型温控器是早期车辆空调装置中使用较为广泛的波纹管式温度控制器，其结构原理如图 5-1 所示。

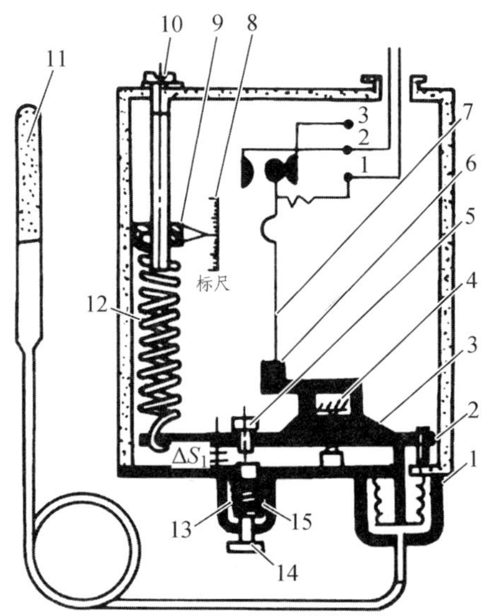


1—波纹管室；2—止动螺钉；3—杠杆；4—支点；5—螺钉；6—拔臂；7—弹簧；8—主标尺；9—指针；10—调节杆；11—感温包；12—主弹簧；13—差动弹簧；14—差动旋钮；15—差动器。

图 5-1　WT-1226 型温度控制器结构原理

WT-1226 型温控器是两位控制式，即有两个静触头。电源线与动触头 1 和静触头 2 连接。动触头 1 串联在压缩机电机交流接触器线圈电路中，动触头 1 和静触头 2 接触，压缩机运转；动触头 1 与静触头 2 断开，压缩机停止运转。

由感温包 11、毛细管和波纹管室 1 组成温度控制器的感温系统。感温包根据控制温度范围的不同，内充 R12、R22 低沸点工质。感温包感受到室温的变化，变为波纹管室内气体对波纹管压力的变化（温度与压力成正比）。波纹管压力的变化使杠杆 3 绕支点 4 发生转动。当感温包感受的温度下降到整定值时，波纹管的顶力矩小于定值弹簧 12 的拉力矩，杠杆 3 绕刀口支点 4 顺时针转动，动触头 1 与静触头 2 断开，压缩机停车，当感温包感受的温度上升，波纹管推动杠杆 3 克服定值弹簧 12 的拉力矩逆时针转动，转过一定角度后杠杆 3 又要克服差动弹簧 13 的弹力方可继续转动。当温度升到整定值加幅差值时，动触头 1 重新与静触头 2 闭合，压缩机转动。差动器 15 由差动旋钮 14 和差动弹簧 13 组成，它决定差动值的大小。顺时针旋转差动旋钮，差动弹簧压紧，差动值增大；反之，差动弹簧放松，差动值减小。定值弹簧的拉力决定所控制温度的下限即整定值，其数值的大小可以通过旋转调节杆 10，改变定值弹簧的拉力来整定。

## 二、压力式温度计

### （一）工作原理与结构形式

压力式温度计是利用密封系统中测温物质的压力温度变化来测量温度。按其所充测温物质的相态，分充气式、充液式和蒸气式 3 种，结构基本相同。按它的功能可分为指示式、记录式、报警式（带接触点）和温度调节式等类型，它们结构基本相同。

指示式压力温度计，是由温包（感温元件）连接毛细管通到感压元件（包括端管、波纹管等）。

### （二）类型和特点

1. 充液压力表式温度计

充液要求比热小、导热率高、黏性小，水银是常用的充液，测温上限可达 650 °C，它比玻璃管式温度计坚固，且可远传读数，由于水银对许多金属有腐蚀作用，故毛细管和弹簧管要采用不锈钢制造。测量 150 °C 和 400 °C 以下的温度可分别采用甲醇和甲苯、甘油等工作液。此种温度计测量下限不能低于工作液的凝固点。由于是密封式，其沸点较常压时高，测温上限可高于其沸点。

2. 气体压力表式温度计

它是在温包及压力指示计中充满气体。通常温包中充氮气，它所测最高温可达 550 °C，在测量低温时，常用充氢气的气体压力表温度计，最低温度可达 – 120 °C。

3. 蒸气压力表式温度计

它是根据低沸点液体的饱和蒸气压，只和气液面温度有关这一原理而制成，金属温包的一部分容积内盛放低沸点液体，其余空间，包括毛细管、弹簧管内是这种液体的饱和蒸气。

蒸气压力表式温度计价格便宜，也不会因裸露在空气中的毛细管温度变化而产生误差。测温压力式温度计中，蒸气式的时间常数最小，仅为 30 s，而气体充填式为 80 s。

### （三）压力式温度计使用方法与特点

毛细管是用来作为温包与弹簧管压力计之间连接和传递压力的导管，一般材料与温包相同，常用的有铜或不锈钢冷拉而成的无缝钢材制成，其内径一般只有 $\phi$0.15 ~ 0.5 mm，长度可达 20 ~ 60 m，故极易损坏，可用金属软管或铜、镀锌钢丝编织蛇皮带保护，在 60 m 以内远距离显示、测量、记录、报警及调节温度。

压力式温度计结构简单，价格便宜，刻度清晰，适用于固定工业设备内的气体、蒸气或液体，最大介质压力为 6 MPa 以下的 – 80 ~ 500 °C 的温度测量。由于可远传，且不需电源，使用中不会产生火花，故具有防爆性，适用于易爆、易燃环境下的温度测量。由于示值是由毛细管传递，故滞后时间较长（30 ~ 60 s），毛细管机械强度较差，易损坏，且损坏后不易修复。

## 三、温度传感器

温度传感器目前采用较多，主要通过检测新风、回风和供风的温度，监控乘客车厢内的制冷需求。空调控制器将根据温度信号选择适当的运行模式。国内城轨车辆空调主要采用电阻式温度传感器。图 5-2 所示为地铁空调采用的温度传感器。

图 5-2　空调温度传感器外形

电阻式温度传感器（Resistance Temperature Detector，RTD）——一种物质材料做成的电阻，它会随温度的上升而改变电阻值，如果它随温度的上升而电阻值也跟着上升就称为正电阻系数，如果它随温度的上升而电阻值反而下降就称为负电阻系数。大部分电阻式温度传感器是以金属做成的，其中以铂（Pt）做成的电阻式温度检测器最为稳定——具有耐酸碱、不会变质、相当线性等特性，工业采用较多。

PT100 是一种广泛应用的测温元件，在 − 50 ～600 °C 具有其他任何温度传感器无可比拟的优势，包括高精度、稳定性好、抗干扰能力强等。PT100 属于正电阻系数，其电阻和温度变化的关系式如下：

$$R = R_0(1+\alpha T) \tag{5-1}$$

其中 $\alpha = 0.003\,92$；$R_0$ 为 100 Ω（在 0 °C 的电阻值）；$T$ 为摄氏温度，因是铂金做成的电阻式温度传感器，又称为 PT100。

温度传感器主要技术参数：

测量范围：− 200 ~ + 850 °C；

允许偏差值 $\Delta$ °C：A 级 ±（0.15 + 0.002｜$t$｜），B 级 ±（0.30 + 0.005｜$t$｜）（$t$ 表示摄氏温度）；

热响应时间：<30 s。

PT100 铂电阻传感器有 3 条引线，可用 A、B、C（黑、红、黄）来代表 3 根线，3 根线之间有如下规律：A 与 B 或 C 之间的阻值常温下在 110 Ω左右，B 与 C 之间为 0 Ω，B 与 C 在内部是直通的，原则上 B 与 C 没什么区别。仪表上接传感器的固定端子有 3 个：A 线接在仪表上接传感器的一个固定的端子，B 和 C 接在仪表上的另外两个固定端子，B 和 C 线的位置可以互换，但均需接上。如果中间接有加长线，3 条导线的规格和长度要相同。

PT100 主要特点：

（1）不锈钢套管封装，经久耐用。

（2）活动螺丝固定，使用方便。

（3）按照 IEC751 国际标准制造，即插即用。

（4）多种探头尺寸可选、适应面广。

（5）高精度、高稳定、高灵敏。

（6）外形小巧，经济实用。

# 任务二　压力保护开关

【学习目标】

- 理解压力控制器的基本原理。
- 掌握压力控制器的主要结构。

5.2　压力保护开关

【教学环境】

利用图片和录制的视频进行认知教学，通过实物加深对压力保护开关的理解。

【教学设施】

教学用的 PPT、视频以及压力保护开关实物。

【理论模块】

## 一、压力控制器

在制冷系统中都设有压力控制器。压力控制器是受压力信号控制的电气开关，所以又称为压力继电器。压力控制器的形式有多种，结构也略有区别，但动作原理基本相同，都是以波纹管气箱为动力室，接收到高压或低压部分的压力信号后，波纹管压缩或膨胀，从而带动传动杆或杠杆机构，使电触点接通或断开。

压力控制器可分为低压控制器和高压控制器两种，也可以把高压控制器和低压控制器组合在一起，称为高低压力控制器。它们的作用是：当系统高压部分压力超过给定值或低压部分压力低于给定值时，断开压缩机控制回路，使压缩机停止运行，从而达到自动保护作用；当系统高、低压力在允许的范围内时，接通电路，使系统正常运行。

高压控制器的波纹管室与压缩机的排气腔接通，以监视和控制排气压力。如果压缩机的排气压力过高，会导致压缩机电机过载运行而受损害，所以，当压缩机排气压力高于正常值时，高压控制器就发生作用，使压缩机停车。

低压控制器的波纹管室与压缩机的吸气腔接通，以监视和控制吸气压力，当压缩机吸气压力过低时，一方面会影响制冷机组的正常工作，甚至不能制冷而白耗电力，另一方面压缩机近于空载运行也会损害电机，故当压缩机吸气压力低于正常值时，低压控制器发生作用，使压缩机停车。

图 5-3 所示为 KD 型压力继电器内部结构原理。高、低压控制器做成一体，其结构特点是通过传动杆直接推动微动开关的触点，故结构紧凑，调节方便。

压缩机排气压力高于整定值时，气箱顶力大于弹簧张力，气箱推动传动杆 11，将高压微动开关按钮揿下，使开关触头分离，切断接触器线圈电源，压缩机停机；当排气压力下降并恢复正常时，弹簧张力大于气箱顶力，传动杆反向移动而脱离微动开关按钮，开关触头重新闭合，压缩机重新运转。

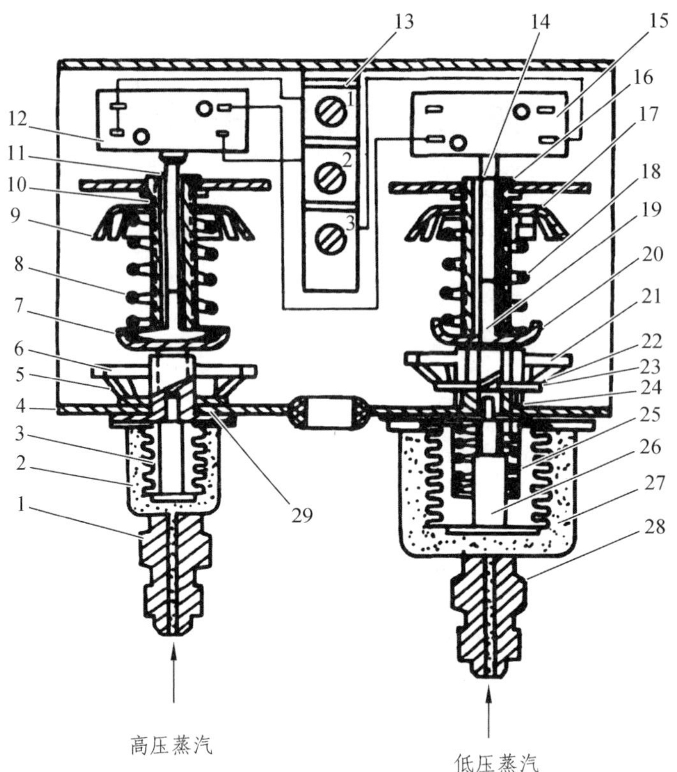


1，28—高、低压接头；2，27—高、低压气箱；3，26—顶力棒；4，24—压差调节座；
5，22—碟形阀片；23，29—阀片垫板；8，18—弹簧；9，17—压力调节盘；
6，21—压差（差动）调节盘；10，16—螺纹柱；11，14—传动杆；
12，15—微动开关；13—接线柱；19—传动杆；
25—复位弹簧；7，20—弹簧座。

图 5-3 KD 型压力继电器结构原理

压缩机吸气压力低于规定值时，弹簧张力大于气箱顶力，使传动杆 14 脱开低压微动开关按钮，开关触头分离，切断接触器线圈电源；当吸气压力回升并恢复正常时，气箱顶力大于弹簧张力，使传动杆将按钮揿下，微动开关触头重新闭合。

高、低压控制器的压力整定值可通过旋转各自的压力调节盘 9 和 17 进行调整，顺旋为压紧弹簧，压力整定值提高；反旋则放松弹簧，压力整定值降低。差动值的调整，可通过旋转各自的压差调节盘 6 与 21 来实现，顺旋为压紧碟形弹簧，差动值提高；反旋则放松碟形弹簧，差动值降低。这样，高压控制器触点断开压力就是压力整定值，触点复位压力为压力整定值减去差动值；低压控制器触点断开压力等于压力整定值，触点复位压力为压力整定值加上差动值。

有的压力控制器还设有手动复位装置，即触点断开后实现自锁，压力正常后也不能闭合，需要拨动或按下手动复位按钮后，触点方可闭合，以免系统故障未消除时，电路频繁通断。

## 二、压力开关

目前地铁车辆一般采用高压压力开关、低压压力开关（见图 5-4）来代替压力继电器。高压开关、低压开关是系统压力发生异常时，切断压缩机以保护压缩机，高压负荷压力开关是在系统高压过高时动作，以打开压缩机的旁通阀，减小压缩机的负载。压力开关均为螺纹接口，方便更换和维护。

郑州地铁 1 号线压力开关配置：

（1）低压开关：2 个

型号：LCB-QA11；

动作值：电路断开　（0.10 ± 0.03）MPa；

　　　　电路接通　（0.20 ± 0.03）MPa；

工作温度：−30 ~ 100 °C；

使用寿命：10 000 次。

（2）高压开关：2 个

型号：ACB-QB33；

动作值：电路断开　（2.90 + 0.15）MPa；

　　　　电路接通　（2.40 ± 0.15）MPa；

工作温度：−30 ~ 100 °C；

使用寿命：100 000 次。

图 5-4　地铁车辆用高压、低压压力开关

# 任务三　常见阀件

**【学习目标】**

- 理解常见阀件的基本原理。
- 掌握常见阀件的主要结构。

5.3　常见阀件

**【教学环境】**

利用图片和录制的视频进行认知教学，通过实物加深对常见阀件的理解。

**【教学设施】**

教学用的 PPT、视频以及阀件实物。

**【理论模块】**

## 一、电磁阀

电磁阀是一种开关式的常闭自动阀门，它可以接受各种感应机构以及手动开关给出的信号，打开或关闭。电磁阀的打开是依靠线圈在通电以后所产生的电磁力；关闭则是依靠线复位弹簧及阀芯的重力。

电磁阀串接在制冷系统的管路中，用以控制系统管路中流体的通或断。如在 YZ25 型客车空调制冷装置制冷系统中，在冷凝器与膨胀阀之间安装的电磁阀，与压缩机同接一个启动开关，作用是配合压缩机的开停而自动接通或者切断输液。当压缩机停车时，电磁阀立即关闭，停止供液，避免停机后大量制冷剂液体流入蒸发器中，造成压缩机再次启动时产生“液击”。城轨车辆空调液路电磁阀的作用是，在压缩机停机后，关闭冷凝器和蒸发器

之间的管路，防止冷凝器中的液体迁移到蒸发器后到压缩机中，造成压缩机启动时液击和润滑不好的情况出现，液路电磁阀的进出口均为铜接口（见图 5-5）。

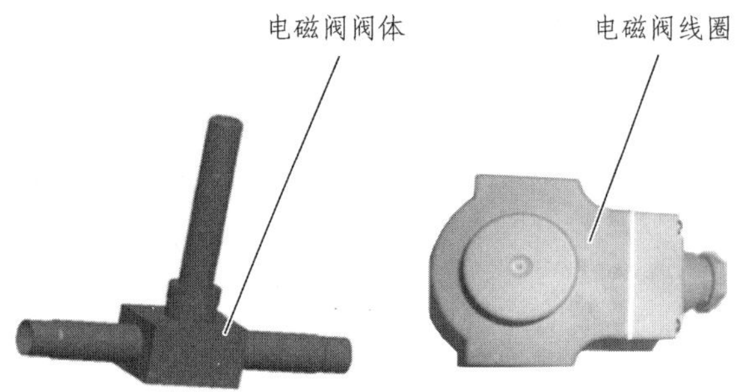


图 5-5　地铁车辆空调用电磁阀外形

电磁阀的结构形式，按其开启方式可分为直接开启式和间接开启式两种。

### 1. 直接开启式电磁阀

直接开启式电磁阀应用于管径小于 3 mm 的管道。其结构如图 5-6 所示，主要由阀体、线圈、衔铁及阀针等组成。当线圈组 6 通电后产生磁场，铁心 5 在磁场的作用下被吸起，弹簧受压缩，阀门打开。反之当线圈组断电后，铁心由于自身重力及弹簧力的作用而下落，将阀关闭。

直接开启式电磁阀构造简单，由于受电磁吸力的限制，口径都比较小。

### 2. 间接开启式电磁阀

间接开启式电磁阀应用于管径大于 3 mm 的管道中，其结构如图 5-7 所示，主要由阀体、浮阀、线圈、衔铁、阀针和调节杆等组成。当线圈组 6 通电后，衔铁 5 带动阀针 4 被吸起，使浮阀组（即主阀）7 上方的压力通过浮阀上的阀孔迅速与阀后压力均衡，浮阀组（活塞）7 因上下压差而浮起，主阀口开启。由于阀口有流动阻力，进口端压力总是大于出口端压力，使浮阀上、下总有一压力差来为维持阀门的开启状态。当线圈组 6 断电，磁力消失，衔铁在自身重力或复位弹簧的作用下，将浮阀上的阀孔关闭，浮阀组 7 上的平衡孔使浮阀组上下腔均压，在弹簧力和浮阀自身重力作用下，使浮阀组下落，将主阀口关闭。

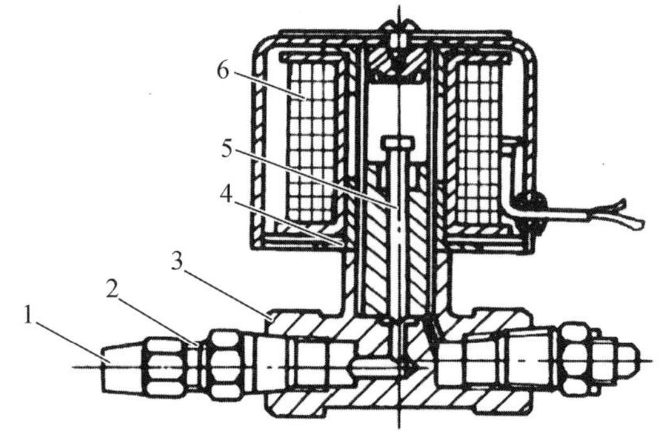


1—接管螺母；2—接头；3—阀体；
4—垫片；5—铁心；6—线圈组。

图 5-6　直接开启式电磁阀

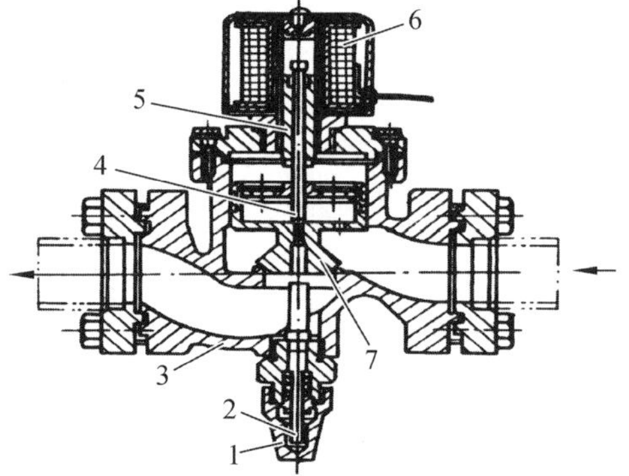


1—帽盖；2—调节杆；3—阀体；4—阀针；
5—衔铁；6—线圈组；7—浮阀组。

图 5-7　间接开启式电磁阀

当电磁阀电路部分出现故障不能自动启、闭时，可使用阀体下部的调节杆，实现手动开启和关闭。

间接开启式电磁阀虽然结构较复杂，但电磁线圈只控制阀针的起落，可使电磁线圈的尺寸、容量减小，故对于大口径的阀比较适宜。

## 二、截止阀

截止阀安装在制冷设备和管道上，用以接通和切断制冷剂通道。截止阀根据安装位置的不同，分为压缩机截止阀和管道截止阀。两者基本结构相同，但压缩机截止阀多了一个多用通道。这个多用通道可通过调整杆开启或关闭，常用于补充冷冻机油、对系统进行抽真空操作或充注制冷剂等，给制冷机的操作、检修带来很大方便。

制冷压缩机截止阀有 3 种状态：阀杆逆时针退足，即使阀杆 3 与阀体 2 紧贴，多用通道 C 被关闭，压缩机吸气口（或排气口）A 与制冷管路吸气管（或排气管）接头 B 接通，该位置称为截止阀“开位”，如图 5-8（a）所示；若在“开位”状态下，顺时针转动阀杆 3。将阀芯移至中间位置，这时 A、B、C 全部接通，此时截止阀处于“三通”位置，如图 5-8（b）所示；若阀杆继续顺时针旋转，待阀杆 3 与管路接头端面顶死（俗称进足），压缩机吸气口（或排气口）A 与多用通道接通，B 通道与 A、C 通道被切断，称为“关位”，如图 5-8（c）所示。

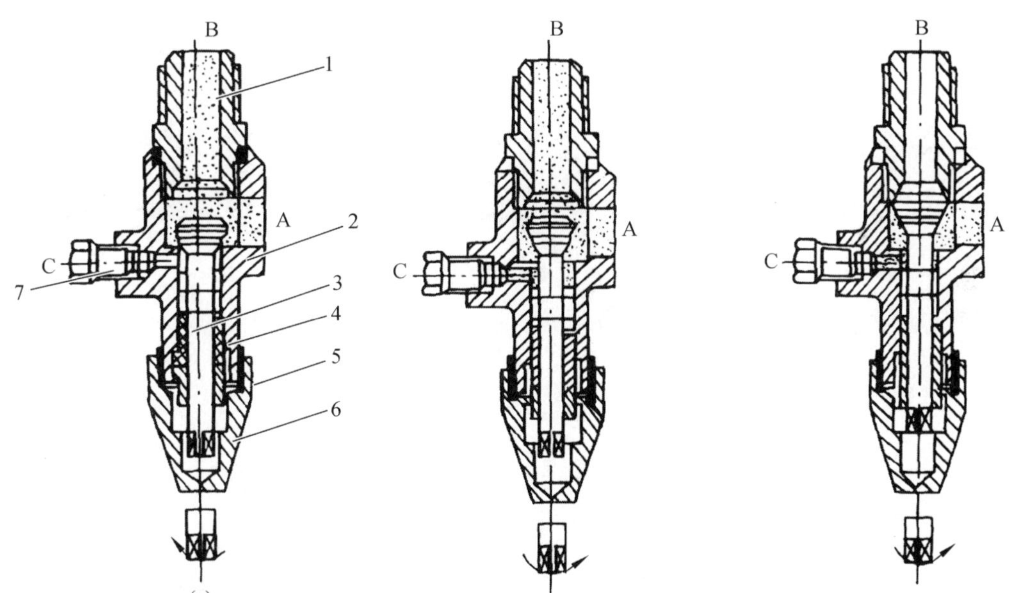


（a）多用通道关闭位置，称“开位”　（b）全开状态位置，称“三通位”　（c）关闭状态位置，称“关位”

1—管路接头；2—阀体；3—阀杆；4—填料；5—填料压紧螺钉；6—帽盖；7—螺塞；

A—与压缩机连接法兰口；B—与管道连接接头；C—多用通道。

图 5-8　压缩机截止阀

## 三、逆止阀

逆止阀又称止回阀或单向阀，是一种根据流体在阀前后的压力差而自动启闭的阀门。它的作用是只允许制冷剂或其他流体介质向一定的方向流动，阻止其逆向流动。各种形式的止回阀，其阀芯座均有阻尼作用，启闭平稳，可以在有脉冲的情况下使用，但在安装时必须注意阀体外壳上标明的流向，不能装反。

图 5-9 所示为郑州地铁 1 号线用逆止阀，安装在压缩机和冷凝器之间，当压缩机关机时防止冷凝剂流回压缩机。

型号：NRV-116S 020-1018。

每个空调机组中的数量：2 个。

图 5-9　郑州地铁 1 号线用逆止阀

## 任务四　其他辅助设备

【学习目标】

- 理解其他辅助设备的基本原理。
- 掌握辅助设备的主要结构。

5.4　其他辅助设备

【教学环境】

利用图片和录制的视频进行认知教学，通过实物加深对辅助设备的理解。

【教学设施】

教学用的 PPT、视频以及设备实物。

### 一、分油器

在活塞式制冷空调系统中，压缩机是唯一需要冷冻润滑油的地方。但是压缩机的排气中都带有润滑油。润滑油随高压排气一起进入排气管，并有可能进入冷凝器和蒸发器内。对于氟利昂系统，由于润滑油在氟利昂中的溶解度大，虽然一般不会在传热表面形成油污，但是对其蒸发温度影响（使蒸发温度升高）比较大。因此氟利昂制冷系统中，一般都要用油分离器，将压缩机排气中的润滑油分离出来。氟利昂制冷系统利用自动回油装置，将其送回压缩机曲轴箱。

目前常用的油分离器有洗涤式、离心式、填料式及过滤式等几种结构形式。这些油分离器的基本工作原理，是借油滴与制冷剂蒸气的密度不同，使混合气体流经直径较大的油分离器时，利用突然扩大通道面积而使其流速降低，同时改变其流动方向，或利用其他分油措施，使润滑油沉降而分离。对于蒸气状态的润滑油，则可采用洗涤或冷却的方式降低温度，使之凝结为油滴后分离。有的油分离器则采用设置过滤层等方法来增强分离润滑油的效果。其中氨制冷系统常用洗涤式、离心式和填充式油分离器，氟利昂制冷系统则常使

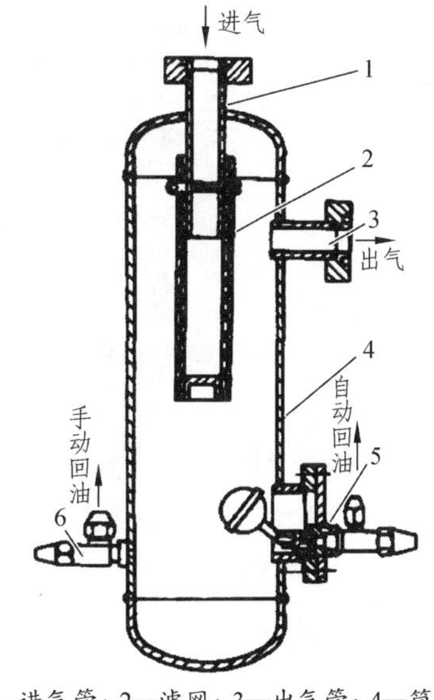

1—进气管；2—滤网；3—出气管；4—筒体；5—浮球阀；6—手动回油阀。

图 5-10　过滤式油分离器

用过滤式油分离器。早期的过滤式油分离器结构如图 5-10 所示。

工作时高压蒸气由上部进入，经金属丝滤网 2 减速、过滤后，从侧面出气管 3 排出。蒸气中携带的部分润滑油被分离出来，落入筒体下部。这种油分离器的回油管和压缩机的曲轴箱连接。当油分离器内积聚的润滑油足以使浮球阀 5 开启时，润滑油就被压入压缩机的曲轴箱中。当油面逐渐下降到使浮球下落到一定位置时，则浮球阀 5 关闭。正常运行时，由于浮球阀 5 的断续工作，使得回油管时冷时热。如果回油管一直冷或一直热，这说明浮球阀已经失灵，必须进行检修。检修前，可使用手动回油阀 6 进行回油操作。

目前多数地铁车辆空调未安装过滤式油分离器。

## 二、贮液器

贮液器亦称储液筒，是用来储存制冷循环中的制冷剂液体，以适应工况变动时制冷剂流量的变化。另外，在检修制冷设备及在制冷系统较长时间不工作时，可将系统中制冷剂全部收储在贮液器中，以免泄漏而造成损失。

贮液器多为卧式，其结构很简单，图 5-11 所示贮液器的筒体由钢板卷制而成，筒体上设进、出液口，其安装位置应低于冷凝器，容积应大于所需储存的制冷剂液体的体积，储存的制冷剂量不允许超过其容积的 80%。

对于负荷变动不大的制冷设备，如单元式空调机组制冷系统，经严格控制充入的制冷剂量，可省略贮液器。目前大多城轨车辆空调不再配置贮液器。

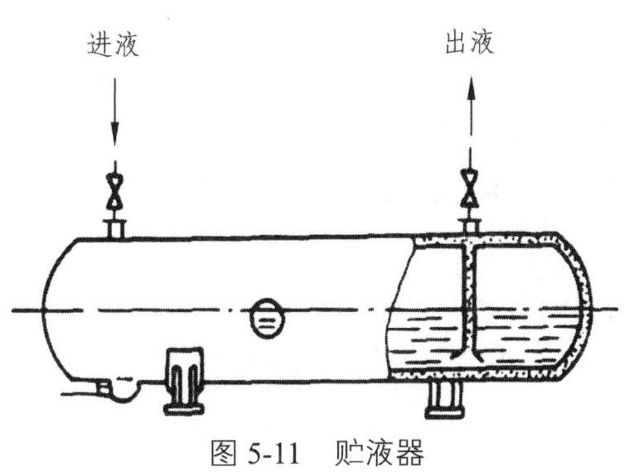

图 5-11　贮液器

## 三、干燥过滤器

### 1. 过滤器

过滤器用于清除制冷剂中的机械杂质，如金属屑、焊渣、氧化皮等。它分气体过滤器和液体过滤器两种。气体过滤器装在压缩机的吸气管路上或压缩机的吸气腔，以防止机械杂质进入压缩机气缸。液体过滤器一般装在调节阀或自动控制阀前的液体管路上，以防止污物堵塞或损坏阀件。过滤器的原理很简单，即用金属丝网阻挡污物。氟利昂过滤器由网孔为 0.1 ~ 0.2 mm 的铜丝网制成。

图 5-12 所示为氟利昂过滤器。它是由一段无缝钢管作为壳体，壳体 3 内装有铜丝网 2，两端有端盖用螺纹与壳体连接，再用锡焊焊接，以防泄漏。端盖上焊有进液管接头 1 和出液管接头 4，以便与管路连接。

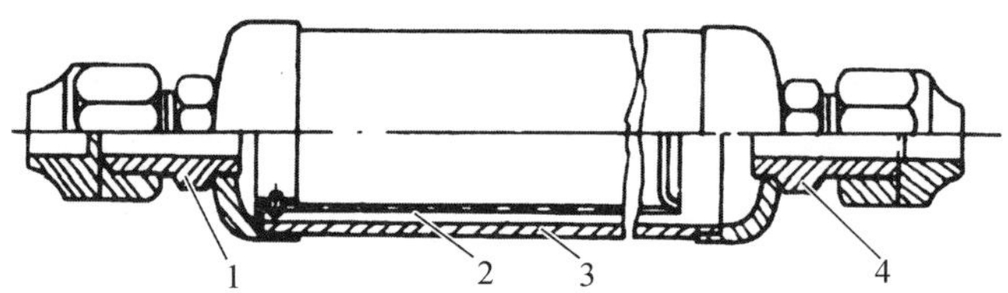


1—进液管接头；2—铜丝网；3—壳体；4—出液管接头。

图 5-12　氟利昂过滤器

2. 干燥器

干燥器只用于氟利昂制冷系统。因为氟利昂不溶于水或仅有限地溶解，系统中制冷剂含水量过多，会引起制冷剂水解，金属腐蚀，并产生污垢和使润滑油乳化等。当系统在 0 °C 以下运行时，会在膨胀阀处结冰，堵塞管道，即发生“冰塞”，故在贮液器出液管路上的节流阀前装设干燥器，用以吸附制冷剂液体中的水分。一般用硅胶作为干燥剂，近年来也有使用分子筛作为干燥剂的。图 5-13 所示为一立式干燥器的结构。对于小型制冷装置，可以不装设干燥器，仅在系统充氟时，使其一次通过干燥器即可。

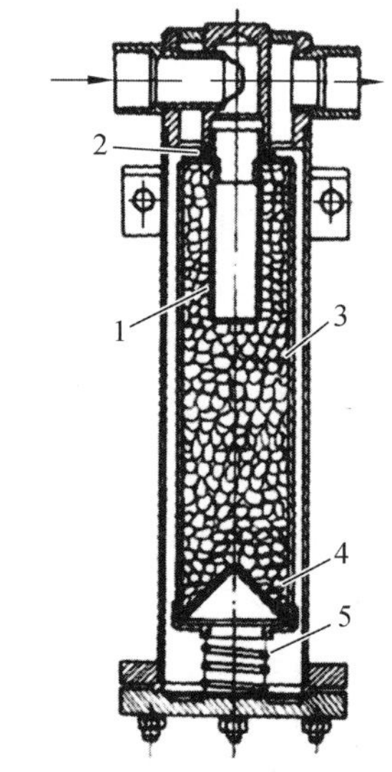


1—进口滤网；2—密封圈；3—硅胶；4—进口滤网；5—弹簧。

图 5-13　干燥器

有时将过滤器与干燥器结合在一起，称为干燥过滤器。它实际上就是在过滤器中充装一些干燥剂，在客车空调制冷装置制冷系统节流装置前的输液管上，都装有干燥过滤器，主要由壳体，滤网，干燥剂，进、出液管接头等组成，其结构如图 5-14 所示。为了严格防止干燥剂漏入系统，滤网 3 的两端装有钢丝网或铜丝网、纱布、脱脂棉等。干燥过滤器一般装在冷凝器与热力膨胀阀之间的管路上，以除去进入电磁阀、膨胀阀等阀门前液体中的固体杂质及水分，避免引起阀门的堵塞等。

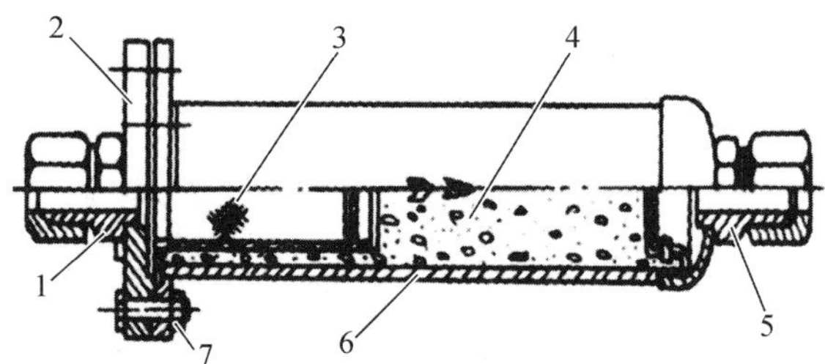


1—进液管接头；2—压盖；3—滤网；4—干燥剂；5—出液管接头；6—壳管；7—连接螺栓。

图 5-14　干燥过滤器

干燥器或干燥过滤器使用一段时间后，干燥剂含水量增加，因而吸附水分的能力降低。此时需将干燥器或干燥过滤器取下，将干燥剂加热再生后继续使用。

在地铁单元式空调机组中常用干燥过滤器如图 5-15 所示。

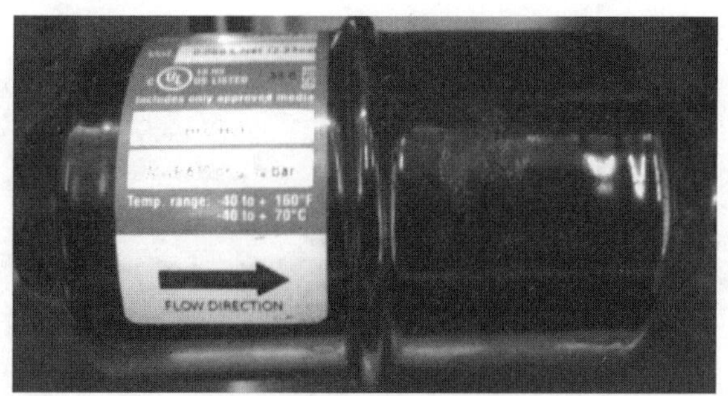

图 5-15　干燥过滤器外形

## 四、气液分离器

气液分离器是用来分离蒸发器出口的蒸气中的液体，从而保证压缩机为干压缩。对于毛细管节流的制冷装置由于制冷剂流量不能自动调节，当负荷减少时，蒸发器中制冷剂就有可能不能完全蒸发，如果制冷压缩机吸入了带有液滴的制冷剂蒸气，就有可能产生液击而使阀片、活塞、连杆等损坏。因此，为避免制冷压缩机吸入液体制冷剂，在制冷压缩机的回气管上可装设气液分离器，将制冷剂蒸气中的液体分离储存，其结构如图 5-16 所示。

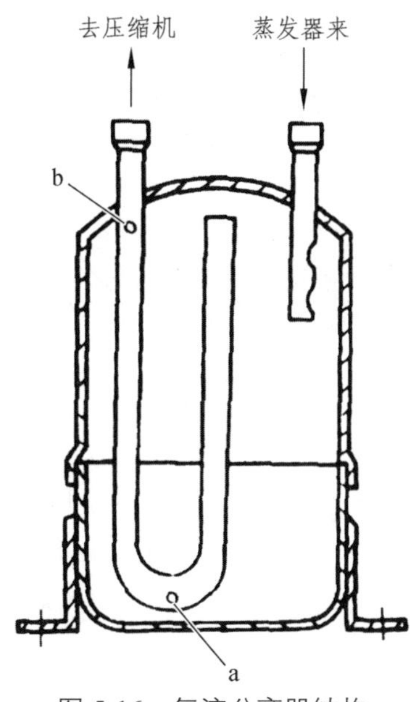

图 5-16　气液分离器结构

气液分离器的作用原理是：从蒸发器来的制冷剂蒸气由于进气管进入分离器后，由于气流的突然转向和减速，把液滴分离出来留在容器的底部，而气体则从出气管被压缩机吸入。在 U 形管的底部开有一个小孔 a，能使一定量的冷冻机油随吸入气体一起返回压缩机。b 孔为均压孔，可防止压缩机停机时由于蒸发器侧压力上升，使气液分离器中的液体通过 a 孔流向压缩机。

## 五、视液镜

视液镜位于干燥过滤器之后，膨胀调节阀之前（见图 5-17）。

图 5-17　视液镜外形

视液镜用来显示系统运行时制冷剂量和流动情况，而指示镜中心部位的圆芯则用来指示制冷剂的含水量。当圆芯纸遇到不同含水量的制冷剂时，其水化合物能显示不同的颜色，从而根据纸芯的颜色来判断含水的程度。纸芯的颜色变化可显示出制冷剂的含水量情况：正常、警示、超标，当纸芯的颜色为紫色时表明正常，当纸芯颜色开始偏红时说明系统中制冷剂的含水量已到了需加强跟踪的警示位置，一旦纸芯颜色为粉红色时必须尽快更换干燥过滤器。

检修中，在制冷系统运行情况下，若指示器中有气泡出现，则必须确认管路是否有堵塞的问题，若无堵塞说明制冷剂量不足，需及时补加制冷剂，否则容易导致系统因低压问题出现故障。

## 思考与练习

1. PT100 温度传感器有哪些主要特点？
2. 高低压控制器是如何作用的？
3. 直接和间接开启式电磁阀有何不同之处？
4. 制冷系统中为什么要装设过滤器？
5. 气液分离器的作用是什么？其工作原理是什么？

# 项目六 空调通风和加热系统

## 项目概述

通风系统是城轨车辆空调制冷装置的重要组成部分，其作用是将经过处理的空气输送和分配到客室车厢内并形成合理的气流组织，同时将室内污浊的空气排出室外，使室内空气参数满足设计要求。通风系统是城轨车辆空调制冷装置中唯一不分季节而长期运转的系统，因此，它的质量状态直接影响到乘客的舒适性和空调制冷装置的经济性。

北方城市轨道交通车辆在冬季运行时，由于外界温度与室内设计温度相差很大以及车体热损的原因，外界新鲜空气在送入车内前必须进行加热。空气预热通常采用电热空气预热器或热泵加以实现。

本项目主要介绍了城轨车辆空调通风和加热系统主要部件、结构布置和作用原理，通风系统由通风机组、风道、风口、空气过滤器等组成。其中通风机组主要包括轴流式、离心式、贯流式和幅流式 4 种风机，风道包括主风道、回风道及排风道，风口包括新风口、送风口、回风口及排气口。加热系统中主要包括电加热器和热泵。最后结合广州地铁和郑州地铁车辆，介绍两种空调机组通风系统的主要结构和特点。

## 任务一　通风机

6.1　通风机

【学习目标】

- 熟知通风机的作用及分类。
- 掌握轴流式、离心式、贯流式和幅流式通风机的结构特点、工作原理。

【教学环境】

可利用多媒体设备进行直观的理论教学，利用图片和录制的视频进行初步认知教学，也可以到现场参观城轨交通车辆空调系统的组成。

【教学设施】

教学用的 PPT、视频以及相关教学引导资料。

【理论模块】

通风机组是通风系统的动力装置，其作用是吸入车外新风和室内回风，并将处理后的混合空气加压，通过主风道等送入客室。常用的通风机有离心式、轴流式、贯流式和幅流式 4 种。通常送风采用离心式风机，排风机、冷凝风机采用轴流式风机。

通风机组在安装时，应采用有效的隔音减振措施。一是在通风机组的安装座上加装橡胶减振器；二是在通风机机壳上敷设阻尼涂料；三是在主风道与通风机相连接的风管处采用帆布或人造革制作的软风道，以减少通风机和电动机所产生的噪声传入车内客室。

## 一、离心式通风机

### （一）离心式风机的结构特点

离心式风机的主要部件有风机吸入口、叶轮、机壳和机座等，其基本结构如图 6-1 所示。

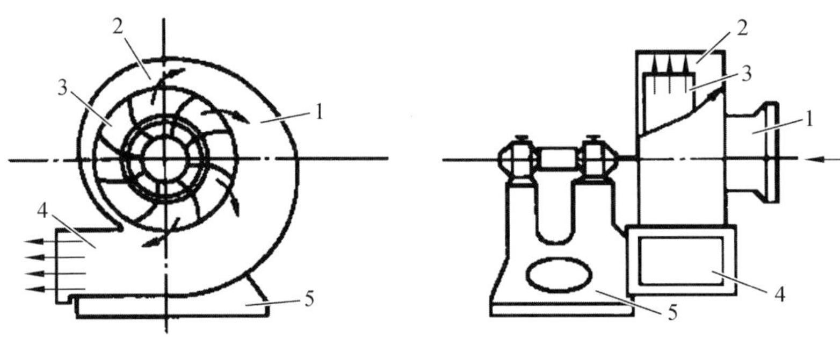


1—吸气口；2—蜗壳；3—叶轮；4—排气口；5—机座。

图 6-1　离心式通风机构造

#### 1. 吸入口

如果风机进口未接引风管，可直接从大气中进风，这时一般应装设吸入口（又称为集流器），使气流能以损失最少的方式均匀地流入机内。风机吸入口有圆筒型、圆锥型和圆弧型 3 种。前两种阻力较大，制作方便；后一种阻力小，但制作较复杂。

#### 2. 叶　轮

离心式风机的叶轮由前盘、后盘、叶片和轮级组成。根据叶片出口安装角度不同，有前弯叶片、径向叶片和后弯叶片 3 种形式。叶轮固定在机轴上，由电机带动旋转。

前向叶型为多叶片式，流道短、出口较宽。径向叶型有直叶式、弧型式等，前者制作简单而能量损失较大，后者反之。后向叶型有机翼型叶片等形式，其空气动力性能较好，整机效率可达到 90%左右。风机叶片一般由钢板压制而成，但防爆风机叶片采用有色金属。防腐风机叶片采用塑料板等材料。

#### 3. 机　壳

中、低压风机机壳常用钢板焊接或咬口成对数螺旋线型的壳体，并且机壳截面积逐渐扩大。

#### 4. 机　座

机座由型钢焊制，用来支承风机。机座上装有轴承，支承风机转轴。

5. 排气孔

排气孔一般设置为矩形，增压后的气体由此排出。

### （二）离心式风机的工作原理

当电机带动机轴上叶轮旋转时，叶片间的气流在离心力的作用下，由叶轮中心甩向边缘并获得动能和压力能。同时，叶轮中心所产生的负压区促使后续气流连续不断地进入风机。气流从叶轮流出后进入机壳，在机壳排出管的扩压作用下将部分动能转变为压力能，最后送入排气管路或房间。

城轨车辆送风机即为离心式风机，安装在蒸发器后部（见图 6-2）。为符合车厢空气调节要求，克服空调机组以及送风管道中的压力损失，每台空调机组中装有两台送风机。每台送风机既能经新风滤网从外界吸入新风，也能够将客室回风吸入到蒸发腔。蒸发腔内两股气流混合后经混合风滤网和蒸发器盘管进入送风机。混合风被吸入风机后，立即被吹到通风管道并输送分配至车顶风道。

每台送风机包含 1 台 AC 380 V、三相、50 Hz 的电动机和 2 个安装在轴上的风机叶轮。

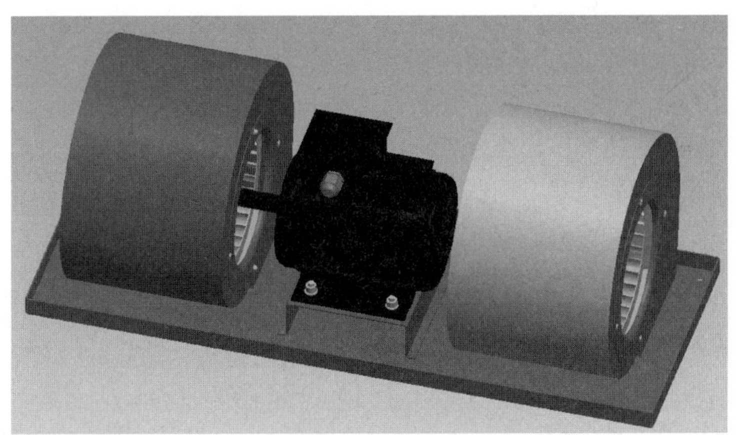

图 6-2　送风机

## 二、轴流式通风机

### （一）轴流式风机结构特点

轴流式风机主要由叶片、机壳、吸入口、扩压段及电机等组成，其基本结构如图 6-3 所示。

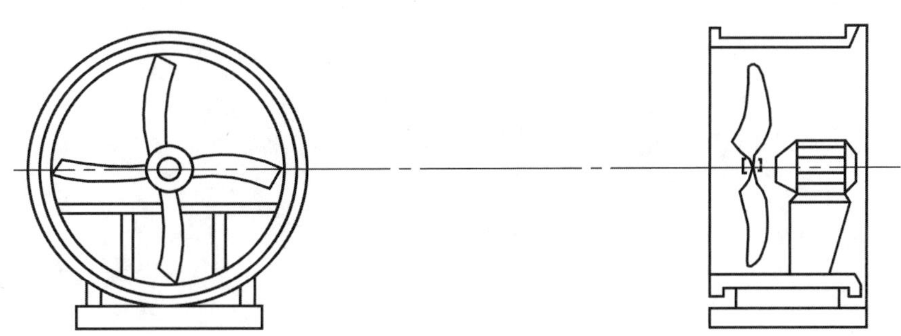

图 6-3　轴流式风机

1. 叶　片

轴流式风机的叶片常用钢板压制而成，有机翼型、板型等。大型轴流式风机的叶片安装是可以调整的，由此来改变风机的流量和风压。

2. 机　壳

轴流式风机的机壳是由钢板焊接而成的筒体。机壳前段为钟罩形吸入口，用来避免进风口风道突然缩小，以减少流动阻力；中间段为圆形风筒；后段为扩压段。带有叶轮轮毂的电机机座安装在机壳的中间段，常用钢结构做成。

### （二）轴流式风机的工作原理

由于轴流式风机的叶片与机轴中心线有一定的螺旋角，当电机带动叶片在机壳内转动时，空气一边随叶轮转动，一边沿轴向推进。当空气被推出后，原来占有的位置形成局部低压，促使外面的空气由吸入口进入。空气通过叶轮压力增高后，从出口排出。由于气体在机壳中流动始终沿轴向进行，所以称为轴流式风机。

### （三）轴流式风机与离心式风机的特点

（1）离心风机改变了风管内介质的流向，而轴流风机不改变风管内介质的流向。

（2）轴流式风机结构简单，耗用金属少，安装简单。

（3）轴流式风机风压低，流量大。

（4）轴流式风机可以反转，反转时风向随之改变，风量、风压也有所降低，但离心式风机降低更明显。

图 6-4 所示为城轨车辆冷凝风机，即轴流式风机。冷凝风机包括风机叶片、电机和格栅。为确保冷凝盘管内高效热传递，两台轴流风机从空调机组两侧将周围“冷”空气吸入冷凝盘管，然后将“热”空气通过圆形格栅从空调机组的上方排出。

每个冷凝风机组件包含 1 台 AC 380 V、三相、50 Hz 的电动机，支持一个安装在轮毂上的叶片轴流风机，风机运行在一个导风圈内。需要注意的是：格栅不能被随意移动，格栅用于防止人员接触风机叶片，并保护风机内部部件。

图 6-4　冷凝风机

## 三、贯流式风机

### 1. 贯流式风机的结构特点

贯流式风机由叶轮和机壳等组成，其基本结构如图 6-5 所示。

叶轮一般是多叶式前向叶型，叶轮的两个端面是封闭的，叶轮的宽度没有限制，根据需要确定。贯流式风机的流量随叶轮的宽度加大而增加。叶轮的轴与电机轴直接连接，叶片可用钢板、塑料、尼龙等材料制作而成。

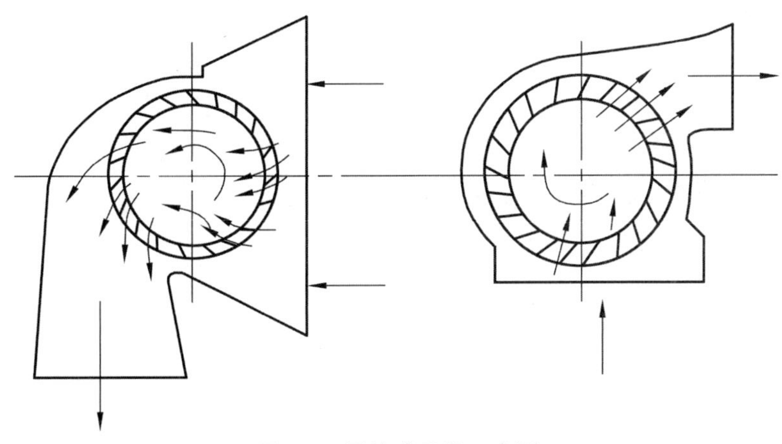

图 6-5　贯流式风机示意图

### 2. 贯流式风机工作原理

贯流式风机不像离心式风机是在机壳侧板上开口使气流轴向进入风机，而是将机壳部分地敞开使气流直接径向进入风机。气流横穿叶片两次。某些贯流式风机在叶轮内缘加设不动的导流叶片，以改善气流状态，同时贯流式风机进风口与出风口都是矩形的，易与建筑物相配合。

贯流式风机有小风量、低噪声、压头适当、制造简单、价格较低及便于与建筑物相适应的明显优点。

## 四、幅流式风机

幅流式风机是一种安装在地铁列车、轻轨列车天棚上与钢结构连接的通风换气装置。其目的是促进车厢内空气对流，为乘客提供舒适的服务。

### 1. 贯流式风机的结构特点

该风机由叶轮部、电机部、集风器部、摆动机构、轴承座部、支架部等组成，如图 6-6 所示。

叶轮部：由耐腐蚀，具有良好的刚度、强度的铝合金材料经落料、压型等工艺制成。叶轮的一端传动轴与辐板铆接，与轴承配合，然后与轴承座连接，另一端固定套外部的聚氯丁橡胶套与辐板连接，然后与电机主轴配合。为获得均匀流场，叶片型线经三元流理论设计，采用特殊结构。

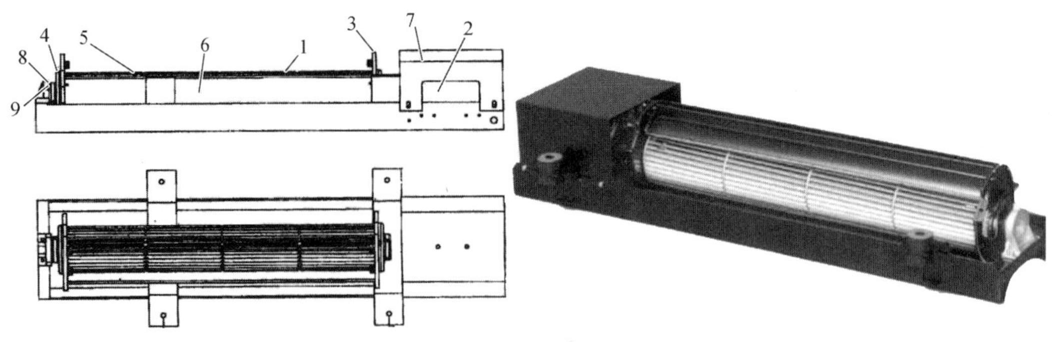


1—叶轮组；2—电动机组；3—集风器；4—支撑板；5—风挡板；
6—集风蜗行板；7—电机罩；8—轴承座；9—橡胶梅花套。

图 6-6　幅流式风机

电机：驱动本产品的动力源，与支架连接。由主电机、摆头电机及连杆机构组成。摆头电机固定在连杆机构上，该机构与主电机轴套相连，摆头电机通过齿轮逐级变速，带动摆头机构每分钟转动 5 次。主电机采用全封闭的轴承，能承受较大的力和扭矩，使用寿命高，故障率低，当负载扭矩增高大于规定扭矩时，输出轴出现滑动现象，有效地保护了内部减速机构。

集风器：型线与叶轮相匹配，材质与叶轮相同，电机侧与连杆机构相连。

摆头机构：连杆机构与集风器连接，在摆头电机的驱动下，利用曲柄和摆头杆把摆头电机的旋转运动转化成往复机械运动，使风力范围覆盖广泛。

轴承座：支撑叶轮旋转与支架相连。

支架：优质碳素结构钢经下料，折弯，焊接而成，在其两侧配备把手，便于安装。

### 2. 幅流式风机工作原理

幅流式风机的工作原理：幅流风机是叶轮在电机的驱动下高速旋转，产生流场，介质在叶道内流动，在叶片作用下获得能量，将机械能转化为动能，向客室内送风，同时在叶轮的摆动机构作用下，在风机下方一定范围内做往复运动，达到通风换气的目的。它是一种通过减振器安装在地铁列车、轻轨列车天棚上与钢结构连接的换气装置，能够促进车厢内空气对流，改善客室内热环境，为乘客提供舒适的乘车环境。

## 任务二　通风管道结构

**【学习目标】**

- 熟知城轨车辆空调通风管道的作用。
- 掌握城轨车辆空调通风管道的结构。

6.2　通风管道

**【教学环境】**

可利用多媒体设备进行直观的理论教学，利用图片和录制的视频进行初步认知教学，也可以到现场参观城轨交通车辆空调系统的组成。

**【教学设施】**

教学用的 PPT、视频以及相关教学引导资料。

**【理论模块】**

通风管道安装在车辆客室内顶板上方的空间内，车体通长范围内均布置送风风道，以保证车辆内温度场、风速场分布的一致性。在送风系统里，依靠风道，把处理好的新鲜空气输送到客车车厢内；在排风系统里，依靠风道，把需要排出的污浊空气输送至车外。这种用以输送空气的管道可以由各种不同的材料制成，也可以有很多不同的构造和断面形式。在城轨车辆空调制冷装置中，风道应满足经济、耐腐蚀、隔热性好、隔音性好、质量轻、防水、阻燃和易于加工等方面的要求。常用的材料有镀锌铁皮、铝合金板、玻璃钢和胶合板等，外附保温材料，如图 6-7 所示。空调制冷、制热系统运转时，风道设计应保证整个客室内均匀的空气分配。客室区域的气流速度及公差符合相关标准，同时每个高度测量的最大送风平均均匀性公差为 ± 10%。

图 6-7　双面附铝箔发泡材料风道

我国早期修建的地铁车辆内未安装空调，主要依靠通风系统进行客室内通风换气，随着城市地铁的发展，多数地铁车辆都安装空调系统，为乘客提供更舒适的乘车环境。客室内的舒适性很大程度上取决于客室内温度场均匀稳定、流速大小控制合理的气流组织，能够在客室内形成一个稳定均匀的温度场和速度场。客室内气流组织的优劣主要取决于送风风道的送风均匀性。目前我国已建成的地铁车辆送风风道主要有 3 种形式：即大截面准静压送风风道、圆管式车辆空调送风和条缝式静压送风风道。

## 一、主风道、回风道及排风道

### 1. 主风道

主风道的作用是将经过空气冷却器或预热器处理后的空气输送到客室内。

车顶的 2 台空调机组，通过与车体相连的 2 个吸振消音的连接风道，将处理后的空气送到车顶的主风道内。送风道的作用是将经过处理的空气输送到室内。车辆的风道沿车辆方向分为 3 个，中间大的为主风道，两侧为副风道，主副风道由隔板分开，隔板上设有一系列调整风量的气孔。主风道的空气经隔板气孔进入副风道，使得两侧风道内的气流稳定地送入客室中。A 车的司机室的送风量是通过在司机室天花板上的司机室增压器从副风道中引入，气流方向可以通过位于内顶板上的送风导向器来调节，空气可以直接吹到司机座位区。

主风道的截面，一般有圆形和矩形两种。由于矩形风道与车辆客室的装饰容易协调，而且占用空间少，安装又方便，所以采用较多。

风道一般用铝合金板或玻璃钢制成，在整个风道外表面均覆盖足够厚度的隔热材料，以防止风道冷量损失和结露，应注重隔热性、耐腐蚀性、经济性、易加工性和轻型化等原则。

2. 回风道

回风道是用来抽取室内再循环空气的。进入回风道的空气，一部分通过设于车顶的静压排气孔排至车外，另一部分进入空调机组与吸入的新风混合后，经过冷却、过滤由离心风机将其送入主风道，这样就在客室内形成空气循环，达到调节空气温度、湿度的目的。

3. 排风道

排风道用以排除车内污浊空气，即排风口与车顶静压排风器间的通道。

## 二、新风口、送风口、回风口及排气口

车体空调机组安装座及气流口如图 6-8 所示。

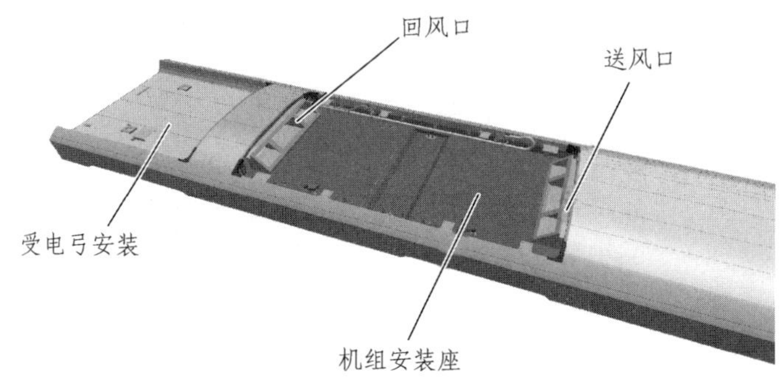


图 6-8　车体空调机组安装座及气流口

1. 新风口

新风口即车外新鲜空气的吸入口。新风口一般装有新风格栅以防止杂物及雨雪进入车内，另外还设有新风滤网和新风调节装置，新风调节装置由一个 24 V 直流电机驱动新风调节门，调节进入客室的新鲜空气量。

2. 送风口

送风口是用来向客室内分配空气的。送风口大多装有送风器及风量调节机构，它不但使客室内送风均匀、温度均匀、达到气流组织分布合理的效果，还可以根据需要来调节送风量的大小，送风口处一般也装有送风滤网。

3. 回风口

回风口是室内再循环空气的吸入口。正常情况下，客室内一部分空气应作为回风，回风与新风混合前是在客室中被充分循环过的。与新风混合过滤后，通过蒸发器入口进入，应设置调节挡板，用于调节新风、回风的混合量（比例）。

4. 排风口

排风口是用来将客室内废气和多余的空气排出车外。从车内的长椅下，经内墙板后侧导向车顶，由车顶静压排风器排出车外。

## 三、空气过滤器

空气过滤器是利用过滤材料把空气中的悬浮粒子除掉的设备。

空气中的尘埃不仅会影响乘客的舒适和健康，而且会影响生产工艺过程的正常进行和车内清洁，恶化某些空气处理设备的处理效果（如加热器、冷却器的传热效果）。因此，通风系统中必须设置空气过滤器。系统中一般设有新风过滤器、回风过滤器，并且应装在空气处理器的前端，以减少后面各设备的表面积灰。

空气过滤器的作用机理是：含尘气流在通过过滤器纤维层时，利用尘粒的重力作用、扩散作用、惯性作用、静电作用以及纤维层的筛滤作用等截留灰尘。空气中总是不同程度地含有各种灰尘和杂质，过多的灰尘进入车内，不仅会影响旅客的舒适和健康，也会积聚在蒸发器表面降低传热效果，不利于空气处理设备的工作。因此，通风系统中必须设置空气过滤器。系统中一般设有新风过滤器、回风过滤器。过滤器应装在空气处理室的前面。

城轨车辆空气调节装置中所采用的过滤器的作用机理是：使含尘的空气通过直径比尘粒小的空隙，或者通过孔径虽大但充分长且又曲折的孔道，将灰尘阻留下来。此外，尘埃颗粒在通过过滤器时，还会因为扩散作用、摩擦力、静电力或材料表面湿润时产生的黏附力而使灰尘留下。总之，过滤器的过滤效果取决于所用材料的空气通道的粗细、密实程度和通过过滤器的风速。

空气过滤器一般按过滤效率的高低划分，可分为粗效（又称初效）、中效和高效（亚高效、高效和超高效）过滤器。各种过滤器的过滤效率的测定方法是不同的，常见的有质量法、比色法和计数法。

质量法：采用称重的方法测量过滤器的质量浓度效率，适用于粗效过滤器的效率测定。

比色法：适用于中效过滤器及静电过滤器的效率测定，其原理是在过滤器前后采样以后，将各自被污染的滤纸放在光源下进行照射，根据透光和反射光的多少，用光电管比色计测出透光度，换算成过滤器前后粉尘的质量浓度，再计算出过滤效率。

计数法：其用于高效过滤器的效率检测，可直接用光电粒子计数器对通过过滤器的含尘气流进行自动检测，记录尘粒的数量和大小，以此来计算出过滤效率。

空气过滤器主要有金属浸油过滤器、玻璃纤维过滤器以及聚酯型粗孔泡沫塑料过滤器等。用聚酯型泡沫塑料作过滤材料时，须先经过化学处理，通常是在 5%浓度的 NaOH 水溶液中浸泡一定时间，把内部气孔薄膜穿透。使用中应定期清洗，以保证其过滤效果。这种过滤器易于清洗、更换方便。

城轨车辆空调一般采用滤尘网，安装于新风入口及混合风入口处，材料为不锈钢过滤丝网或可清洗无纺布。

## 四、应急通风系统

基于安全考虑，城轨车辆必须配备应急通风系统。如果辅助逆变器故障或者通信网络故障，空调系统将自动进入紧急通风模式。此时回风门关闭，压缩机、冷凝风机停止运行，紧急逆变器为通风机供电，以保证为客室提供 45 min 全新风通风。

# 任务三　空气加热系统

【学习目标】

6.3　加热系统

- 熟知城轨交通车辆的空气加热系统。
- 掌握电加热器的结构及工作原理。
- 掌握热泵的组成及电磁换向阀工作原理。

【教学环境】

可利用多媒体设备进行直观的理论教学，利用图片和录制的视频进行初步认知教学，也可以到现场参观城轨交通车辆空调系统的组成。

【教学设施】

教学用的 PPT、视频以及相关教学引导资料。

【理论模块】

空气加热系统是对流经空气处理室内的新鲜空气或混合空气进行加热，以实现满足空调设计要求的。考虑到地域差别，一般国内北方城轨车辆安装加热系统，南方不安装。常用的空气预热器有电加热器和热泵等，电加热器采用较多。

## 一、电加热器

电加热器是让电流通过电阻丝发热来加热空气的设备。它具有加热均匀，供热量稳定，结构紧凑，效率高、反应灵敏和便于实现自动控制等特点。

常用的电加热器主要有裸线式和管状式两种。

裸线式电加热器是由裸露在空气中的电阻丝构成的，流过电阻丝的空气与灼热的电阻丝直接接触而被加热。电加热器的外框用双层钢板中间垫以绝缘层，在钢板上装固定电阻丝的瓷绝缘子，根据需要电阻丝可以做成单排或多排组合，在定型产品中，常把电加热器做成抽屉式，检修更为方便。

车辆经常采用的是由管状电热元件组成的电热空气预热器。管状电热元件如图 6-9 所示，其结构是在金属管内，沿管子的轴线方向放入一根螺旋形的电阻丝（镍铬丝），在其空隙部分均匀填满具有良好导热性和电气绝缘性的结晶氧化镁粉，并用缩管机将管径轧小，以增加氧化镁粉的密度而使导热系数提高，同时还要保证管内螺旋状电阻丝不致因电热元件经受弯曲或碰撞发生偏移而碰及管壁。在电阻丝引出棒出口处浇以硼酸钡的混合物密封，以避免空气中的水分和液体介质侵入氧化镁粉中引起绝缘不良。

由于电阻丝是埋在紧密的、导热性较高的氧化物介质中，不与空气接触，其单位负载功率较裸露式电阻丝可大大增加，寿命也相应提高。另外，为了保证安全运行，电热空气预热器必须与风机实现联锁控制，即风机启动后电加热器才工作。

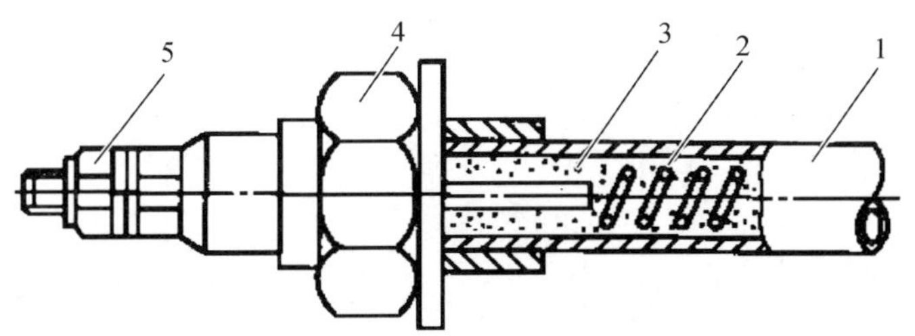


1—金属管；2—电阻丝；3—氧化镁粉；4—紧固螺母；5—接线螺母。

图 6-9　管状电热元件

为了提高管状电热元件的换热效果，可在金属管外表面缠上不锈钢绕片。在特别需要防腐的地方（如厕所等），采用不锈钢管上缠不锈钢绕片。

电加热器罩的作用是防止乘客触电、烫伤并保护电热管。电加热器在使用过程中应进行定期检查，使电热管表面保持干燥和清洁。电加热器一般在环境温度 –20～+40 °C、空气相对湿度≤90%的条件下使用。每年冬季使用前，应在保证电热管干燥、清洁、绝缘良好和接线紧固的前提下进行试验，必须在符合电气标准要求和电热管性能要求时才可正常使用。如有下列情况时应及时更换：

（1）电热管绝缘值下降且低于标准。

（2）电热管通电不发热或发热量不符合要求。

（3）电热管表面发红、温度过高，不符合要求。

（4）通电后电热管有闪络等现象发生。

## 二、热　泵

凡是可以在外界低温环境下吸取热量，并将其热量“泵”入室内的装置称为热泵。

制冷循环是利用吸取热量而使被冷却对象的温度低于环境温度，达到制冷目的的。热泵循环与制冷循环的原理是一致的，其区别仅在于工作的温度环境不同，其目的也有所不同。它是利用某种工质的状态变化，从较低温度的热源吸取一定热量，通过一个消耗功或热量的补偿过程，向较高温度的热源放出热量。

在热泵循环过程中，按热力学第二定律，向高温热源释放的热量 $Q_H$ 等于从低温热源吸取的热量 $Q_O$ 加上所消耗的功 $W$ 之和，即 $Q_H = Q_O + W$。因为 $Q_H>W$，所以利用制冷机从低温外气中吸热，而在温度较高的室内空气中放热，比直接利用电能加热所能获得的热量大得多，所以热泵能够节省电能。

热泵循环的性能系数称为制热系数（供热系数），用 $\varepsilon_H$ 表示。供热系数是评价热泵性能好坏的指标，为供热量与消耗功之比值，该值恒大于 1。

如图 6-10 所示，图（a）为夏季制冷工况，置于空气处理室内的蒸发器，吸收空气中的热量，从而冷却了车内的空气。图（b）为冬季热泵工况，经过四通换向阀，转换制冷剂流向，室内蒸发器做冷凝器用，而室外冷凝器做蒸发器用，于是通过制冷剂就将室外空气中的热量转移到了室内。

热泵系统中，作为蒸发器的换热器（制冷系统中的冷凝器）有可能表面结霜，以致堵塞气流通路，恶化传热，所以在系统中应采用适当的融霜措施。

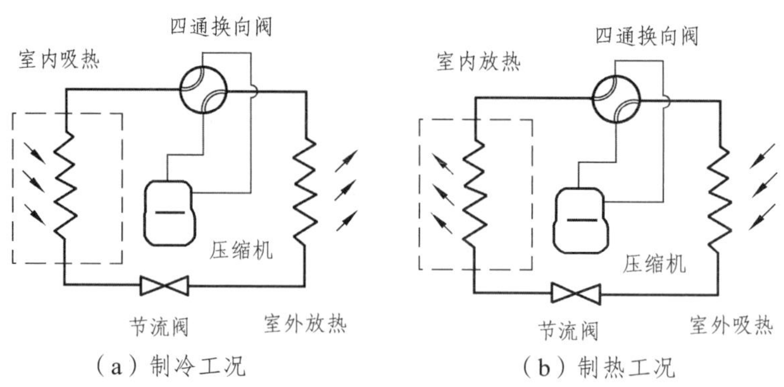


图 6-10　制冷与制热的系统原理

电磁四通换向阀是由电磁阀和四通阀用毛细管连接而组成的一个换向阀系统，其结构如图 6-11、图 6-12 所示。

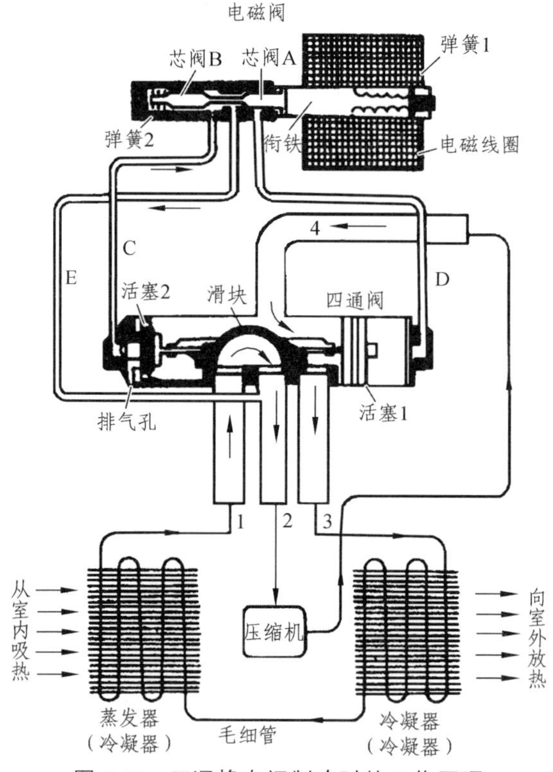


图 6-11　四通换向阀制冷时的工作原理

四通阀有 4 根接管 1、2、3、4 和 3 根毛细管 C、D、E，阀体内装有滑块和活塞。它们用支架互相构成一体，两端活塞上各有小孔，以使活塞两端能互相通气。1 号管与蒸发器出口连接，2 号管与压缩机吸气管连接，3 号管与冷凝器进口连接，4 号管与压缩机排气管连接，而滑块好像一个三通阀门，可以将 1 与 2 连通起来，也可以将 2 与 3 连通起来。当 1、2 连通时，3、4 就通过四通阀体而连通；2、3 连通时，1、4 就通过四通阀体而连通。3 根毛细管中，管 C 与管 D 接在四通阀两端，管 E 接在管 2 中。电磁阀由阀体、阀芯 A 和 B、弹簧 1 和 2、衔铁及电磁线圈组成，阀芯 A 和 B 以及衔铁连成一体，并一起移动。当线圈通以电源而产生磁场时，衔铁被磁场吸引而动作，使阀芯向右移动，阀芯 B 关闭左阀孔，而右面阀孔被阀芯 A 打开。当断电而衔铁复位时，阀芯 A 关闭右阀孔，而左面阀孔被阀芯 B 打开。

1. 电磁四通换向阀制冷位时的工作原理

系统制冷时（见图 6-11），受电源换向开关的控制，四通换向阀的电磁线圈的电源被切断，衔铁在弹簧1的推动下左移，使阀芯A将右阀孔关闭，而左阀孔打开。这样管C与管E被接通，而管D被关闭而不通。在四通阀体内，除滑块盖住的部分是低压气体外，其他部分都是高压气体。在管D堵住不通的情况下，阀体内的高压气体通过活塞2上的小孔，向四通阀左端盖内充气。因为管C与管E是连通的，而毛细管孔径又比活塞上的小孔大数倍。因此，从小孔流过去的气体迅速通向压缩机吸气管。因此，在活塞2的左面不能建立起高压力，滑块左、右端活塞就形成一个压力差，把滑块与活塞组推向左端位置。此时，管1与管2连通，即制冷剂气体从蒸发器流出被压缩机吸入，而管4与管3连通，即压缩机排出的高压气体进入冷凝器，这就是热泵系统制冷位时的四通阀的状态。

2. 电磁四通换向阀制热位时的工作原理

系统制热时（如图 6-12 所示），电源换向开关将四通换向阀的电磁线圈的电源接通，线圈产生磁场，衔铁被磁场吸引向右移动，阀芯A打开右边阀孔，阀芯B关闭左边阀孔，管E与管D连通，管C被堵在不通。四通阀右端盖内的高压气体从管D经管E流向压缩机吸气管，使右端盖内压力等于吸气压力。而左端盖内，由于管C被堵住不通，高压气从活塞小孔向左端充气，使压力升至排气压力而平衡，这样，左右两端产生压力差，活塞就带动滑块一起向右移动，滑块将管2与管3接通，管1与管4接通，压缩机排气从管4经过管1进入冷凝器（即制冷运行时的蒸发器），然后经毛细管进入蒸发器（即制冷运行时的冷凝器）。从蒸发器流出的蒸气，经管3与管2而进入压缩机吸气管，通过四通换向阀对管路的转向，使原来（制冷运行时）的蒸发器成为冷凝器，而冷凝器则成了蒸发器，从而实现从室外吸热而向室内放热，这就是我们称为“热泵”的工作原理。

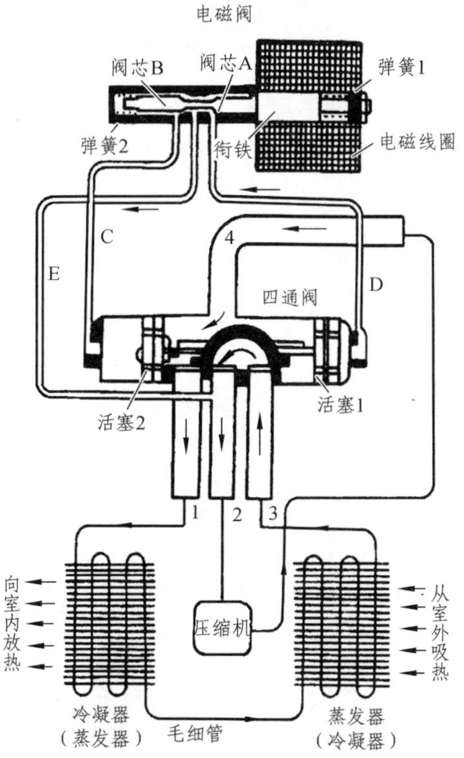


图 6-12　四通换向阀制热时的工作原理

### 三、城轨车辆空调加热系统

城轨车辆加热功能是通过客室电热器和司机室电热器组成等加热设备实现。电热器为提高车辆内部的温度及空气质量，采取以下措施来保证冬天客室和司机室的舒适性：在车体中采用优质的防寒保温材料，减小车体的传热系数，降低车内向车外的热传递。

由于司机长时间在司机室工作，同时穿的衣服比乘客要少，所以司机室的温度要比客室的温度稍高才能满足司机的舒适性要求。一般在司机室中设置带风机的电热器，以满足司机室舒适性要求。

通过合理的控制系统来满足冬季客室和司机室舒适性要求。采暖控制将客室电热、司机室电热以及新风阀的开度视为一个系统，综合考虑，为乘客和司机提供一个良好的乘车环境。

客室电热器安装在座椅底下的安装座上。每组电热器内设两支电热管，两支电热管分两路，可分别或同时工作、停止。电热器设“全暖”“半暖”两个控制位，由司机控制。

为提高司机室冬季采暖的舒适性，在司机室设带风机的强迫通风电热装置。

## 任务四　通风系统的典型结构

**【学习目标】**

- 掌握广州地铁 4 号线车辆空调通风系统的组成及结构特点。
- 掌握郑州地铁 1 号线车辆空调通风系统的组成及结构特点。

6.4　通风系统典型结构

**【教学环境】**

可利用多媒体设备进行直观的理论教学，利用图片和录制的视频进行初步认知教学，也可以到现场参观城轨交通车辆空调系统的组成。

**【教学设施】**

教学用的 PPT、视频以及相关教学引导资料。

**【理论模块】**

### 一、广州地铁 4 号线车辆空调通风系统

通风系统主要由通风机、回风道、回风口、软风道、主风道、送风口、新风口、空气过滤器、司机室通风装置、排风装置等组成。车辆空调通风系统空气、冷凝水的流向如图 6-13 所示。

#### （一）主要部件

1. 通风机

通风机是通风系统的动力装置，它使空气在客室与空调机组间循环流动，给回风、送风提供动力，位于空调机组内部。

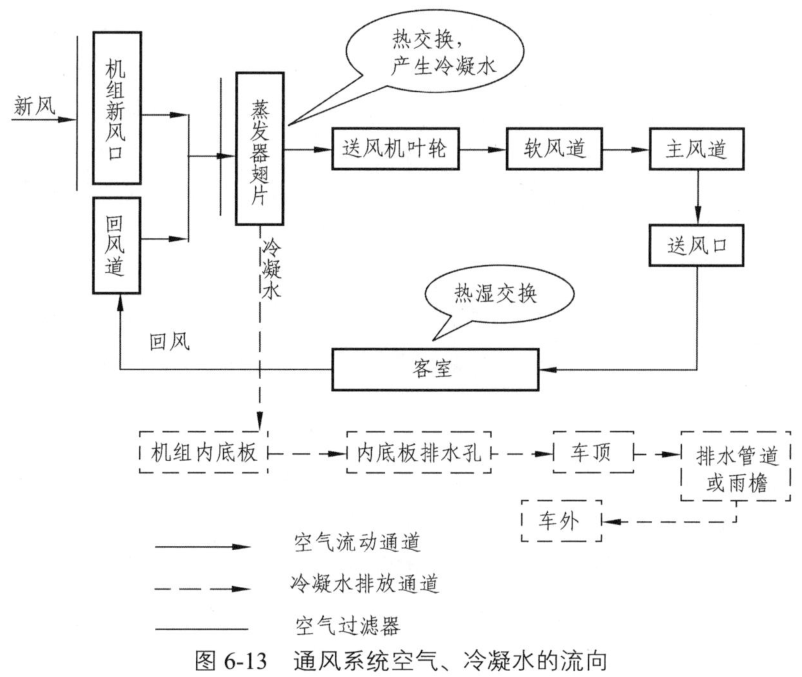


图 6-13　通风系统空气、冷凝水的流向

2. 空气过滤器

设置空气过滤器，能降低空气的含尘量，过滤进入蒸发器翅片的空气，防止灰尘和其他固体颗粒进入并阻塞翅片、阻碍空气流动、降低制冷系统的制冷效果。

3. 新风口

新鲜空气的吸风口一般布置在空调机组的侧面。新风口装有百叶窗、过滤器，防止杂物及雨雪进入车内。新风口的内侧装有调节机构，以便调节新风量。

4. 软风道

软风道负责连接空调机组出风口与车辆主风道。

5. 主风道

主风道是经过处理后的空气的输送通道。

6. 送风口

送风口是用以分配空气的。送风口一般装有送风分配格栅，可以对出风风量进行合理的分配，使送风均匀、客室内气流分布合理、温度均匀。

7. 回风口和回风道

回风口和回风道是客室内空气进入空调机组进行循环处理的输送通道。

8. 排风装置

由于外界新鲜空气不断送入车内，为了保证车内空气的品质，车内的一部分空气将不再循环处理，而是经由排风装置排出车外。排风装置通常有自然通风器和机械强迫排风装置两种。广州地铁 1、2、3 号线车辆均采用自然通风装置，广州地铁 4 号线车辆采用的是机械强迫排风装置。

9. 司机室通风装置

司机室不单独配置空调机组，但加设一个独立的通风机。司机室通风机主要部件包括离心风机 1 台、可调节送风口、风量调节旋钮及电气控制部分，各零部件组装在一个不锈钢板制成的箱体内。来自司机室相邻空调机组的冷却空气沿风道进入司机室通风机。司机室通风机上的可调式送风口可控制气流的方向、通风量的大小。

## （二）结构特点

广州地铁 4 号线车辆通风系统单个空调机组的送风量为 4 000 $m^3/h$，其中最小新风量为 1 300 $m^3/h$。在列车交流供电失效的情况下，能提供客室和司机室紧急通风（全新风状态），风量为 1 760 $m^3/h$。

该通风系统分客室和司机室通风系统两部分。每节车有两套通风机组分别位于车顶中央位置的两端，两个机组中间是废排单元装置，它们共同组成了通风系统。通风系统包括有 4 台通风机和 1 台废排风机以及相应的风道、风阀、过滤网等。

客室内采用了沿天花板全长布置的两列网孔式风道，这样有利于气流在客室形成较合理的组织，使送风较均匀。同时，车厢内部顶板设有两个回风口，废排风口布置在两个回风口中间位置。

列车空调首次开启执行预冷时，新风阀、废排风阀关闭，回风阀开启。当客室温度达到预设温度后，机组打开新风阀，引入新鲜空气，同时打开废排风阀。

空调系统正常运行时，可以根据载客量和运行模式的不同来调节新风量的大小。在通风机作用下，从外界吸入新风，新风经过空调机组新风过滤网过滤，与从客室来的部分回风混合处理后，由通风机送入主风道，由送风口均匀地送入车厢。车内的空气一部分经循环处理后送入客室，另一部分由安装于车顶的排气装置排出车外，以维持车内外的气压平衡。

广州地铁 4 号线车辆通风系统采用上送上回式送风，客室内空调的送风口与回风口均位于客室空间的上部。

# 二、郑州地铁 1 号线车辆空调通风系统

1. 主要组成

郑州地铁 1 号线车辆通风系统空调机组安装在车体顶盖 1/4 和 3/4 处，机组采用双端送风、底部回风的形式，新风口设在机组两侧。各风道口示意图如图 6-14 所示。

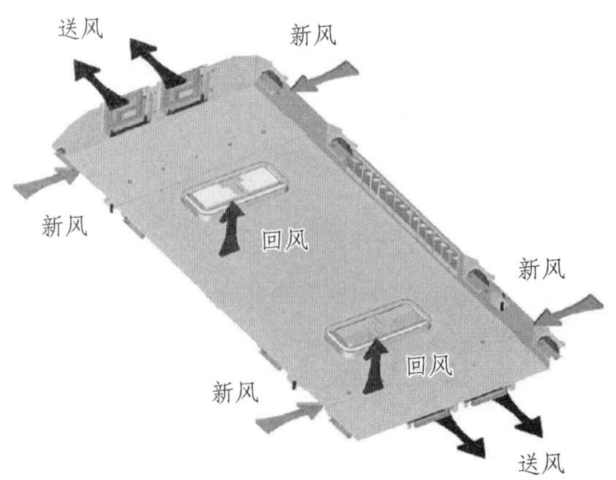


图 6-14　郑州地铁车辆通风系统风口

空调机组主要参数：

额定制冷量：35 kW；

制热量：9 kW；

额定送风量：4 000 $m^3/h$；

额定新风量：1 300 $m^3/h$；

紧急通风量：1 500 $m^3/h$。

空调机组采用两端送风，送风距离较短，可选用低风压的风机，有利于车内降低噪声。空调机组内部设有两挡调节电加热器，可以在冬季为客室提供采暖。空调机组内部设有可4 挡调节的电动新风门，可以实现车厢内的预冷和预热功能，并能根据车内载客量的变化调节新风量，具有良好的节能性能。

司机室内配备一个通风单元，安装在 Tmc 车司机室天花板上。空调风从相邻客室的风道经通风单元引入到司机室。风量分 3 挡手动可调，可以满足不同条件下的要求。送风方向按司机喜好任意调节。

通风单元内置电加热器，可在冬季为司机室提供采暖。紧急通风时，司机室通风单元能够利用客室风道的正压，将不小于 60 $m^3/h$ 的新风送入司机室内。

2. 结构特点

通风系统送风时车外新风进入空调机组，与从车内吸入的回风混合过滤，经冷却（或加热）后，通过风道和沿着车体长度方向布置的送风格栅均匀地送到客室各处；回风时从安装在空调机组下方的送风格栅进入客室天花板上方，经过车体回风道进入空调机组，经处理后供循环使用；排风时与新风量等量的车内空气通过拐角顶板缝隙进入车顶客室内顶板上方空间，再通过车顶的废排装置排出车外。

（1）空调机组的送风口在机组单侧底部，长度方向中心对称各 1 个，通过密封垫与车体送风法兰预压缩实现防风、防水密封，空调机组的回风口在机组底部两个送风口中间，通过密封垫与车体回风法兰预压缩实现防风、防水密封。

（2）车体送风道分为 4 段布置，减短了送风机的送风距离，能够降低送风机的送风全压，降低风机噪声。主风道采用均匀静压送风风道，能够提高出风的均匀性。

（3）为了保证车厢内送风的均匀性，在空调机组下方设置扁风道，尽可能增大车内送风区域，提高车内舒适性，如图 6-15 所示。

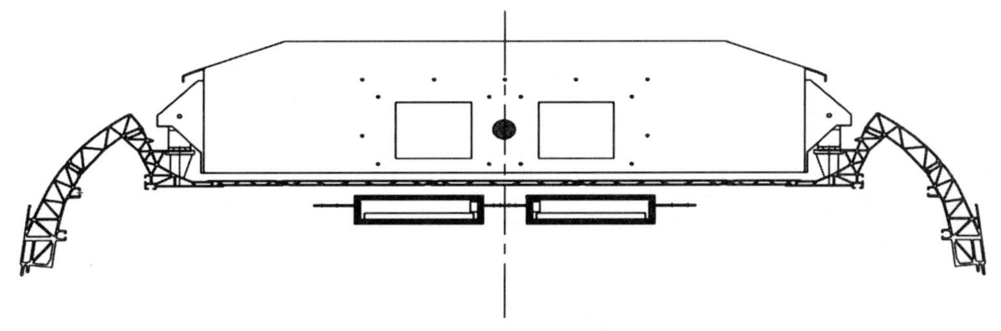

图 6-15　空调机组下方扁风道

（4）废风排放安装在车辆顶部，采用被动式排风结构，能够根据车内压力波动自动调节开启角度，平衡车内压力，如图 6-16 所示。

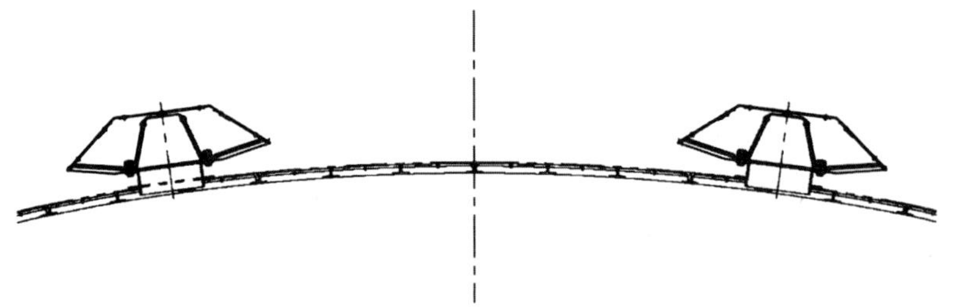

图 6-16　废风排放系统下方扁风道

## 思考与练习

1. 轴流式风机如何工作？相对于离心式风机有何特点？
2. 简述离心式风机的工作原理。
3. 电加热器何时需要更换？
4. 热泵在制热时是如何工作的？
5. 绘制广州地铁 4 号线车辆通风系统空气、冷凝水的流向图，并简述其特点。

# 项目七　城轨车辆空调控制系统

## 项目概述

目前，国内城轨空调机组相关装置的结构、组成是比较成熟、稳定的。当然，若是要达到比较理想的工况效果，除了空调装置本身之外，控制系统起着重要的作用。国内早期轨道车辆采用继电器-接触器控制方式，因功能较少及不利于集中控制等原因已退出城轨市场。随着计算机等技术的发展，空调机组和车辆其他部件一样由列车通信网络控制系统来统一控制。

空调控制系统的功能是控制各系统的电气设备，按给定的方案协调地工作，使车内空气参数满足设计的要求，同时对各系统进行自动保护和故障显示。根据各地使用环境和要求的不同，空调运行模式也有所不同。

本项目主要介绍了城轨车辆通信网络、空调自动控制系统和控制电路等的主要原理和组成。目前，国内城轨车辆主要有 4 种总线布置：MVB 总线、LonWorks 总线、CAN 总线和 ARCNET 网络，文中结合广州、深圳两地地铁介绍了其中两种形式的布置。在空调机组的自动化控制中，介绍了主要部件、功能和运行模式。针对控制电路，以深圳地铁 1 号线、5 号线车辆空调为例，详细讲解了控制系统的具体功能实现。

## 任务一　城轨车辆通信网络控制简介

**【学习目标】**

- 理解城市轨道交通车辆通信网络的作用。
- 熟悉现场总线技术。
- 理解列车通信网络控制特性。
- 掌握城轨车辆常见总线类型。

7.1　列车通信控制系统概述-1

**【教学环境】**

可利用多媒体设备进行直观的理论教学，利用图片和录制的视频进行初步认知教学，也可以到现场参观城轨交通车辆空调系统的组成。

【教学设施】

教学用的 PPT、视频以及相关教学引导资料。

【理论模块】

## 一、列车通信控制系统概述

列车通信控制系统是将列车的各个子系统及相关外部控制电路的信息进行读取、编码、通信传递、数据逻辑运算及输出控制的一个计算机网络系统。该系统就好比人类的神经系统，能通过手和眼睛对自身所处的状态、外部环境进行感知和控制，并对不同情况做出一定反应。而在列车上，该系统则是对列车的供电状况、速度、车运行模式等状态信息进行实时监控和识别，并根据读取到的列车驾驶人员发出的指令信息，对列车上各个子系统发出相关控制指令，进而使各子系统产生相应的调整控制，以符合设定的功能要求，实现对列车的有效控制。

## 二、现场总线技术

现场总线是指应用在生产现场、连接智能现场设备和自动化测量控制系统的数字式、双向传输、多分支结构的通信网络，具备以下特点。

（1）全数字通信。拥有极强的抗干扰能力，信号精度高。可以实现信号的检错、纠错。可进行多参数传输，消除了模拟信号的传输瓶颈。

（2）分散控制。现场设备具备一定的智能化与功能自治性，可以将传感测量、补偿计算、工程量处理与控制等功能分散到现场设备中完成，仅靠现场设备即可完成自动控制的基本功能，并可随时诊断设备的运行状态。

（3）对环境高度适应。专为现场环境设计，可支持多种双绞线、同轴电缆、光缆、射频、红外线、电力线等多种传输介质。

（4）安装简单。布线简单，安装技术门槛低，安装周期短，维护工作简单，同时具备很强的系统扩展性。

（5）经济可靠。信息与信号同时传播，传播介质造价低廉。从根本上解决了防爆问题，安全性高，对电磁、气候、机械环境适应能力强。

## 三、列车控制网络

随着微电子技术的不断进步和分布式现场总线技术的迅猛发展，越来越多的城轨列车选择了使用列车通信网络，实现对车载设备的集散式监视、控制和管理，并逐步实现了列车控制的信息化、网络化和智能化。

列车控制网络的主要特点是:

（1）集散性。由于列车设备布置的限制，列车控制系统必须连接到列车各部位的设备上对其进行监视、控制和管理。总线网络在设备布置上有优势。

（2）实时性。由于列车是运动型的高安全服务设备，因此首要的任务是控制的实时性，特别是高速列车，由于速度很高，环境变化十分快，其产生的通信信息不仅信息内容量大，而且对控制命令传输的实时性要求更加严格。

（3）高速通信。由于列车中的设备日益增多，功能日益强大，需要通信的数据量越来越多，高速的网络通信不但是为了满足通信数据量的要求，而且是为了保证网络的实时性。除了实时数据外，非实时的数据信息也通过同一网络传输。

（4）冗余性。由于列车控制网络进行了所有设备的监视、控制和管理，如果网络设备出现问题，将严重影响列车运行，因此需要考虑冗余性，以保证安全。随着微电子技术的不断进步和分布式现场总线技术的迅猛发展，越来越多的城轨列车选择了使用列车通信网络，实现对车载设备的集散式监视、控制和管理，并逐步实现了列车控制的信息化、网络化和智能化。

## 四、列车总线类型简介

列车总线主要包括以下几种常见类型。

1. MVB 总线

列车通信网（Train Communication Network，TCN）是目前运营较为广泛的一种列车控制总线网络，它包括两种总线类型：绞线式列车总线（WTB）和多功能车辆总线（MVB）。

多功能车辆总线 MVB 是用于在列车上设备之间传送和交换数据的标准通信介质。附加在总线上的设备可能在功能、大小、性能上互不相同，但是它们都和 MVB 总线相连，通过 MVB 总线来交换信息，形成一个完整的通信网络。

2. LonWorks 总线技术

LonWorks 是一种有强劲实力的现场总线技术，由美国 Echelon 公司推出，并与摩托罗拉、东芝公司共同倡导。它采用了 ISO/OSI 模型的全部 7 层通信协议，采用了面向对象的设计方法，通过网络变量把网络通信设计简化为参数设置，其通信速率从 300 bps ~ 1.5 Mbps 不等，直接通信距离可达 2 700 m（78 Kbps，双绞线）；支持双绞线、同轴电缆、光纤、射频、红外线、电力线等多种通信介质。并开发了相应的本质安全防爆产品，被誉为通用控制网络。LonWorks 技术所采用的 LonTalk 协议被封装在称之为 Neuron 的神经元芯片中而得以实现。

3. CAN 总线

控制器局部网（Controller Area Network，CAN）是 BOSCH 公司推出的一种多主机局部网，性能较为完备，已被广泛应用于交通工具、工业自动化、多种控制设备、医疗仪器等众多部门。它是一种有效支持分布式控制或实时控制的串行通信网络，属于工业现场总线的范畴。随着计算机硬件、软件技术及集成电路技术的迅速发展，工业控制系统已成为计算机技术应用领域中最具活力的一个分支，并取得了巨大进步。由于对系统可靠性和灵活性的高要求，控制系统的发展主要表现为：控制面向多元化，系统面向分散化，即负载分散、功能分散、危险分散和地域分散。

CAN 总线是一种多主总线，通信介质可以是双绞线、同轴电缆或光导纤维。通信速率可达 1 Mbps。CAN 总线通信接口中集成了 CAN 协议的物理层和数据链路层功能，可完成对通信数据的成帧处理，包括位填充、数据块编码、循环冗余检验、优先级判别等项工作。

CAN 总线与一般的通信总线相比，其数据通信具有突出的可靠性、实时性和灵活性。

由于其良好的性能及独特的设计，CAN 总线越来越受到人们的重视。较之目前许多 RS-485 基于 R 线构建的分布式控制系统而言，基于 CAN 总线的分布式控制系统具有明显的优越性。

4. ARCNET 网络

最初用于办公自动化的 ARCNET 总线是一种优化的令牌总线，它集网络、控制于一体，提供了 ISO/OSI 模型的物理层和数据链路层的全部服务。ARCNET 使用令牌传输协议来满足现场总线对时间的要求，具有信息流量大、传输速率快、支持长距离传输、节点进退网络操作比较简单，实时性、可扩展性好等优点。此外，由于 ARCNET 使用长度可变的数据，响应时间短，能够满足短消息的应用要求。且内置的 16 位 CRC 校验安全码，满足现场总线要求的安全可靠的需要。ARCNET 总线每个节点发送消息的机会均等，避免了 CSMA 或 CSMA/CD 方式的访问冲突问题，在网络比较繁忙时，效率仍能保持很高，数据的传送相当可靠。正是上述这些优点使 ARCNET 网络成为一种理想的工业现场总线，并在日本的新干线 E2-1000 系列高速列车上成功地应用。

## 五、典型 ARCNET 列车控制网络介绍

7.1 列车通信控制系统概述-2

1. 广州地铁 4 号线列车监控系统

广州地铁 4 号线列车监控系统应用的是 ARCNET 列车总线。它采用的是以中央控制单元（CCU），本地控制单元（LU）为核心的列车通信网络架构，是基于现场总线技术的分布式控制系统。

TMS 系统负责列车的控制、监控和诊断，是一个完整的集成控制系统，为列车的各子系统和模块提供多种实时控制信号。

列车管理系统（TMS）集中提供了控制和监视车载系统和设备的功能。列车的操作、车载系统的故障诊断、故障数据记录、事件分析和报告等功能都集成在一个分布式智能系统中。TMS 对列车的控制、监控和诊断都是基于与各子系统的通信的，与 TMS 进行通信的包括以下子系统。

（1）牵引系统。

（2）制动系统。

（3）辅助供电系统。

（4）空调系统。

（5）车门系统。

（6）列车广播系统及乘客信息系统（PIDS）。

（7）列车自动控制系统（ATC）。

（8）列车无线通信系统。

2. TMS 功能描述

TMS 主要实现对列车的以下控制功能：① 牵引控制；② 制动控制；③ 速度与行驶距离控制；④ 空气压缩机与空调的启动控制。

下面简单介绍空压机与空调的启动顺序控制功能。

为了避免所有空压机同时启动时所造成的冲击电流，TMS 对空压机和空调的启动进行顺序控制。

TMS 通过车辆总线发送启动码给空调系统，从而对空调的启动进行控制。TMS 每隔 10 s 改变一次启动码。在制动空压机没有启动时，每个空调系统每隔 40 s 收到一次启动码。

只有当空调控制单元（ACU）收到持续时间为 2 s 的触发信号时，才启动对空调系统的控制。而当已经启动的空调控制单元收到该触发信号时，它将忽略此信号。

同时，当 TMS 检测到空压机接触器正在启动时，会将 10 s 的时间间隔调整为 13 s，以避免空调压缩机与制动空压机的同时启动。

下面两张图（见图 7-1、图 7-2）分别表示了制动空压机未启动和启动时，空压机与空调的启动时序。

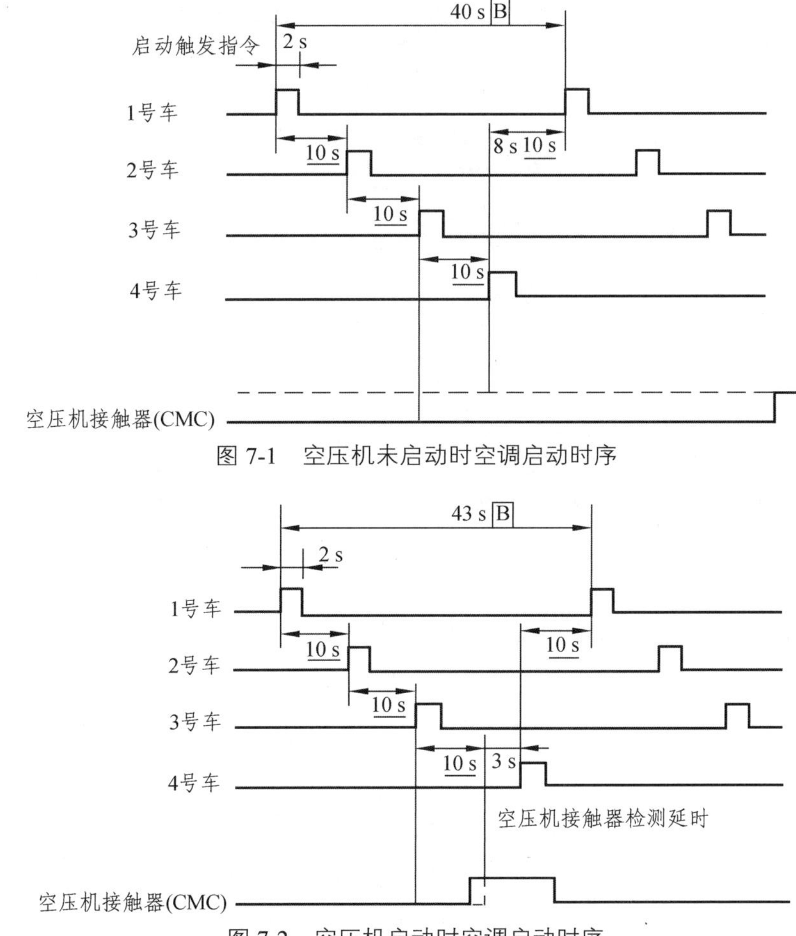


图 7-1　空压机未启动时空调启动时序



图 7-2　空压机启动时空调启动时序

TMS 通过 A 车的硬线连接监控空压机接触器的状态，CCU 和 LU 通过车辆总线向 ACU 发送启动码。

## 六、典型 MVB 通信控制系统简介

深圳地铁一期工程列车采用由两个完全一样的单元车组对称编组而成，每个单元编组

又由 1 节拖车、2 节动车构成。对应于列车编组结构，其列车通信控制（TCC）系统也采用同样的结构方式：每个拖车（A 车）设置一个列车控制单元（VTCU），两个单元的 VTCU 采用列车级数据总线（WTB）进行通信。在单元车组内部，则采用列车多功能总线（MVB）连接进行通信，该总线又分为两级，第一级为贯通单元车组的 MVB，即 TRAFOMVB 总线，并直接与 VTCU 进行通信；第二级则为直接与单节车内各功能模块通信的 MVB，即 OPTOMVB 总线，连接的设备如各类输入输出单元（I/O）、制动控制单元（EBCU）、牵引控制单元（DCU）等子系统控制单元；而这两级 MVB 又通过总线耦合器进行信号的转换与传递。其结构示意图如图 7-3 所示。

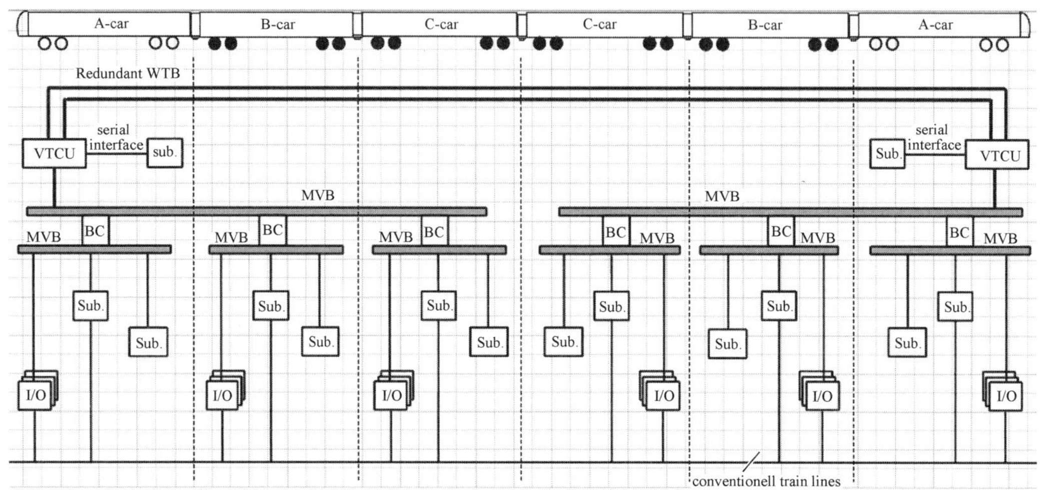


图 7-3　TCC 系统结构示意图

而对于每单元车组，其 TCC 通信网络结构按 A、B、C 3 节车分别有 3 种连接结构，其详细连接结构略去。

单元车组中 TCC 系统中主要部件及其连接方式，如 VTCU、BCT、COMC、AX、DX 以及各功能子系统控制单元等在网络中所处列车中位置，其中 ATO/ATP 设备与 GW 板相连，列车显示屏 TMS-MMI 与 VCUT 板相连，VCUA 板与 A 车 BCT 相连。3 节车 BCT 通过 TRAFOMVB 相连，并通过 OPTOMVB 与每节车的各控制模块相连，共同构成列车 TCC 通信网络。

具体可按如下 3 部分详述：

（1）对应于 A 车，TRAFOMVB 连接了 ATO/ATP、VTCU、BCT 构成了单元车组级第一层次的通信网络；而通过 OPTOMVB 总线，由 BCT 的 X05 插连接了 EBCU、空调控制单元，由 BCT 的 X06 插连接了 COMC、AX 和 9 个 DX 模块，并共同构成了第二层次的车辆级通信网络。

（2）对应于 B 车，TRAFOMVB 连接了 BCT 模块，将通信信号从 A 车传递到 B 车，进而构成单元车组级第一层次的通信网络；而通过 OPTOMVB 总线，由 BCT 的 X05 插连接了 EBCU、MCM、DXB、空调控制单元，由 BCT 的 X06 插连接了 7 个 DX 模块，并共同构成了第二层次的车辆级通信网络。

（3）对应于 C 车，TRAFOMVB 连接了 BCT 模块，将通信信号从 B 车传递到 C 车，进而构成单元车组级第一层次的通信网络；而通过 OPTOMVB 总线，由 BCT 的 X05 插连接了 EBCU、MCM、ACM、空调控制单元，由 BCT 的 X06 插连接了 1 个 AX、7 个 DX 模块，并共同构成了第二层次的车辆级通信网络。

# 任务二　空调自动控制系统

【学习目标】

- 熟知城轨交通车辆空调自动控制系统的基本概念。
- 熟知城轨交通车辆空调自动控制系统的主要控制元件。
- 掌握城轨交通车辆空调控制电路的主要功能。
- 了解城轨车辆空调机组的常见工作模式。

7.2　空调自动控制系统

【教学环境】

可利用多媒体设备进行直观的理论教学，利用图片和录制的视频进行初步认知教学，也可以到现场参观城轨交通车辆空调系统的组成。

【教学设施】

教学用的 PPT、视频以及相关教学引导资料。

【理论模块】

空调系统在运转过程中，各种参数均在不断地发生变化，为了使空调系统协调地工作，达到科学合理调节车内空气温度、湿度的目的，必须由一套专用空调控制系统来协调控制才能完成。在自动模式下，每节车的控制板根据环境气候条件来决定机组的工作方式，并自动调节机组的制冷量，按温度曲线计算结果保证客室内温度水平，使空调系统运行在最合理的状态，满足客室的舒适性需求。

下面介绍空调自动控制系统的主要组成。

## 一、主要控制元件

### （一）制冷系统保护元件

#### 1. 高低压力开关

功能：控制压缩机吸、排压力，当吸气压力过低或排气压力过高时切断压缩机的电源，保护压缩机及整个制冷系统。

控制方式：通过高、低压压力开关分别监测压缩机排气口和吸气口的制冷剂压力，当压缩机排气压力超过或吸气压力低于它们各自的设置值，压力开关将会使电路断开，使压缩机停止运转。

#### 2. 电磁阀

一种开关式的常闭自动阀门，在自动化系统中被用作执行机构，它可以接受各种感应机构以及手动开关给出的信号而打开或关闭。阀门打开是依靠线圈在通电后产生的电磁力，阀门的关闭是依靠复位弹簧及阀芯的重量。它串接在制冷系统的管路中，以控制系统管路中流体的流量及流向。

3. 排气温度保护器

排气温度保护器固定在压缩机的排气管处，用于防止压缩机排气温度过高而影响制冷系统的正常运行。

## （二）通风系统检测、执行元件

1. 回风风门控制器

功能：调节风门开度，控制回风风量。在紧急通风情况下，关闭回风口，确保 100%的新风量送入客室。

2. 新风风门控制器

功能：调节新风风门开度，调节供给乘客车厢的新风量。广州地铁 4 号线车辆空调控制系统将根据空调模式和载客量，发出一个信号给风门，风门控制器将把新风风门调整到某个角度，使输入的新风量随之变化；在应急模式下新风盖板处于全开状态。郑州地铁 1 号线电动新风风门如图 7-4 所示。

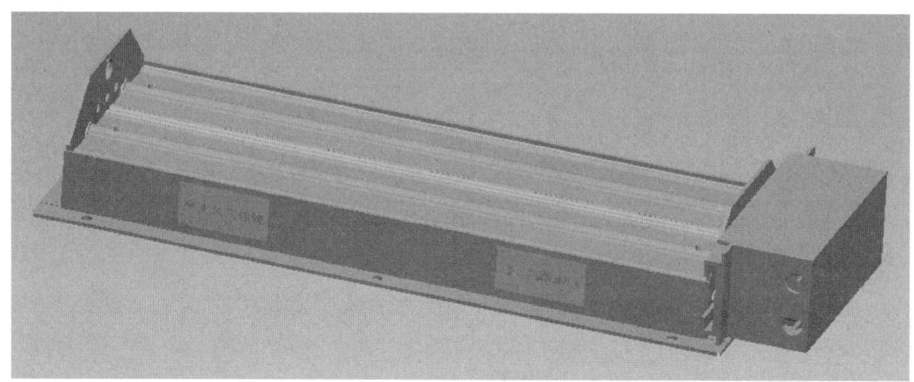

图 7-4　电动新风风门

3. 温度传感器

功能：检测新风、回风和供风的温度，监控乘客车厢内的制冷需求。空调控制器将根据温度信号选择适当的运行模式。

## （三）其他电气控制元件

1. 自动空气开关

自动空气开关相当于闸刀开关、熔断器、热继电器和欠压继电器的组合。它除了有接通和断开电路的作用之外，而且当电路发生过载、短路及欠过压故障时，能自动切断故障电路，有效地保护电气设备。在空调系统电气线路中，应用于主电路、控制电路的保护。

2. 接触器

接触器是用来接通或断开主电路的一种控制电器。在空调系统电气线路中，常用来接通或断开电动机的电源，使电动机启动或停机。

3. 过流继电器

功能：当电动机的运转电流超过一定值后，切断电动机的主电路，使其停机。

4. 空调控制器

各车厢空调机组的控制和调节功能均由安装在空调控制器内的软件协同的电气元件来执行。空调控制器（见图 7-5）是一个数字控制器，用来处理和评价所有的控制调节数据（信号），如开关状态、温度等。在每节车厢都配有一个控制器，是空调系统的主要运算、控制和调节单元，安装在客室的电气柜内。

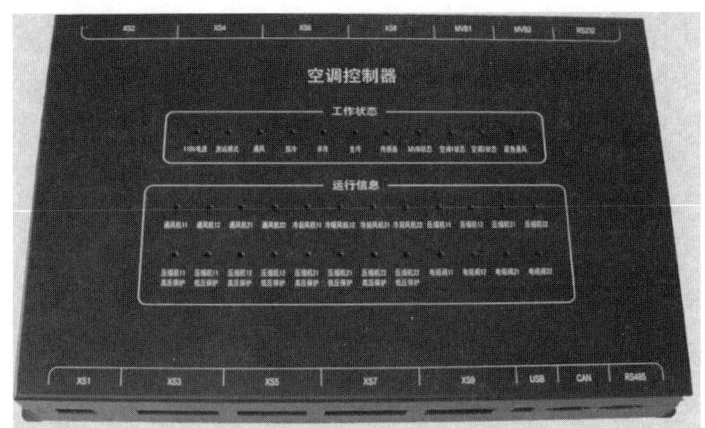


图 7-5　空调控制器

## 二、车辆空调系统控制电路的主要功能

（1）短路保护。设置自动空气开关，防止电气设备及元器件的短路故障使电路受到损坏。

（2）电动机过载保护。在电机接触器的线圈电路中，串联该电机过流继电器的常闭触点，防止电机运转时过电流对设备及电路的损坏。

（3）顺序联锁保护。为保证不因通风机、冷凝风机的故障影响制冷流程顺利进行，在控制电路中设置顺序联锁保护，对空调机组内的主要的三大电机的启动顺序进行设定，确保其启动先后顺序为：通风机、冷凝风机、压缩机，前级不启动，后级禁止启动。采取将前一级电机的接触器的常开触点串入后一级电机的接触器线圈电路内，来实现顺序联锁保护。

（4）压缩机轮换工作。为避免各压缩机的运转时间不均衡，通过控制板进行设置或在电路中设置转换继电器及计时器，保证该功能的实现。

（5）各压缩机顺序启动。由于电动机启动电流较大，需要避免压缩机同时启动对供电电网的冲击，通过控制板进行设置或在电路中设置时间继电器，使压缩机逐台顺序启动。

（6）压缩机停机重启延时。当压缩机停机后，需间隔一段时间才被允许重新启动，防止系统高低压尚未平衡而对压缩机造成的损伤，一般设置为 3 min。

（7）压缩机反相保护。螺杆式和涡旋式压缩机属于回转式压缩机，当其电动机反向运转时，不但不能对制冷剂进行压缩，而且还可能导致电机发热烧损。通过加设反相保护器给以保护。

（8）系统压力保护。当吸气压力过低或排气压力过高时切断压缩机的电源，保护压缩机及整个制冷系统。该功能由高、低压力开关实现。

（9）过压、欠压保护。为防止三相电源电压过高或过低，影响空调系统的正常运行甚至导致部件损坏，对空调系统的三相电源进行监控，当电源电压超过或低于一定数值后，将进行欠过压保护，空调机组停止工作；当电源电压恢复到复位值时，空调机组自动重新启动。

## 三、空调机组的常见工作模式

### 1. 手动、自动模式

该功能主要是针对车内的目标温度的设定值而言。一种设定方法是依据 UIC553 曲线，使客室内目标温度的设定值依据车外环境温度而自动变化，保证车内外一个合适的温度差；另一种是利用在空调的控制柜内一个调节旋钮来手动设定客室内的目标温度，这个设定值不与车外环境温度相关联。

### 2. 通　风

在任何工况下，空调机组的通风机都保持运行。在没有制冷需求的情况下，空调机组仅开启通风机，保证客室一定的气流速度及新风补给、废气排放。

### 3. 预　冷

空调机组初次开机时，如需制冷，则执行预冷模式。预冷模式下，新风阀关闭，空调机组满负荷制冷，使客室内部迅速降温。当达到结束预冷的温度值或预冷设定时间 15 min 到仍不能降到设定温度时，结束预冷，新风阀开启，自动切换到新、回风混合状态。

### 4. 制　冷

当客室有制冷需求时，空调控制系统将通过控制空调机组压缩机的启停及能量调节机构的动作，实现 100%、85%、70%、50%共 4 挡的制冷能力调节，由空调控制系统根据客室温度自动判断系统需要处于哪一挡制冷状态。

### 5. 紧急通风

当扩展供电信号有效的情况下，主电源消失；或没有扩展供电信号的情况下，主电源消失时间超过 10 s 时紧急通风将会启动。

满足紧急通风条件后，空调控制板将发送紧急通风信号，机组回风阀关闭、新风阀全开，并且废排风机高速运转。

当交流电源恢复正常，如果接收到列车控制系统发来的扩展供电信号，则转入半载模式，同时打开回风阀；若 5 s 内没有接收到扩展供电信号，则转入正常工作状态，同时打开回风阀。

### 6. 扩展供电运行模式

当一台辅助交流电源故障时，由另一台辅助交流电源为整车的空调机组供电。此时由列车控制系统发给空调控制板扩展供电信号，空调机组执行扩展供电模式，即每车两台空调机组各以半载模式工作。一旦列车控制系统撤销扩展供电信号，则机组自动恢复正常状态。空调控制板顺序启动本车剩余的应该启动的压缩机，而原来正在运行的压缩机不停机。

# 任务三　地铁空调典型控制系统

【学习目标】

7.3　地铁空调典型控制系统-1

- 熟知城轨交通车辆空调典型控制系统模型。
- 掌握城轨交通车辆空调控制模式。
- 了解深圳地铁 1 号线、5 号线地铁车辆空调基本知识。

【教学环境】

可利用多媒体设备进行直观的理论教学，利用图片和录制的视频进行初步认知教学，也可以到现场参观城轨交通车辆空调系统的组成。

【教学设施】

教学用的 PPT、视频以及相关教学引导资料。

【理论模块】

随着计算机等技术的发展，地铁车辆空调控制系统已由以往的完全由继电器、接触器为主的电路转为计算机控制为主。

通常来讲，常见的城轨车辆每个车厢配置一个空调控制柜，负责控制一节车厢内的两台空调机组。空调控制系统包括安装于控制柜内的 ACU、断路器、接触器、过载保护元件等；通过 ACU 接收选择开关的固定工作模式或接收到 MVB 给予的工况，结合传感器的温度检测，控制各电气部件的动作从而自动实现状态切换功能，给乘客提供一个舒适的环境。每个空调机组在送风口和新风口处设置 NTC 型温度传感器检测送风温度和新风温度，在室内温度传感器上检测取值作为客室温度。将客室温度与 ACU 内部设定的温度比较后，自动进行通风、预冷、半冷、全冷、预热、制热等工作状态切换。

下面以深圳地铁 1 号线、5 号线地铁车辆空调为例进行介绍。

## 一、深圳地铁 1 号线车辆空调控制模式

深圳地铁 1 号线一期车辆每节车装有两台相同的顶置单元式空调机组，用于客室和司机室的空气调节。运用一台 FPC24 控制器实现对每节车的两台空调机组的控制。带司机室的 A 车还配有独立的司机室通风单元，可通过手动旋钮开关对风量进行多级调节。

每节车的空调控制柜装有空调控制器和温度控制板用于控制本节车两台空调机组的空气调节。

空调控制系统采用 KPC 控制器作为核心控制单元，一台控制盘控制两台空调机组，外围采用接触器、断路器、继电器等控制元件，集成安装在客室内空调电气柜的控制板上，共同完成空调系统的控制、保护和故障诊断功能，空调控制盘合开状态如图 7-6 所示。控制器采集各传感器以及各元件的保护信息，进行数据的运算、处理，并与车辆控制系统通过 MVB 网络进行通信。空调控制系统通过控制空调机组，将车内保持在舒适的环境下。同时，控制系统将对空调机组进行诊断，将空调系统各元件的状态信息以及故障信息发送给车辆控制器，并可在司机室显示屏显示。

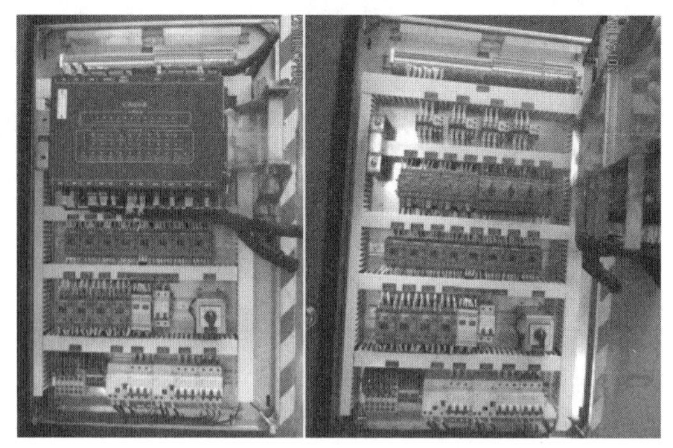

图 7-6　空调控制盘合开状态

控制盘是客室空调系统的控制中心，每个控制盘控制一节车厢内的两台空调机组。按照设定程序准确控制着空调系统的正常工作，完成通风、制冷、停机等各项操作。

每个空调机组在送风口和新风口处设置 NTC 型温度传感器，检测送风温度和新风温度，在车上布设 NTC 型温度传感器检测回风温度，空调控制系统采集温度信号，并取两回风温度平均值作为客室温度，取两新风温度平均值作为室外温度。

（一）控制盘操作

闭合主回路空气开关 1Q ~ 3Q 以及控制回路空气开关 4Q，功能选择开关置于“自动”位，空调系统即自动进入工作状态。由传感器检测到车内温度，与 KPC 内部设定的温度比较后，自动进行通风、制冷等各工况。

（二）软件流程（见图 7-7）

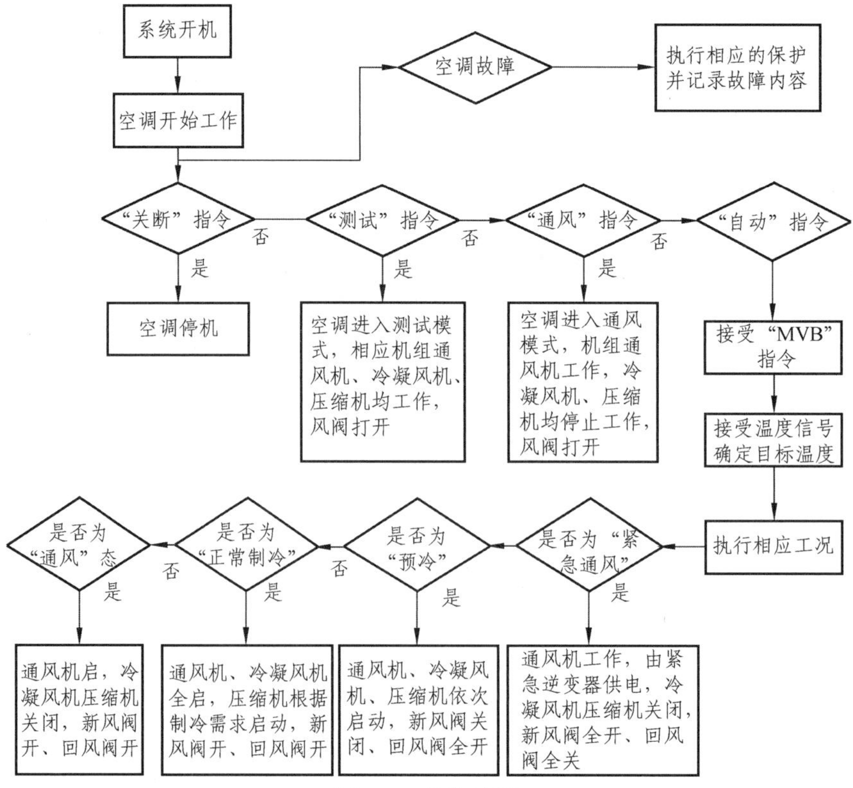


图 7-7　软件流程

空调系统的运行模式包括关机模式、通风模式、预制冷模式、制冷模式、弱冷模式和紧急通风模式。

每台空调机组由设在温度控制板上的旋钮式温度选择开关来选择以下控制模式：关闭、自动、试验、手动模式“19 ℃，21 ℃，23 ℃，25 ℃，27 ℃”。

1. 关　闭

两台空调机组都停机，输出信号的故障灯亮，表示空调无故障。

2. 试　验

在此运行模式下，机组可以在缺少低压、温度等保护的情况下进行部件功能测试，因此在正常情况下不使用该模式。

3. 自动模式

在正常运行时，空调温度选择开关设置满足下列条件时，系统处于“自动模式”。

（1）当模式选择开关处于自动、19 ℃、21 ℃、23 ℃、25 ℃、27 ℃ 中任一挡位。

（2）控制器接收到来自 VCU 的运行信号。

自动模式下，空调机组完全由控制器控制。空调系统将根据规定的目标温度、车厢内温度、结合新风温度及送风温度保护，通过 PI 调节计算出制冷需求。根据冷量计算空调系统将按以下模式运行：没有制冷需求，通风模式；0<制冷需求<50%，半冷模式；50%<制冷需求，全制冷模式。

当模式选择开关处于“自动”挡：空调控制器将根据室外温度按 UIC 曲线计算目标温度。根据 UIC553，当环境温度高于 19 ℃ 时，客室目标温度将按以下公式计算：

$$T_{ic} = 22\ ℃ + 0.5(T_e - 19\ ℃) \tag{7-1}$$

当环境温度低于 19 ℃ 时，空调系统将保持通风。

在实际控制过程中，室内温度与目标温度将保持在 ± 1 ℃ 的偏差范围内，即：

当 $T_e > 19\ ℃$ ，$T_i = 22\ ℃ + 0.25(T_e - 19\ ℃) \pm 1\ ℃$ 。

当 $T_e \leqslant 19\ ℃$ ，空调系统将保持通风。

其中，$T_e$ 为外界环境温度；$T_i$ 为室内温度；$T_{ic}$ 为室内目标温度。

为使空调机组在“自动模式”时适应不同的制冷要求及特点，空调机组可按以下子模式进行运行：

（1）预冷子模式。在“自动模式”中，制冷系统首次运行时，系统处于“预冷子模式”。启动预冷后，空调新风门关闭，回风门打开，以使客室内温度迅速降低。当系统接收到“退出预冷”信号，或“预冷子模式”运行时间超过 30 min，则“预冷子模式”结束。

（2）降级运行子模式。在“自动模式”中，当系统接收到“降级运行”信号，系统处于“降级运行子模式”。在此模式下，空调机组的通风机、冷凝风机运行状态不变，但当有制冷需求时，每台机组最多只允许一台压缩机运行。

（3）高温保护子模式。在“自动模式”中，当室外温度高于 42 ℃ 时，若有制冷需求，空调机组的通风机、冷凝风机、压缩机运行状态不变，但为了保护压缩机，系统切除一半蒸发器，降低压缩机的运行负荷。当室外温度高于 50 ℃ 时，压缩机停机，此时系统处于“高温保护子模式”。

4. 强制通风模式

满足下列条件时，系统处于“强制通风模式”。

（1）当模式选择开关处于自动、19 °C、21 °C、23 °C、25 °C、27 °C 中任一挡位。

（2）控制器接受到来自 VCU 的“强制通风”信号。

“强制通风模式”下，只有通风机工作，其他设备停止运行。

5. 紧急通风模式

满足下列任意条件之一时，系统将处于“紧急通风模式”。

（1）MVB 故障时。

（2）MVB 正常，且收到“紧急通风”命令。

7.3　地铁空调典型控制系统-2

## 二、深圳地铁 5 号线车辆空调控制系统

### （一）空调控制系统简介

深圳地铁 5 号线车辆空调系统由空调机组及其控制系统组成，用于确保列车保持一个舒适的温度和湿度状态。由于深圳在地理位置上处于热带气候地区，根据建设部相关标准的要求，冬季采暖天数为零，因此车辆没有设置采暖系统。

控制系统设计是空调系统设计的一个重要部分，其功能主要是通过软件控制空调机组的运行和停止，并与网络连通传递各类信息。

深圳地铁 5 号线车辆的列车网络采用西门子 SIBAS32 系统，能高速、大容量地传输信息，具有强大的诊断、控制功能。空调控制系统通过 MVB 网卡与列车总线网络连接，实现与列车控制单元 VCU 的网络通信。司机室发出的命令信号以及 VCU 发布的控制指令通过列车 MVB 网络发送给空调控制系统；同时，空调控制系统也能通过列车网络将状态信息或故障信息反馈至 VCU 并在司机室显示器 MMI 上显示。

### （二）空调控制系统设计要点

深圳地铁 5 号线车辆充分利用西门子网络的可靠性，空调开关命令通过网络传输。

司机台上 3 个按钮：“开整列车空调”“开 A 车空调”均是带白色指示灯的按钮，“关空调”是带红色指示灯的按钮。按钮按下后，SKS 采集到开/关空调的脉冲信号，并发送相应的电平信号，驱动指示灯点亮。这样，空调的开关命令、换端时空调状态保持功能和灯的驱动全部通过软件实现，不要任何列车线，大大简化了空调的控制电路和布线工作。

### （三）工作模式

在每个控制盘上设有功能选择开关 SA，SA 设有自动、测试 1、测试 2、关断、通风 5 个挡位，调节空调机组工作在不同的工作模式，具体如下：

测试 1/测试 2：当功能选择开关处于此挡位时，系统处于测试模式，控制系统单独强制 1 号机组/2 号机组 100%制冷运行，压缩机启动过程同自动模式下的 100%制冷，运行时间为 15 min，用以对两台机组主要部件进行测试，空调在测试模式下压缩机启动不受允许启动信号限制。

关断：当功能选择开关处于“关断”时，空调机组停止工作。

通风：当功能选择开关处于“通风”时，空调机组强制工作在通风模式。

自动：当功能选择开关处于“自动”挡位时，控制器通过 MVB 接收来自 TMS 的运行信号，此时，空调工作模式受 MVB 网络控制，根据 TMS 发送的不同指令，工作在相应模式。

空调自动模式下制冷温度曲线如图 7-8 所示。

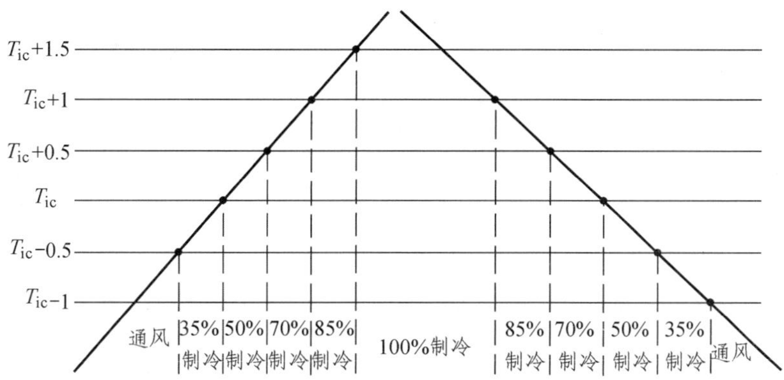


图 7-8 空调自动模式下制冷温度曲线

空调机组在各工况下，各电机的运行情况如下：

通风：仅两台离心风机运转。

35%制冷：两台离心风机运转，两台轴流风机运转，每台空调机组的一台压缩机卸载运转，相应液管、旁通电磁阀均得电。

50%制冷：两台离心风机运转，两台轴流风机运转，每台空调机组的一台压缩机全载运转；相应液管电磁阀得电，旁通电磁阀失电。

70%制冷：两台离心风机运转，两台轴流风机运转，每台空调机组的两台压缩机卸载运转；相应液管、旁通电磁阀均得电。

85%制冷：两台离心风机运转，两台轴流风机运转，每台空调机组的一台压缩机全载运转，相应液管电磁阀得电，旁通电磁阀失电，另一台压缩机卸载运转，相应液管、旁通电磁阀均得电。

100%制冷：两台离心风机运转，两台轴流风机运转，每台空调机组的两台压缩机全载运转；相应液管电磁阀得电，旁通电磁阀失电。

## （四）温度设定

当模式选择开关在“自动”挡，且 TCMS 设定为“自动”时，制冷目标温度的设定遵循 UIC553 标准。目标温度根据车外温度的变化而自动调整，客室制冷目标温度与车外温度关系如下。

当 $T_e < 19\ ^\circ\mathrm{C}$ 时：$T_{ic} = 23\ ^\circ\mathrm{C}$。

当 $35\ ^\circ\mathrm{C} > T_e \geqslant 19\ ^\circ\mathrm{C}$ 时：$T_{ic} = 23\ ^\circ\mathrm{C} + 0.25(T_e - 19\ ^\circ\mathrm{C})$。

当 $T_e \geqslant 35\ ^\circ\mathrm{C}$，$T_{ic} = 27\ ^\circ\mathrm{C}$。

其中，$T_e$ 为车外温度；$T_i$ 为室内温度；$T_{ic}$ 为室内目标温度计算值。

制冷目标温度根据上式计算的 $T_{ic}$ 再按下述要求进行取整。

当 $T_{ic} < 23.5\ ^\circ\mathrm{C}$，取 $T_{ic} = 23\ ^\circ\mathrm{C}$。

当 $23.5 \leqslant T_{ic} < 24.5\ ^\circ\mathrm{C}$，取 $T_{ic} = 24\ ^\circ\mathrm{C}$。

当 24.5≤ $T_{ic}$ < 25.5 °C，取 $T_{ic}$ = 25 °C 。

当 25.5≤ $T_{ic}$ < 26.5 °C，取 $T_{ic}$ = 26 °C 。

当 26.5≤ $T_{ic}$ ，取 $T_{ic}$ = 27 °C 。

另外，目标温度可根据 TCMS 的 – 2、 – 1、 + 1、 + 2 命令在上述 $T_{ic}$ 基础上进行调节，但自动模式下制冷目标温度最高设定为 27 °C。

当 TCMS 设定为手动设定目标温度时，制冷目标温度设定为固定值，包括 23 °C、24 °C、25 °C、26 °C、27 °C 设定 5 个挡位。

1. 紧急通风模式

（1）紧急通风启动。

当系统处于自动模式，且满足下列任意条件之一时，系统启动紧急通风模式。

MVB 网络正常，且收到“空调启动信号”时，空调控制系统检测到 AC 380 V 主电源故障。

MVB 故障，且空调控制系统检测到 AC 380 V 主电源故障。

紧急通风模式下回风门关闭，新风门完全打开，离心风机由紧急逆变器供电工作。其他设备停止运行。

（2）紧急通风结束。

当满足以下条件之一时，空调结束紧急通风模式。

空调控制系统检测到 AC 380 V 主电源正常。

收到停机命令。

空调在紧急通风模式，不满足紧急通风结束条件时，持续工作直至紧急通风逆变器亏电。

2. 风阀控制

风阀标称的全开时间为 35 s。为保证完全打开或关闭，设定全开或全关时间为 40 s。新风量的调节通过自动控制新风阀的开度实现。根据 TCMS 发送来的载客量信号，分为 3 挡调节。

（1）若接收到载客量信号为 AW1，风阀开度为 1/3 开。

（2）若接收到载客量信号为 AW2，风阀开度为 2/3 开。

（3）若接收到载客量信号为 AW3，风阀开度为全开。

各工况下新、回风阀状态如表 7-1 所示。

表 7-1　各工况下新、回风阀状态

| 模式 | 回风阀 | 新风阀 |
|---|---|---|
| 预冷 | 全开 | 全关 |
| 正常状态 | 全开 | 根据载客量调节风阀不同开度 |
| 紧急通风 | 全闭 | 全开 |
| 停机 | 全闭 | 全关 |
| 火灾模式 | 全开 | 全关 |

## （五）司机室控制

司机室操作台上设有主控钥匙开关。当司机使用主控钥匙激活列车后，空调系统得电。司机台上设有按钮开关，可供司机开启和关闭列车空调。

司机室 HMI 上包含空调监控界面，可以设置和监控整列车空调系统的工作状态，在主运行界面下可进入空调界面。空调界面分为状态显示部分与空调设置部分，空调设置部分可对列车空调模式及目标温度进行设置，空调界面如图 7-9 所示。

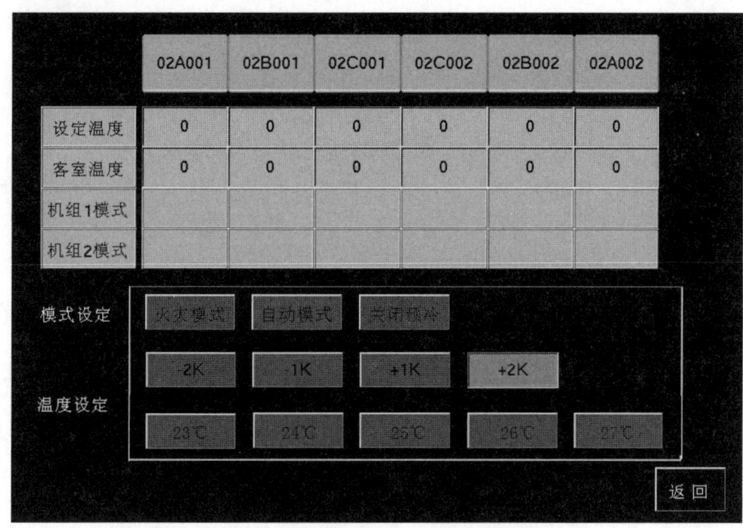


图 7-9　司机室 TCMS 空调控制界面

空调状态包括：室内温度、空调目标温度、各车空调模式。

## 思考与练习

1. 简单介绍空压机与空调的启动顺序控制功能。
2. 举例说明 MVB 通信控制系统。
3. 车辆空调系统电路具有哪些主要功能？
4. 空调机组的运行模式一般包括哪些？
5. 简述深圳地铁 5 号线车辆的空调控制开关如何实现功能。

# 项目八　城轨车辆空调检修

## 项目概述

运行着的空调与制冷装置故障检查方法很多，既可以借助检测仪表与工具进行监测和检查，又可以借助人体自身的感官进行观察、监听和感觉来判断，而用检测仪表检查和判断空调与制冷设备工作是否正常是重要的技术手段。本项目讲述了城轨车辆空调常用的检测仪表与检修工具，如万用表、兆欧表、钳形电流表、半导体温度计、干湿球温度计、风速仪等。

空调与制冷系统是由各种空调与制冷装置组成的封闭系统，空调与制冷装置的正确安装、调试及操作直接影响到空调与制冷系统是否能够安全、正常、长期地运转。制冷系统的气密性是检测和衡量制冷装置质量与安装的一个重要指标，因为系统的泄漏不仅造成制冷剂渗出或外界空气进入，影响制冷装置正常运行，而且还造成经济损失，污染环境。本项目从辅助设备等制冷系统的安装以及管路的安装与连接，压力检漏、真空检漏等制冷系统的检漏方法以及制冷剂的充注等方面进行详细介绍。

## 任务一　检修仪器与设备

【学习目标】

8.1　检修仪器与设备

- 熟知城轨交通车辆空调装置常用检修仪器与设备。
- 掌握城轨交通车辆空调装置常用检修仪器的使用。

【教学环境】

可利用多媒体设备进行直观的理论教学，利用图片和录制的视频进行初步认知教学，也可以到现场参观城轨交通车辆空调系统的组成。

【教学设施】

教学用的 PPT、视频以及相关教学引导资料。

【理论模块】

## 一、常用检测仪表

用检测仪表检查和判断空调与制冷设备工作是否正常是重要的技术手段。由于空调与制冷装置从结构上可分为电气控制和热工设备两部分，其中任何一部分出现故障，都会使整个装置不能正常工作，因此有必要掌握一些常用电工和热工仪表的使用方法。

检测仪表种类较多，在此仅介绍万用表、兆欧表、钳形电流表、半导体温度计、干湿球温度计、风速仪的使用。

### （一）万用表

万用表是最常用的电工测量仪表。在检修电工设备、电子仪器时是必不可少的。常用的万用表可分为指针式和数字式两类。一般万用表都可以用来测量电阻、交直流电压、电流，比较新型的还可以测量电容值和晶体管的放大倍数。

万用表的结构形式多种多样，表面上的旋钮、开关的布局各有差异。在使用前，必须仔细了解和熟悉各部件的作用，分清表盘上各条标度尺所对应测量的量。

在检修时，常用万用表的电阻挡测量电路的通断和线圈的直流电阻值，用交流电压挡测量电源的供电电压等。为了正确地使用万用表，必须特别注意以下各点。

1\. 插孔（接线柱）选择

在进行测量时，首先检查测试棒应接在什么位置。红色测试棒应接在红色接线柱上或标有“+”的插孔内，黑色测试棒应接在黑色接线柱上或标有“−”的插孔内。特别是在有扩充量程的插孔时，更应注意分清公用插孔和特殊扩充量程的插孔。

2\. 种类选择

根据测量的对象，将转换开关旋至需要的位置。比如需要测量交流电压时，可将转换开关旋至标有“~”的区间，其余类推。

有的万用表面板上有两个旋钮，一个是种类选择旋钮，一个是量程变换旋钮，使用前，应先将种类选择旋钮旋至与被测量所需种类对应，然后再将量程变换旋钮旋至相应的种类及适当的量限。在进行测量种类选择时，应特别细心，不要旋错。比如需测量电压时误选了测量电流或测量电阻的挡位，则在测量时，将使表头严重损伤，甚至烧毁。因此，应特别注意核对。

3\. 量限选择

根据被测量的大致范围，将转换开关旋至该种类区间的适当量限上。如测量 220 V 交流电压，就可选用“~”区间 250 V 的量限挡。在测量电流或电压时，最好使指针在满刻度的 1/2 或 2/3 以上时，测量结果较为准确。若预先不知道被测量的大致范围，可将转换开关旋至该区间最大量限挡进行测试，若读数太小，再逐步减小量限。

4\. 正确读数

在万用表的标度盘上有许多条标度尺，它们分别在测量各种不同的被测对象时使用，在测量时要在相应的标度尺上去读数，如标有“AC”或“~”的标度尺是测量交流时用的。

5. 欧姆挡的正确使用

（1）在测量电阻时，应选择好适当的倍率挡，使指针指示在刻度较稀的部分。越接近表盘中心，读数越准确。

（2）在测量电阻前，首先应将两测试棒“短接”，旋动“欧姆调零旋钮”，使指针刚好指在“Ω”标度尺的零位上（或数显全部为零）。在每换一次欧姆挡测量电阻前，都要重复这一调零步骤。

（3）在测量某一部件的电阻时，必须首先切断被测部件上的电源，确保该部件中没有电流和电压方可进行测量。绝不允许带电测量电阻。

（4）为了保证被测量电阻的真实电阻值，被测电阻在测量时不能有并联支路。

（5）利用万用表测量电阻挡去判别仪表的正负接线或整流元件正、反向时，应注意到：万用表的内附电池的负极是和表面上的“+”接线柱（插孔）相连的。

（6）数字式万用表读数时，应在液晶屏上数字稳定后读取，不要在跳动时读取。

（7）仪表在测试电压和电流时，不要带电转动开关旋钮。

（8）在不使用万用表时，一般应将转换开关旋至交流最高电压挡。

（二）兆欧表

在电机、电器和供电线路中，绝缘材料的好坏对电气设备的正常运行和安全用电有着重大影响，而说明绝缘材料性能的重要标志是它的绝缘电阻值的大小。由于绝缘材料会因发热受潮、污染、老化等原因使其绝缘电阻值降低以至损坏，造成漏电或发生短路等事故，因此，必须定期检查电气设备的绝缘电阻值。

一般绝缘电阻都是用兆欧表来测量的，兆欧表又称为摇表。它是一种简便的测量大电阻的指示仪表，外形如图 8-1 所示，它的标度尺的单位是“兆欧”，用“MΩ”来表示。其接线如图 8-2 所示。

图 8-1　兆欧表外形

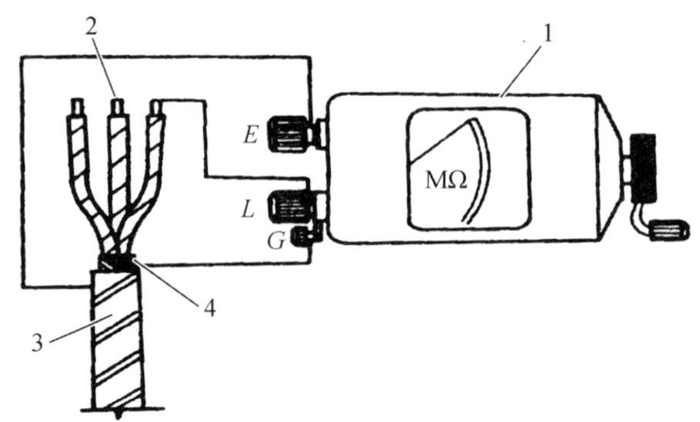


1—兆欧表；2—三相电力电缆的导线；3—外包钢皮；4—绝缘层外的屏蔽层。

图 8-2　测量电缆绝缘电阻接线

兆欧表主要是由一台手摇发电机和磁电比率表所组成。直流发电机（或交流发电机与整流电路配合的装置）的容量很小，而电压却很高。兆欧表的分类就以发电机能发出的最高电压来决定，电压越高，能测量的绝缘电阻值也就越高，就能用在额定工作电压越高的电器的测量中。

1. 兆欧表的选用

选择、使用兆欧表的原则是：额定工作电压高的电气设备对绝缘电阻值的要求大些。因此，额定工作电压高的电气设备须使用电压高的兆欧表来测试。如测量额定电压为 380 V 的线圈的绝缘电阻时，就不能使用 250 V 的兆欧表，而应选用 500 V 的兆欧表来测量。通常对于检查何种电力设备应该选用何种电压等级的兆欧表都有具体规定，可根据有关规定来选用。

2. 兆欧表的接线

一般兆欧表上都有 3 个接线柱：“线”（“火线”）接线柱“L”，测量时与被测物或与大地绝缘的导体部分相接；“地”接线柱“E”，在测量时与被测物的外壳或其他导体部分相接；“保护”（“屏”）线柱“G”，在测量时与被测物上保护屏蔽环或其他不需测量部分相接。一般测量时只用“L”和“E”两个接线柱，“G”接线柱只在被测物表面漏电很严重的情况下使用。

连接被测物和兆欧表的接线应采用单根绝缘导线，不要采用双股绞线，以免影响测量精度。

3. 兆欧表的使用

（1）测量前，应对兆欧表本身进行检查，即在兆欧表未接上被测物之前，摇动手柄到额定转速，指针应指到“～”的位置；其次将“线路”“接地”两接线柱短接，缓慢转动手柄，指针应指在“0”位。

（2）测量前必须切断被测试设备的电源，并接地短路放电，不允许用兆欧表测量带电设备的绝缘电阻。对在测量过程中，可能感应出高电压的设备，应进行必要的处理，避免出现感应高压。

（3）连接好测试用的接线，兆欧表应平稳地放在远离大电流的导体和有外磁场的地方。转动兆欧表手柄，速度应保持在规定范围内（一般为 120 r/min），转速不宜忽快忽慢，有的兆欧表装有离心调速装置，可摇到打滑时停止，这时的读数较为稳定。

（4）注意绝缘电阻随着测量时间的长短而不同，一般采用 1 min 以后的读数为准。遇到电容量特别大的被测物时，可等到指针稳定不变时为准。

（5）在兆欧表没有停止转动和被测物没有放电以前，切勿用手去触及被测物测量部分和进行拆除连接导线的工作。

### （三）钳形电流表

通常用电流表测量电路的电流时，需要切断电路，才能将电流表或电流互感器的初级线圈串联到被测电路中去，而用钳形电流表测电流时，可在不断开电路的情况下进行测量。这是使用钳形电流表最大的优点。

钳形电流表是用来测量电路中通过电流大小的仪表，其外形如图 8-3 所示，由电流互感器和电流表两部分组成。它基本是借用单匝穿心式电流互感器的原理。电流互感器的铁心在捏紧铁心开关时就可以张开，这样，被测电流通过的导线不必切断就可以穿过铁心的缺口，放松铁心开关使铁心闭合，这样通过电流的导线相当于电流互感器的初级线圈，次级线圈中出现感应电流，和次级线圈相连的电流表指针便会发生偏转，指示出被测电流的数值。钳形电流表使用方便，但精度不高，通常用在不便于拆线或不能切断电路的情况下进行测量。

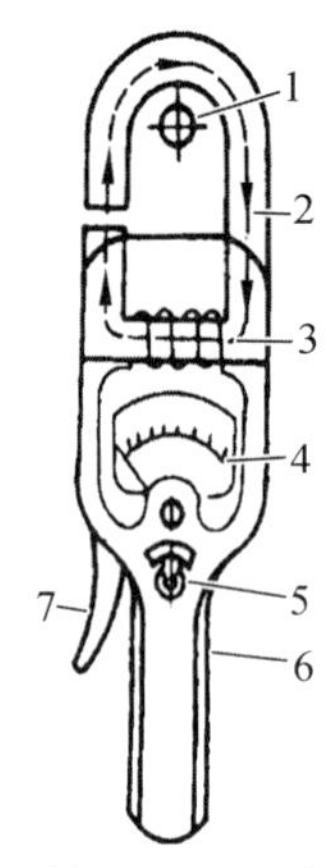


1—被测导线；2—铁心；3—二次绕组；4—表头；5—量程调节开关；6—胶木手柄；7—铁心开关。

图 8-3　钳形电流表

### （四）半导体温度计

温度是空调与制冷系统中最重要的参数之一。温度不能直接测量，而是借助于物质的某些物理特性是温度的函数，通过对某些物理特性变化量的测量间接地获得温度值。在城轨车辆制冷与空调测试中，用来测量流体和固体表面温度的常用仪表有：玻璃管液体温度计、双金属温度计、半导体温度计、热电偶温度计、电阻温度计等。

玻璃管液体温度计是利用玻璃管内的工作液体（酒精、水银等）热胀冷缩的性质来测量温度的；水银玻璃温度计的测量范围为 – 30 ~ + 300 °C，酒精玻璃温度计测量范围为 – 100 ~ + 75 °C。其标尺上的刻度是根据使用环境的环境要求而制定的使用范围。在城轨车辆空调制冷装置的测量中，常用 – 30 ~ + 20 °C，0 ~ + 50 °C，0 ~ + 100 °C，+ 50 ~ + 100 °C 等几种量程，分度值为 0.1 °C 或 0.2 °C 的水银温度计。

玻璃管温度计具有结构简单、使用方便、测量准确、价格低廉的优点，但其量程上限精度受玻璃质量的限制，易碎，不能记录和远传。因此，较适合于实验室使用，在运行试验和多点测量中，使用受到限制。

玻璃管温度计的使用方法如下：应选择合适测量范围的温度计，严禁超量程使用；测液体温度时，温度计的液泡应完全浸入液体中，但不能与容器内壁相接触；在读数时，视线应与液柱凸液面的最高点（水银）或凹液面的最低点（酒精温度计）水平相切；用完后均应擦拭干净，装在纸套内，远离热源存放。

半导体温度计由半导体热敏电阻和电桥组成。它是利用半导体电阻的负温度系数特性，即其电阻值随温度升高而减小的性质，配上电桥电路和液晶显示装置把半导体的电阻变化转变成温度的变化。半导体温度计反应灵敏、携带方便，又可测量物体表面温度，因而在制冷和空调工程中得到广泛的应用。

### （五）测量空气相对湿度的仪表

湿度的检测方法很多，从其测量原理上可分为 3 种：干湿球法（如干湿球温度计）、吸湿法（如氯化锂电阻湿度计、氯化锂露点湿度计、毛发湿度计、电容式湿度计等）与非吸湿法（如热敏电阻湿度计等）。传统的方法是用干湿球温度计法和露点计法。随着科技的发展，利用高分子材料、多孔陶瓷等材料作为湿敏元件，制作出了各种湿敏传感器，目前已经得到大量应用。这里仅介绍普通干湿球温度计。

普通干湿球温度计是利用潮湿物体表面水分蒸发吸热的效应来测定空气的相对湿度。

1. 干湿球温度计的构造

普通干湿球温度计由两支完全相同的温度计组成，如图8-4所示。一只温度计的感温包直接与大气接触，用来测量空气的温度，称为干球温度计；另一支温度计在感温部位包有被水浸湿的棉纱吸水套，并经常保持湿润，称为湿球温度计。当棉套上的水分蒸发时，会吸收湿球温度计感温部位的热量，使湿球温度计的温度下降。水的蒸发温度与空气的湿度有关，相对湿度越高，蒸发越慢；反之，相对湿度越低，蒸发越快。所以，在一定的环境温度下，干球温度计与湿球温度计之间的温度差与空气湿度有关。当空气为静止或具有一定流速时，这种关系是单值的。若是饱和空气，则干湿球温度差为零。

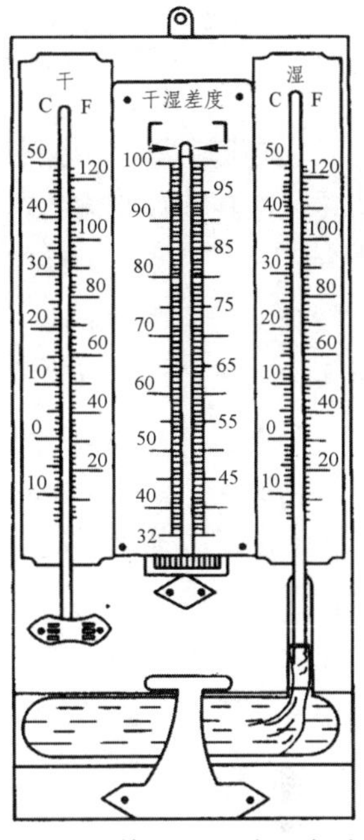

图 8-4　普通干湿球温度计

2. 干湿球温度计使用注意事项

为减少测量误差，测量时必须注意以下几点。

（1）干球应避免黏附水滴、雾珠，湿球应始终保持良好的湿润。

（2）棉纱套要清洁，并有良好的吸水性，应尽可能采用蒸馏水湿润。

（3）湿球温度计的测量元件不应有导热或辐射形式的热交换。

（4）干湿球温度计只适用于测量冰点以上温度区的湿度测量，当温度低于冰点后，测量误差显著增大。

（5）测量时注意保持流过温度计球部的气流速度应在2.5 m/s左右。测量过程中应避免观测者的呼吸对其产生干扰。

普通干湿球温度计虽然结构简单，使用方便，但测量精度较差，特别是在空气流速变化和周围有热辐射表面时误差更大。

如果在普通干湿球温度计的基础上，增加一个通风部件，并进行适当改造，就可做成通风干湿球温度计，又称为阿斯曼湿度计。通风干湿球温度计由于增加了强制通风部件等，使测量时流过温度计球部的气流速度可以保持大于2.5 m/s，且可维持相对稳定，测量的准确性较普通干湿球温度计要高，但对测量时的操作要求有所提高。

（六）测量风速的仪表

流体流动速度是空调系统中流体运动状态的重要参数之一。特别是在城轨车辆空调系统的性能测试中常需要测量车厢内的风速，根据测定值来判断空调工作的工况是否良好。

随着现代科技的发展，测量流体速度的方法越来越多，根据测量原理的不同，可将其分为以下几种。

（1）气压法。利用流体的压力或压力差测出相应的流速信号，如皮托管。

（2）机械法。利用流体对叶轮或叶片等的冲击作用获取流速信号，如叶轮风速仪、转杯风速仪等。

（3）散热率法。利用发热元件的散热率与流体速度的关系获取流速信号，如热球风速仪。

下面介绍几种常用的测量风速的仪表。

1. 叶轮风速仪

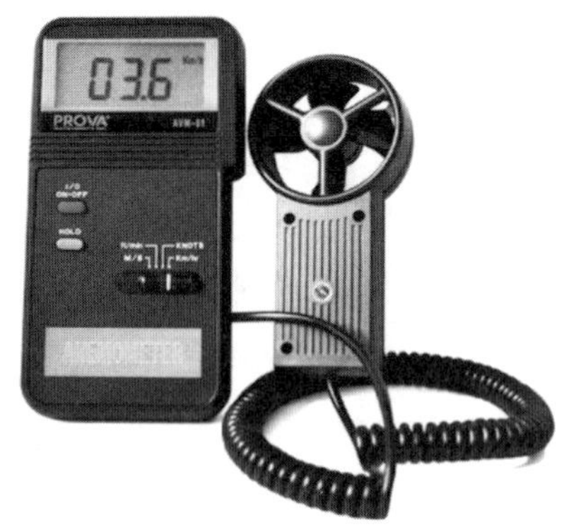

图 8-5　叶轮风速仪

叶轮风速仪如图 8-5 所示，是利用风力使叶轮转动，经过齿轮又带动指针旋转，从指针转动的圈数（m）及转过这些圈数所需的时间（s），进而计算出空气流动速度。这类风速仪测量范围为 0.5 ~ 10 m/s。叶轮风速仪按其结构分为两种，一种内部带有计时装置，可直接读出风速（m/s），叫作自计叶轮风速仪；另一种不带计时装置的叶轮风速仪，则只能另备秒表计时，据风速仪计数器的指示值（m）除以观测时间得到平均风速。

使用时应注意：被测风速与仪器的量程应相符；测量过程中，风速仪应放置平稳，表盘背面正对气流方向，否则反转；测量时人体不要阻挡气流的通路；若不是自动风速仪，在使用时，要将秒表和计数机构按钮同时启动，经 3 ~ 4 min 后，同时停止秒表和计数机构的动作（否则误差较大），记下读数，然后按回零压杆，使指针回到零位，待下次使用。

2. 热电风速仪

热电风速仪是一种新型测量风速的仪表，使用方便、灵敏度高、测量范围广，可以测量 0.05 ~ 30 m/s 风速，尤其适用于微风速的测量。热电风速仪主要由带测头的测杆和指示仪表组成。测头有热球式和热线式两种，工作原理相同。

图 8-6 所示是热球式热电风速仪的原理。测头有一个玻璃球，球内绕有镍铬丝电热线圈和两个串联的热电偶，它们分别接在两个独立的回路中。镍铬丝电热线圈通以额定电流时，玻璃球温度升高，热电偶便产生热电势，其回路中相应出现电流。若将测头置于被测处时，玻璃球的温升与吹过它的气流速度有关：气流速度越大，玻璃球散热越快，温升越小；反之，则温升越大，说明气流速度越小，由热电偶回路中所测得的热电流大小就能反映风速的大小。标定后，热球式热电风速仪仪表刻度盘上可直接读出风速值。

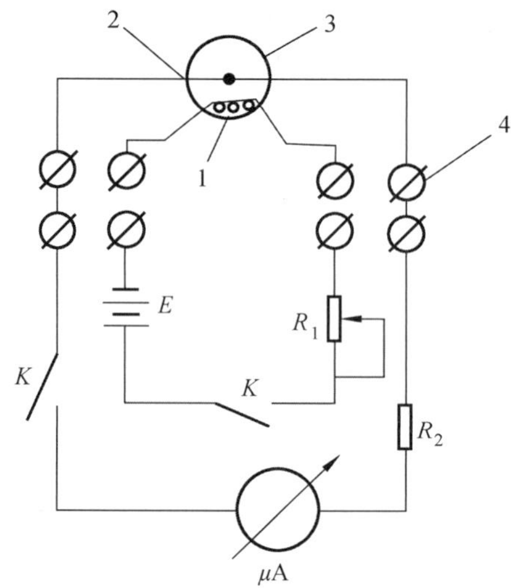

1—电热线圈；2—热电偶；3—玻璃球；4—接线柱。

图 8-6　热球式热电风速仪原理

## 二、检修常用工具

制冷、空调设备检修所用工具如表 8-1 所示。

表 8-1　检修常用工具

<table>
<tr><th colspan="2">品　　名</th><th>规　　格</th><th>数量</th><th>备　　注</th></tr>
<tr><td rowspan="16">专用工具类</td><td>割管刀</td><td>3 ~ 20 mm</td><td>1 把</td><td></td></tr>
<tr><td>翻边工具</td><td>4 ~ 16 mm，20 ~ 25 mm</td><td>1 套</td><td></td></tr>
<tr><td>扩管器</td><td>ϕ6 ~ 25 mm</td><td>1 组</td><td>根据常用管径选配</td></tr>
<tr><td>棘轮扳手</td><td></td><td>1 把</td><td></td></tr>
<tr><td>弯管工具</td><td>ϕ6 ~ 25 mm</td><td>1 组</td><td>根据常用管径选配</td></tr>
<tr><td>复式修理阀</td><td></td><td>1 个</td><td></td></tr>
<tr><td>二通截阀</td><td>ϕ6 mm</td><td>2 个</td><td></td></tr>
<tr><td>三通截阀</td><td>ϕ6 mm</td><td>2 个</td><td></td></tr>
<tr><td>接头与接帽</td><td>—</td><td>—</td><td>根据工作需要选制</td></tr>
<tr><td>卤素检漏灯</td><td>—</td><td>1 个</td><td></td></tr>
<tr><td>电子检漏仪</td><td>灵敏度：年漏量 2 ~ 6 g</td><td>1 台</td><td></td></tr>
<tr><td>压力真空表</td><td>ϕ100 mm，0.1 ~ 0 ~ 0.2（0.3）MPa</td><td>1 个</td><td></td></tr>
<tr><td>压力真空表</td><td>ϕ100 mm，0.1 ~ 0 ~ 0.1 MPa</td><td>1 个</td><td></td></tr>
<tr><td>压力真空表</td><td>ϕ100 mm，0.1 ~ 0 ~ 0.2（0.4）MPa</td><td>1 个</td><td></td></tr>
<tr><td>小制冷剂筒</td><td>5 kg</td><td rowspan="2">—</td><td rowspan="2">根据需要的制冷剂品种准备</td></tr>
<tr><td>制冷剂筒</td><td>40 kg</td></tr>
<tr><td rowspan="15">通用工具类</td><td>活扳手</td><td>150、200、250、300、350、400 mm</td><td>各 1 把</td><td></td></tr>
<tr><td>管钳</td><td>250、350 mm</td><td>各 1 把</td><td></td></tr>
<tr><td>梅花扳手</td><td>—</td><td>1 组</td><td></td></tr>
<tr><td>套筒扳手</td><td>—</td><td>1 组</td><td></td></tr>
<tr><td>扭力扳手</td><td>200 ~ 300 N · m</td><td>1 把</td><td></td></tr>
<tr><td>尖嘴钳</td><td>150 mm</td><td>1 把</td><td></td></tr>
<tr><td>钢丝钳</td><td>200 mm</td><td>1 把</td><td></td></tr>
<tr><td>十字螺丝刀</td><td>100、150、200 mm</td><td>各 1 把</td><td></td></tr>
<tr><td>螺丝刀</td><td>75、150、200 mm</td><td>各 1 把</td><td></td></tr>
<tr><td>塞规</td><td>75 mm</td><td>1 组</td><td></td></tr>
<tr><td>游标卡尺</td><td>0.05 ~ 150 mm</td><td>1 组</td><td></td></tr>
<tr><td>皮带孔冲子</td><td>ϕ4 ~ 25 mm</td><td>1 组</td><td>根据工作需要选配</td></tr>
<tr><td>电烙铁</td><td>220 V、25 W，220 V、75 W</td><td>各 1 把</td><td></td></tr>
<tr><td>手锯弓</td><td>—</td><td>1 把</td><td></td></tr>
<tr><td>锤子</td><td>0.5 kg</td><td>1 把</td><td></td></tr>
</table>

续表

| 品　名 | | 规　格 | 数量 | 备　注 |
|---|---|---|---|---|
| 通用工具类 | 木锤子 | — | 1 把 | |
| | 凿子 | 尖、平形 | 各 1 把 | |
| | 锉刀 | 圆、平、三角形 | 各 1 把 | |
| | 组锉 | — | 1 组 | |
| | 气焊设备 | — | 1 套 | |
| | 电焊设备 | 直流或交流 10 kW | 1 台 | |
| | 万用表 | — | 1 块 | |
| | 钳形电流表 | 5～150 A 量程 | 1 块 | |
| | 兆欧表 | 500 V 量程 | 1 块 | |

## 任务二　制冷系统安装与接管

### 【学习目标】

- 熟知城轨交通车辆制冷系统安装原则。
- 掌握城轨交通车辆空调压缩机、辅助设备的安装。
- 掌握城轨交通车辆空调管路的安装及连接。

8.2　制冷系统安装与接管

### 【教学环境】

可利用多媒体设备进行直观的理论教学，利用图片和录制的视频进行初步认知教学，也可以到现场参观城轨交通车辆空调系统的组成。

### 【教学设施】

教学用的 PPT、视频以及相关教学引导资料。

### 【理论模块】

由于空调制冷装置制冷系统内部有其特殊的严格要求，安装时必须做好以下工作。

（1）所有设备及其管路均为受压容器，制冷系统为封闭系统，不允许系统内的制冷剂外漏，也不允许环境空气进入系统，因而对设备及管路均要求有一定的强度和严格的气密性。对存放已久、锈蚀严重的设备，必要时应进行强度和气密性试验。

（2）设备及管路内必须彻底清除氧化皮、焊渣及其他杂质，以免损坏压缩机气缸或堵塞管道，使制冷系统无法正常运行。

（3）使用氟利昂的设备和管道，安装前和安装中必须保持干燥。

目前，城轨车辆空调制冷装置主要采用车顶单元式空气调节装置，将通风机、制冷压缩机、蒸发器、电加热器和冷凝器置于一个箱体内，组成一个独立制冷加热单元。一般每节车安装 2 个单元机组。

制冷装置安装的一般原则：

（1）在保证操作人员安全作业前提下，各设备相互间应尽量靠近，以减少管道尺寸，从而减少管道中的流动阻力损失和冷量损失。各设备应远离热源。

（2）控制柜的安装位置应便于操作和观察。

（3）冷凝器的位置应高于贮液器，以利冷凝器的出液。

（4）管路布置应合理、规范和美观，尽量减少弯头。对氟利昂制冷系统，应考虑润滑油回流压缩机的问题。

（5）包扎需隔热的管路，系统应在检漏、确认无泄漏后启动运行。

## 一、压缩机的安装

制冷压缩机是制冷装置的重要组成部分，在安装前，要做好以下基础工作。

（1）压缩机绝缘性能试验：用 500 V 兆欧表测量压缩机电机对壳体绝缘电阻，阻值应不低于 5 MΩ，三相绕组电阻值平衡度达不到者更换新品。

（2）压缩机排气量试验：将压缩机装于试验台上进行测试，若排气量低于原设计参数的 90%，则更换新品，测量后加一定量规定的冷冻机油。

（3）清洁压缩机，使之外观干净，无局部锈蚀，压缩机机壳除锈、补原色油漆，要求油漆均匀美观。

（4）用平锉打磨压缩机电机引线端子，使之光滑平整。

为保证制冷压缩机的正常运转，在安装中要做好以下几点。

（1）在制冷压缩机安装前应熟知机组的安装技术规程。

（2）施工现场要有必要的照明，准备起吊设备，考虑搬运路线，预留适当的搬运孔口。

（3）对制冷压缩机进行开箱检查。

（4）制冷压缩机安装时，其轴线必须成水平，中心线的位置和标高必须符合设计要求，在安装前，应对基础进行检查，外观上不得有裂纹、蜂窝、空洞、露筋等缺陷，强度等技术参数应符合设计要求。

（5）制冷压缩机的就位，可用托运架、人字架和滑轮组或起吊设备等方法安装。起吊运输和吊装时，应正确选择结扎位置，不允许将绳索随意结扎于制冷压缩机的各连接管和法兰盘上。

## 二、主要设备的安装

制冷装置的主要设备有冷凝器、蒸发器、贮液器等。在安装前均应确认状态良好。在安装时，应在安装支架或吊架上放置胶垫或木垫。应保证在车辆振动和机组运转时，设备不会产生任何方向的位移和松动。

冷凝器是承受压力的容器，安装前要检查出厂检验合格证，安装后进行气密性试验，试验压力则根据制冷剂的种类而定。冷凝器的上位吊装，应根据施工现场的具体条件选用吊装设备，设备的找正、找平允许偏差为：立式冷凝器的垂直度和卧式冷凝器的水平度均应小于 1/1 000。

蒸发器的安装应保证空气良好对流和制冷剂的顺利回气、回油，并应牢固地安装在固定支架上。立式蒸发器安装前应对水箱进行渗漏试验，盛满水保持 8～12 h，以不渗漏为合格。安装时先将水箱吊装在预先做好的上部垫有绝热层的基础上，再将蒸发器管组放入水箱内，蒸发器管组应垂直，并略倾斜于放油端。各管组间距应相等。基础绝缘层中应放置与保温材料厚度相同、宽 20 mm 经防腐处理的木梁，保温材料与基础间应做防水层。蒸发器管组组装后，且在气密性试验合格后，即可对水箱进行保温。

膨胀阀安装在蒸发器出口的回气管上，尽可能选在水平管路段，并方便观察。阀体应垂直放置，不能倾斜和倒置。为使感温系统内充注的液体始终保持在感温包内，感温包的位置较阀体应装得低些。

阀门在安装时，除制造厂铅封的安全阀外，安装前必须对各种阀门逐个拆卸清洗，清除掉油污、铁锈。应认真检查阀瓣和阀座的接触面是否密封良好。阀门的压力试验分为强度试验和密封性试验，阀门的强度试验是对阀体材料进行承压性能的检验。阀门的密封性试验是对阀瓣与阀座的密封面、阀盖与阀体的密封垫以及填料做密封程度的检验，其试验压力为阀门的公称压力。

所有阀门必须安装平直，阀门手柄严禁朝下。各种阀的安装方法应掌握低进高出的原则，即工质从阀芯下面对着阀芯而进。若在阀体上标有箭头，则按箭头方向安装。尺寸大的阀应有固定支座，或用管卡固定。电磁阀应垂直朝上安装，不能水平或倒置安装，以免影响阀门的启闭。

## 三、管路的安装及连接

管道的正确设计、安装和连接，直接关系到制冷系统的性能、运转稳定性和经济性。各管径大小按产品说明书或设备要求规格配备，不应随便更改。

### （一）制冷管路用的材料与规格

由于管路与制冷剂、润滑油等直接接触，管路应选用不被这些物质所腐蚀或产生其他有害作用的材料。管路材料通常选用紫铜管和无缝钢管，其规格以“外径×壁厚”表示。氨制冷系统均采用无缝钢管，内壁不得镀锌。地铁车辆氟利昂制冷系统采用铜管，也可采用无缝钢管，一般管径在 25 mm 以下时，均采用紫铜管；大于 25 mm 时大多采用无缝钢管，内壁不宜镀锌。

紫铜管质地较软，韧性好，易弯曲加工，耐腐蚀，管壁光滑，适用于温度低于 250 °C 的制冷管路中，在制冷工程中应用广泛。紫铜管安装前应仔细清洗，可用四氯化碳擦洗。如管内残留氧化皮等污物时，可用 20%的硫酸溶液进行酸洗，然后用冷水冲洗，再用 3%～5%硫酸钠溶液中和，最后用冷水冲洗并吹干，封存后待用。

无缝钢管质地均匀，强度高，内壁光滑，易于加工。无缝钢管有薄壁和厚壁之分。在制冷工作中，一般使用均匀薄壁无缝钢管，其中又可分为冷拔和热轧两种，冷拔管径小，热轧管径大。无缝钢管安装前的清洗通常用汽油或二氯乙烯，洗净后用压缩空气吹净。

### （二）管路的弯曲加工

管路的弯曲是不可避免的，通常可采用标准弯头，自行弯制时有冷弯和热弯两种方法。

冷弯一般在弯管机上进行弯曲，特别是管壁较厚、管径较大的铜管，用弯管机弯曲时不易产生管壁凹陷或褶皱。对于管径较小的铜管，冷弯时用手动弯管器即可。热弯是用火炉或气焊先把管子加热，然后用人工或机械的方法将管子弯曲。为保持弯曲断面不变形，应在管内填充干净砂子（砂用水洗后热炒，排除水分），两头堵死后加热需弯曲部位，当表面出现掉皮且呈樱红色时，把一端卡在固定平台上用人工或机械弯曲到所需要的角度。

管子在弯曲过程中应注意：在弯曲到所需角度后，应浇水，以免弯曲过度；若发现管壁出现凹凸的情况时也应浇水，防止凹凸更加严重。热弯管道时，不允许加热两次，以防影响金属的材质和强度。管子弯好后，将砂子倒出，用圆钢丝刷清除内壁，然后清洗做防锈处理或其他处理。

在氟利昂制冷工程中，管道的弯曲半径通常为（5～6）$d$（$d$ 为管子外径）；在其他制冷剂的制冷装置中，弯曲半径为（4～5）$d$，大管宜采用偏大的弯曲半径。管子热弯时，加热长度一般为 6 $d$；加热前应标定加热中心（即弯曲中心），并从中心向两边画出加热长度的一半进行加热。

### （三）管路的连接方式

管路的连接有 3 种方式：焊接、法兰连接和螺纹连接。

#### 1. 焊 接

紫铜管的连接可采用银钎焊或铜焊。银钎焊焊接温度低，焊料流动性好；铜焊则焊接强度高、价格便宜，但所需温度高，焊接时易产生氧化皮等。

紫铜管的焊接采用插入式，如图 8-7 所示。即将其中一根紫铜管的一端用钢冲模扩口，焊接面用砂布打磨后插入压紧，以免焊料从间隙处流进管内，然后将另一根管子插入。焊接时将管口处加热均匀，撒上硼砂粉，再焊接。在需要拆卸和检修部位，连接管径小于 22 mm 的紫铜管时，可用扩口器将管口做成喇叭口，如图 8-8 所示，用管接头和接管螺母压紧连接。铜管的扩口端局部退火，使其软化，然后挫平，去掉管口毛刺与飞边，套上接口螺母，用胀管工具胀成喇叭形，然后与接头螺母连接。当旋紧接头螺母时，应轻轻摇动铜管，使喇叭口均匀贴合在接管座与接扣螺母中的锥体之间。扩口时喇叭口处不应有裂纹，否则会产生泄漏。喇叭口的外径尺寸如表 8-2 所示。

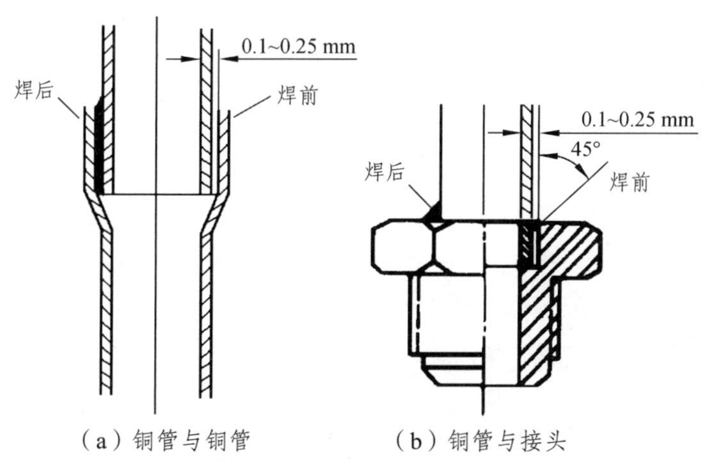

（a）铜管与铜管　　（b）铜管与接头

图 8-7　紫铜管焊接的装配形式

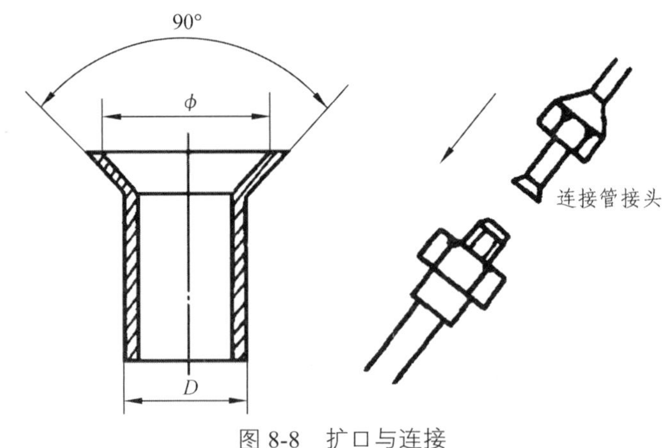


图 8-8　扩口与连接

表 8-2　喇叭口的外径尺寸　　单位：mm

| 紫铜管外径 | 6 | 8 | 9 | 10 | 12 | 16 | 19 | 22 | 25 |
| --- | --- | --- | --- | --- | --- | --- | --- | --- | --- |
| 喇叭口外径 | 9 | 11 | 13 | 13 | 15 | 19 | 23 | 26 | 32 |
| 允许偏差 | 0 ~ 0.15 | | | | | | | | |

扩胀喇叭口（见图 8-9）时应注意：

（1）将铜管放入胀管工具内与管径相同孔径的孔中。

（2）铜管管口只需露出喇叭口斜面高 1/3 处，不宜过高。

（3）挤压时，将铜管紧固，慢慢旋转顶压器的旋杆，如过快则会出现裂缝、单偏等现象。

图 8-9　用胀管工具制作喇叭口

无缝钢管有热轧无缝钢管和冷拔无缝钢管，制冷工程中常用热轧无缝钢管。国内生产热轧无缝钢管的外径为 32 ~ 630 mm。其质地均匀，强度高，内壁光滑，易于加工。无缝钢管安装前通常用汽油或二氯乙烯清洗，洗净后用压缩空气吹净。

无缝钢管的焊接一般采用电焊，管壁厚度超过 3.5 mm 时可用电焊，管径超过 57 mm 的无缝钢管可用气焊。焊条的成分要和管材相适应，气焊时常用 08 钢气焊条，电焊时用结 422 或结 426 低碳钢焊条。管口焊前应加工成适当坡口。无缝钢管的螺纹连接直接在管口套丝，用管箍进行连接。安装时，可在螺纹处绕以聚四氟乙烯生料带，严禁使用麻丝与白漆作为螺纹处的密封材料。

管路焊接后，经校漏发现有渗漏点时，必须进行补焊，补焊时应注意以下几点：不可在管路系统中有压力存在时进行补漏，否则，操作既不安全，补焊质量也得不到保证；补焊前应清除漏泄点附近的表面油漆和锈层，并用砂布和棉纱擦净；补焊时所用的焊料，应与该焊口原焊接时所用焊料相同。

2. 螺纹连接和法兰连接

螺纹连接：紫铜管的螺纹连接有全接头连接，如图 8-10 所示；还有如图 8-11 所示的半接头连接两种形式。

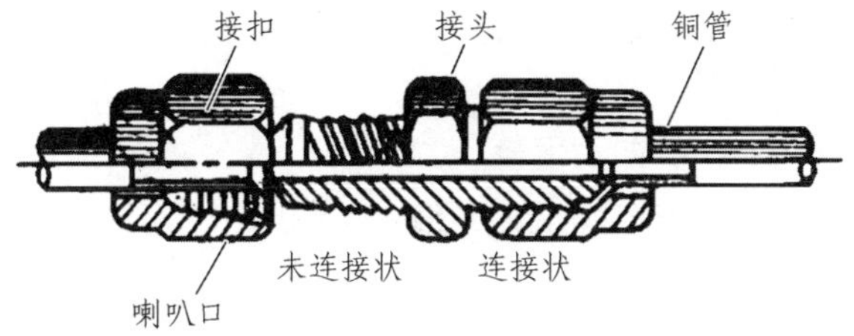


图 8-10　全接头连接

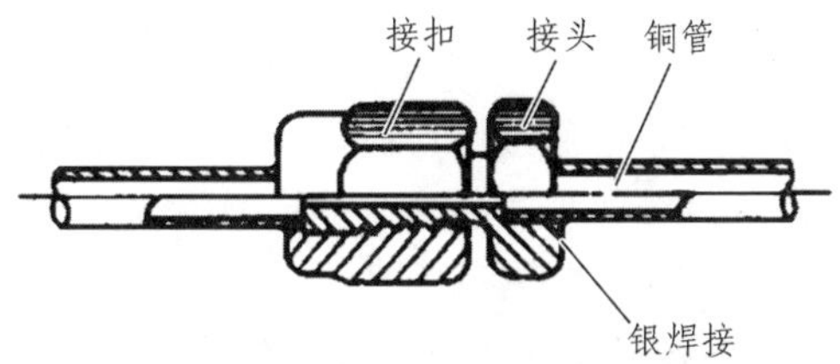


图 8-11　半接头连接

全接头连接即两端都为螺纹连接，而半接头连接即左面铜管用螺纹连接，右面铜管与接头焊接。紫铜管的螺纹连接是在紫铜管套上接扣后，管口用扩口工具夹住，再把管口胀成喇叭口形，然后将接扣和接头螺纹拧紧即可。常用的连接管制作如图 8-12 所示。在操作过程应注意喇叭口不能有裂纹，否则会泄漏制冷剂。

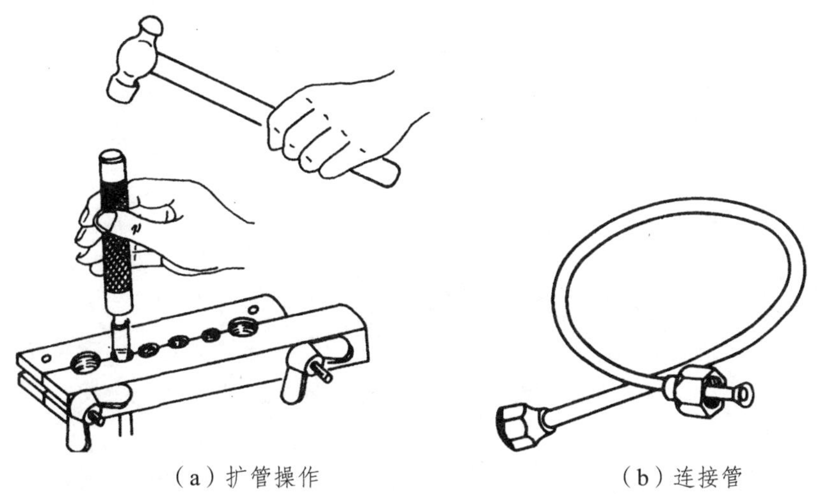

（a）扩管操作　　（b）连接管

图 8-12　连接管的制作

管路采用何种方式连接，应视安装地点的具体情况而定。一般在不需要经常拆卸的部位采用焊接连接较为可靠；对检修时需要经常拆卸的部位用螺纹或法兰连接较为方便。但不管采用何种连接方式，其接头部位不可位于墙内或不易拆卸的地方。

（四）制冷管路的安装要求

管路安装前，必须清除管内泥沙、铁锈、焊渣、氧化皮等脏物，并保持干燥。管路的布置应有利于工艺流程的要求，并考虑到施工安装及运行管理的方便；应不妨碍压缩机及其他设备的运行及操作管理，不妨碍设备的检修。管道本身的质量不能附加在设备上，过墙时应加套管，绝热管道的支架应加垫木瓦。管道安装时，应注意按照工质的流动方向保持适当的坡度；一般管道应做到横平竖直，美观大方。从冷凝器（贮液器）至节流机构之间的输液管道，应尽量减少流动阻力和上升高度，避免因闪发现象而影响节流机构的正常工作及均匀供液。节流机构应尽量靠近蒸发器，以减少冷损。所有焊口和法兰或螺纹接口均不允许埋入墙内或位于不易拆卸的位置。

制冷系统中管道的安装有很多规定，必须满足制冷工艺和设备安装的要求。氨制冷系统管道安装时需注意以下几点。

（1）制冷压缩机吸气管道应有一定的坡度和坡向，以防止管道中的液体制冷剂进入制冷压缩机中造成液击现象，为防止吸气管道的干管内液体制冷剂进入压缩机，吸气支管应从干管的顶部接出。

（2）制冷压缩机排气管道应有一定的坡度和坡向，以防止排气管道中的润滑油进入制冷压缩机中造成液击现象，排气支管应从排气干管的顶部或斜向接出，以防止管道内的润滑油进入停开的制冷压缩机中。

（3）卧式冷凝器至贮液器的液体管道内液体流速不应大于 0.5 m/s，否则应安装均压管。由冷凝器的出口至贮液器进口处的角形阀的垂直管段，应有 300 mm 以上的高差。立式冷凝器与贮液器的液体管道间安装阀门时，出口与阀门之间应有不小于 200 mm 的距离。

为了使制冷系统中的制冷剂流动顺畅，制冷管道安装时要注意有一定的坡度和坡向。

氟利昂制冷系统管道安装时需注意以下几点。

（1）制冷压缩机吸气管道的布置应使润滑油能顺利地随吸气返回制冷压缩机中，吸气管道与制冷压缩机的连接，应根据蒸发器与压缩机的相对位置来确定。

蒸发器与制冷压缩机在同一水平位置时，其间的吸气管道应设“U”形弯，防止停机后液体制冷剂进入压缩机内。蒸发器在制冷压缩机的上方时，蒸发器上部管应做成倒“U”形弯。蒸发器在制冷压缩机的下方时，其吸气立管在负荷最小、制冷剂气体流速最低时能将润滑油均匀地带入制冷压缩机中。

（2）制冷压缩机排气管道安装时，水平管段应有不小于 1%坡度的坡向冷凝器，防止润滑油返回制冷压缩机的顶部。制冷系统的直立排气管如管长超过 2.5 ~ 3 m，为防止管内壁沉淀的润滑油进入制冷压缩机顶部，应在排气管上设有存油弯。

（3）为防止环境温度的影响，当液体制冷剂温度低于环境温度时，应采取保温措施。为防止制冷系统停止运行时液体制冷剂流向蒸发器，在系统中没有电磁阀的情况下，应安装倒“U”形液封管。

管道的安装要平直，尽量避免突然向上或向下连续弯曲，以减少管道阻力。液体管路上应防止形成气囊，气体管路应防止形成液囊，以保证系统正常运转。

# 任务三　制冷系统检漏及充注制冷剂

【学习目标】

8.3　制冷系统检漏及充注制冷剂

- 掌握城轨车辆空调制冷系统的检漏。
- 掌握城轨车辆空调制冷剂的充注。

【教学环境】

可利用多媒体设备进行直观的理论教学，利用图片和录制的视频进行初步认知教学，也可以到现场参观城轨交通车辆空调系统的组成。

【教学设施】

教学用的 PPT、视频以及相关教学引导资料。

【理论模块】

制冷设备和管路，经过空运转、空气负荷试车和系统排污后，将制冷设备通过管路连接后形成一个封闭的制冷系统，对该系统进行的气密性试验称为系统检漏（简称为检漏）。制冷系统的气密性是检测和衡量制冷装置质量与安装的一个重要指标。因为系统的泄漏不仅造成制冷剂渗出或外界空气进入，影响制冷装置正常运行，而且还造成经济损失，污染环境。因此，交付生产运行前要求调试人员对系统认真检漏，排查各泄漏点。系统检漏是整个调试工作中的主要项目，必须认真负责、细致耐心地进行。

制冷系统泄漏部位，主要发生在蒸发管路和冷凝管路的焊接处及管路弯头处。由于管路焊接不良、安装不当等原因均可引起系统泄漏。此外，因紫铜管材质问题，如砂眼、过脆或连接部位多次振动后出现裂纹，也会产生漏洞或裂口。

制冷剂的泄漏及泄漏程度不尽相同。较轻微的泄漏可引起制冷量不足、低压压力过低、蒸发器吸热不足等现象；严重的泄漏可造成空调机组制冷不良。若制冷剂漏光，系统中混入空气，压缩机仍运转，最终会导致压缩机因过热而烧毁。

检漏的方法通常有压力检漏和真空检漏。压力检漏又可细分为声响检漏、目测检漏、表压检漏、肥皂水检漏、浸水检漏、卤素检漏灯检漏和电子检漏仪检漏等。

## 一、压力检漏

压力检漏是将具有一定压力的空气或氮气充入制冷系统，使设备和管道受内压，以检查安装、修理后的接头、焊缝、设备、管材等是否有泄漏点，能否满足使用要求。充气压力与制冷系统所用制冷剂相关，如表 8-3 所示。

表 8-3　打压实验压力（表压）

| 工质名称 | 高压系统实验压力/MPa | 低压系统实验压力/MPa |
|---|---|---|
| NH3 | 1.76 | 1.18 |
| R22 | 2.45 | 1.69 |
| R12 | 1.57 | 0.98 |
| R13 | 1.76 | 1.18 |

在氟利昂制冷系统中，对含水率要求较严，打压时最好使用工业氮气。氮气具有无腐蚀、无水分、使用安全、操作方便等优点。尽量不使用压缩空气，因为压缩空气中总含有一定的水分和杂质，可能对今后的系统工作有影响。严禁使用氧气打压，否则会有爆炸的危险。图 8-13 所示为采用氮气打压的小型制冷系统打压试漏示意图。

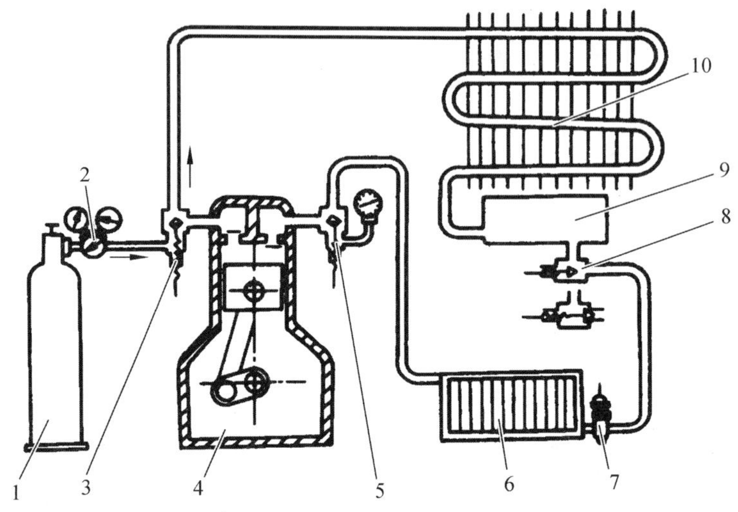


1—氮气瓶；2—减压阀；3—排气阀；4—压缩机；5—吸气阀；6—蒸发器；
7—膨胀阀；8—出液阀；9—贮液器；10—冷凝器。

图 8-13　制冷系统打压试漏

氮气经减压阀、连接管与排气阀旁通工艺口连接进入系统；逐渐增大减压阀开度，先将压力升到 0.3 ~ 0.5 MPa，听系统有无严重泄漏声，如有则应立即找到泄漏部位并排除，重复上述操作并将压力加到 1.0 MPa 后停止充气；当压力平衡后记录各压力表的指示压力及环境温度等参数，保压 24 h，在环境温度变化不大的情况下，压力应基本无变化，即认为系统试漏初步合格。关闭出液阀，对高压系统充入氮气，使压力达到 1.6 MPa，当压力稳定后记录各压力表的读数及环境温度，保压 24 h，在环境温度变化不大的情况下，压力基本无变化，则认为系统合格。

制冷系统在气密性试验时，应先进行初步检漏，在保压 24 h 后，如气密性试验不合格，应进行仔细深入的检漏。

1. 声响检漏

声响检漏是在系统静止状态下，听有无微弱的“咝咝”声音，以此来判断是否泄漏和泄漏部位。该方法主要用于检测系统较严重的泄漏点，一般在打压试漏的同时进行。当压力达到 0.3 MPa 左右时，听声响进行判断。

2. 目测检漏

目测检漏是通过目测检查系统连接接头等容易泄漏的部位，有无油迹、油滴等存在以发现泄漏点。该方法主要用于系统运行后的维修检漏。因制冷剂泄漏时总会夹带一些润滑油出来，所以在泄漏处会有油迹。

3. 表压检漏

用低压压力表或复合式压力表的低压部分检查制冷系统低压压力，若表压压力在

0.483 MPa 以下，即表明制冷剂（R22）不足。因为 R22 在表压压力 0.483 MPa 时的绝对压力是 0.584 MPa，对应的饱和温度为 5 °C。若饱和温度低于 5 °C，说明空调工况是不合格的，同时也反映出制冷剂不足。

4. 肥皂水检漏

这是一种在安装、维修中普遍采用且简便易行的检漏方法。特别是中、大型制冷系统，基本上都利用这种方法寻找泄漏点。在打压试漏保压 24 h 后，发现压力有明显下降，试漏不合格。将压力提高到打压压力，用毛刷将肥皂液直接涂抹在接头缝隙、焊缝等易漏处，仔细观察该部位是否形成气泡。查出泄漏点应做好标记，若在接头处发现泄漏，应设法旋紧后再次检漏，待全部检漏完毕后，再进行补漏。对于不易直接观察的部位，可利用镜面反射和手电筒检查。检漏结束后，应将所涂的肥皂水擦干，以防腐蚀。

5. 浸水检漏

浸水检漏的灵敏度高于肥皂水检漏，这种方法通常用于小型氟利昂制冷机组，当采用浸水检漏时，应拆除系统中不允许接触水的设备（如各种继电器、电器控制设备等）。浸水最好用清洁的温水，因为温水的表面张力小于冷水，容易形成气泡。若配以较强光源照射时，极易发现泄漏部位。浸水检漏后，应立即用压缩空气将表面吹干，防止腐蚀金属。

6. 卤素检漏灯检漏

图 8-14 所示为卤素检漏灯结构示意图。卤素灯是以乙醇或甲醇（也有用液化石油气）作为燃料的喷灯。检漏时，若有氟利昂蒸气泄漏，泄漏气体与喷灯火焰接触，就会分解成氟、氯元素的气体，其中的氯气与灯内烧红的铜皮帽接触，便化合成氯化铜（$Cu + Cl_2 \rightarrow CuCl_2$），火焰的颜色就会按泄漏量的多少，变成蔚蓝色或绿色。可以根据火焰的颜色来判断该处是否有泄漏以及泄漏量的大小。

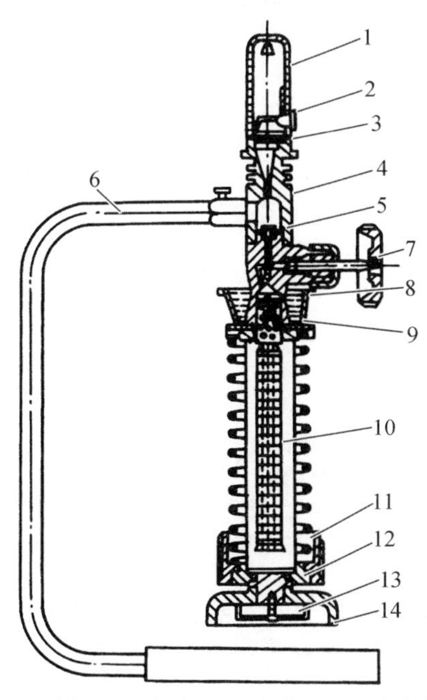


1—燃烧口；2—火焰套；3—滤网；4—灯体；5—喷嘴；6—吸气软管；7—阀针；8—滤网；9—酒精盒；10—灯芯；11—胶木座；12—垫片；13—空腔；14—底盖。

图 8-14 卤素检漏灯结构

使用时，先将底盖拧下，加入乙醇，注入量为筒内容积的 1/2 ~ 3/4 即可，将底盖拧紧，把灯竖放在地上，向酒精盒内注入少量乙醇，点燃后加热灯体和喷嘴，待盒内乙醇快烧完时，微开阀杆，让筒内乙醇蒸气从喷嘴喷出并燃烧，喷嘴上方有一旁通孔与大气相通，由于喷嘴的高速喷射，使喷嘴附近形成一个低压区，空气经旁通孔被吸入，吸气口装一段橡皮软管，将软管口靠近被检的焊缝或接头处，就可检查氟利昂气体的漏泄。若有漏泄，吸入的空气经燃烧，火焰就会发出绿色或蓝色的亮光。火焰颜色的深浅则反映了泄漏量的多少，一般规律是：泄漏由小到大，火焰颜色依次为微绿色、淡绿色、绿紫色。

氟利昂燃烧所产生的气体有毒，若火焰呈绿色或亮蓝色时，说明此时有较多氟利昂泄漏，就不要再检漏了，以免中毒。可改用肥皂水做进一步检漏。当两个漏缝位置相近时，用卤素灯也很难鉴别出正确的泄漏位置，此时也可用肥皂水做进一步检查。卤素灯在空气中正常燃烧时，火焰呈红色。有时也会出现绿色的火焰，这是由于火焰中有氯化铜分子（可能是氯化的铜粉脱落下来所致），遇到这种情况，应再烧一段时间，待火焰呈红色后，再开始检漏。

卤素灯在使用时应注意防火，禁止横倒使用。为了防止喷嘴被堵，卤素灯所用的乙醇或甲醇应是试剂纯级。若发现喷嘴阻塞不畅通，应先熄火，再用通针通一下。火焰小则检漏的灵敏度较高，火焰的大小可由调节阀来调节。在氟利昂泄漏处被测出后，火焰的燃烧将持续一段时间，因此，应等一段时间后再测其他地方。

7. 电子检漏仪检漏

微量的氟利昂泄漏，很难用卤素灯查找出来，此时可用电子检漏仪查找。电子检漏仪是根据氟利昂在电场的作用下极易电离形成离子流，并通过微安电表可检出的原理来检测泄漏部位和泄漏量的，其结构原理如图 8-15 所示。电加热丝将阳极加热到 800 °C 左右，在阴极与阳极之间加上直流电压，形成一个电场，从探嘴吸入铂金筒内的氟利昂遇到热的阳极，即发生电离而使阳极电流增大，引起微安表的指针偏转。如果将信号经放大器放大后，还能推动蜂鸣器报警或显示。

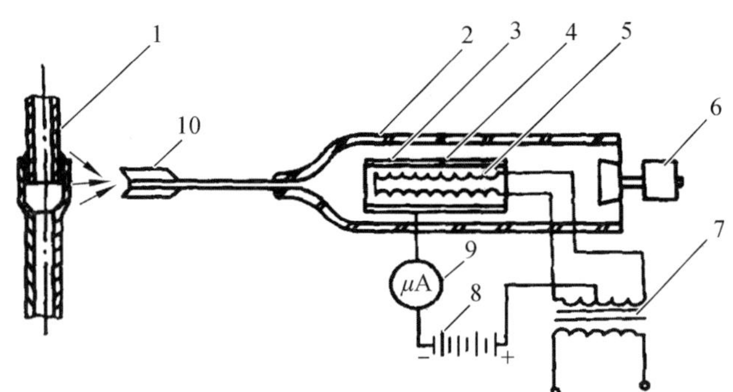


1—测漏部位；2—离子管外壳；3—外铂金筒（阴极）；4—内铂金筒（阳极）；
5—加热丝；6—风扇；7—变压器；8—阴极电源；9—微安表；10—探嘴。

图 8-15　电子检漏仪原理

目前国产的电子检漏仪都采用电子放大器将信号放大，其检漏精度为年泄漏量 5 g。电子检漏仪灵敏度较高，主要用于系统充入制冷剂后的精检，寻找难以发现的漏点。在有卤素物质或其他烟雾污染的环境下不能使用电子检漏仪，以免误检。由于氟利昂气体的扩散作用，用电子检漏仪只能找出漏泄部位的大概位置，最后还需用涂肥皂水的方法来确定具体的漏点。

## 二、真空检漏

制冷系统经压力检漏合格后，还须进行真空检漏。其目的是：① 进一步检查制冷系统在低压状态下的密封性能，特别是在真空状态下的密封性能，防止设备和管路有单向漏气的缺陷，防止外界空气的不断渗入。② 通过真空检漏将系统内的空气或氮气抽尽。由于空气或氮气在常温下属于不凝结气体，在系统工作时，它们将在冷凝器中占据一定的容积，减少了冷凝器的传热面积，降低了传热效率，使冷凝压力增高，影响制冷效果。③ 通过真空检漏排除系统内的水分，使水分在低压下蒸发，达到干燥之目的。④ 为充注制冷剂做准备。

进行真空检漏的方法主要有利用单独的真空泵进行真空检漏和用制冷系统本身的压缩机进行真空检漏两种。对于大的制冷系统，为了节省真空检漏的时间，也可用压缩机和真空泵交叉进行，即先用制冷系统的压缩机将系统内大量空气抽去，再用真空泵把残余的空气进一步抽出。通常使用的是真空泵，这不但能使系统压力降至极低（即极高的真空度），去除系统中的空气和水分，而且能保护压缩机和电机。制冷系统的绝对压力一般要抽至 700 Pa 以下，24 h 后应基本保持不变。应该指出，真空泵长期使用后，系统中的水蒸气可能进入真空泵的润滑油中，影响其抽空能力，因此润滑油需经常更换。

### 1. 利用真空泵抽真空

单元式城轨车辆空调机组，是由全封闭压缩机组成的制冷系统，如图 8-16 所示。抽真空是借助真空泵来完成的，即

（1）用连接管将带压力真空表的修理阀与真空泵、压缩机连接起来。

（2）打开修理阀，开启真空泵，注意观察压力真空表读数的变化，是否向零刻度以下方向移动，如没有，说明系统仍有泄漏。

（3）当真空压力表指针达到或接近 $10^{-5}$ Pa 时，先关闭修理阀，然后停止真空泵运转，抽真空过程结束。

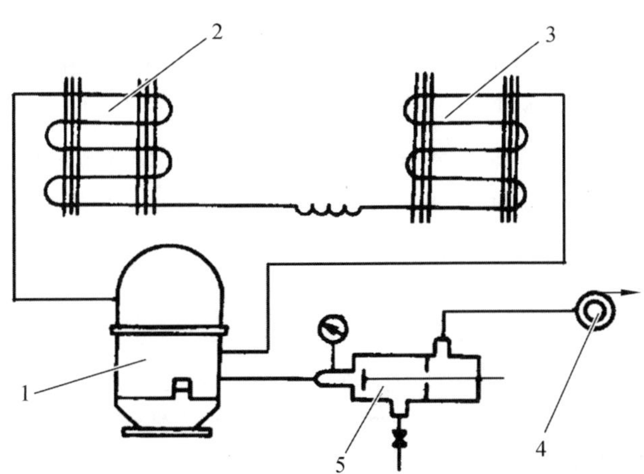


1—压缩机；2—冷凝器；3—蒸发器；4—真空泵；5—修理阀。

图 8-16　全封闭制冷系统的真空泵抽真空

制冷系统一次抽真空到规定真空度时，所需时间比较长，尤其是制冷系统只有低压侧充注口时，因毛细管的节流作用，高压侧真空度达不到要求。若采用二次抽真空法，则可以在较短时间内获得较高的真空度。所谓二次抽真空，是指在一次抽真空后，注入少量制

冷剂，使压力真空表恢复到零，然后再次抽真空到 $10^{-5}$ Pa。其原理是一次抽真空后注入适量的 R22 制冷剂，利用 R22 将高压部分空气冲淡，从而使剩余气体中的空气比例减少。

2. 利用系统本身压缩机抽真空

图 8-17 所示为早期开启式压缩机自身抽真空示意图。

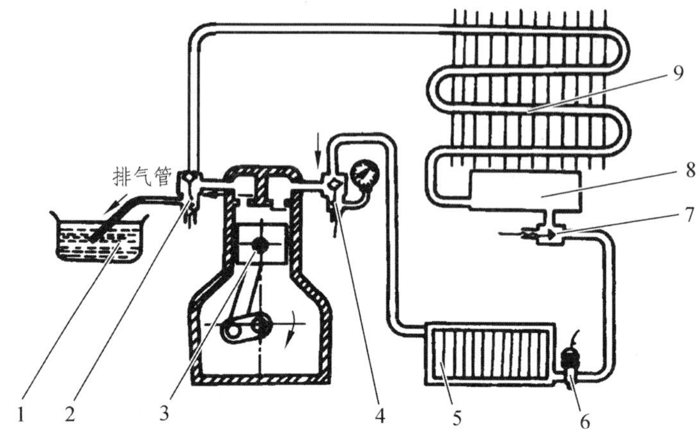


1—油杯；2—排气截止阀；3—压缩机；4—吸气截止阀；5—蒸发器；6—膨胀阀；7—出液阀；8—贮液器；9—冷凝器。

图 8-17　开启式压缩机制冷系统抽真空示意图

（1）关闭压缩机的排气截止阀，旋下“多用通道”的螺塞，装上锥牙接头和排气管，打开吸气截止阀，并在吸气截止阀的旁通孔装低压表（真空压力表）。用手转动压缩机的飞轮或按下电源开关启动压缩机，开后即关，借此判断压缩机转向是否正确。判断压缩机排气管是否有气流喷出，若有气流声，可再重复检查一次，若无气流声，应查明原因。

（2）将压力控制器低压接点短接，使之保持常通状态，以免在抽真空过程中，触点动作起保护，而影响机组的抽真空。

（3）启动压缩机抽气，直至排气管听不到喷气声时，将吸气截止阀开大，并将排气管口浸入冷冻机油油杯中，观察管口的冒气情况。

（4）在抽真空过程中，若在 5 min 内无气泡冒出，即可认为系统内的气体已基本抽完，且系统无渗漏。此时，可拆下排气管，用手指按住排气截止阀“多用通道”孔接口，或拆下锥牙接头，旋上螺塞并扳紧，将排气截止阀杆反旋退足（关闭“多用通道”），然后停机。抽气工作基本结束。

（5）若有连续或间断的气泡冒出，说明系统内有剩余气体未抽净或有渗漏现象，此时可继续运行 1 ~ 2 h，通过磨合，排除轴封摩擦面不密合而出现的渗漏。若冒气泡依然出现，可采取分段抽真空，检查每一段的密封性。先关闭压缩机的吸气截止阀，若几分钟内不冒气泡，说明渗漏不在压缩机内；将吸气阀重新打开，关闭贮液器出液阀，观察冒气泡情况，这样分段检查下去，直到发现渗漏点。对有怀疑部位的接头顶紧程度以及焊缝可能有孔隙处应重点检查，必须将渗漏点找出补好，方可再继续抽真空。

真空检漏操作时，应注意以下事项：① 在抽真空时，各阀门的阀帽应盖上旋紧，以防阀杆填料渗漏。② 真空检漏应尽可能用真空泵来完成，特别是全封闭或半封闭压缩机的制冷系统，必须要用真空泵进行真空检漏。③ 在用真空泵抽真空的系统管道中，最好设干燥器，以便吸出抽真空时系统内空气中的水分和有害气体，保证泵内油质完好。

对于采用压力润滑的压缩机在抽真空时，应注意它的油压大小，其油压和吸气压力的差值应不低于 26.7 kPa，若系统装有油压继电器，应将其接点暂时保持常通状态，以免再利用系统压缩机进行抽真空时，因油压继电器处在低于控制压差的情况下而动作。

抽真空时，最好把系统周围营造成高温环境，有利于系统中的水分全部蒸发，随空气一起排出机外。

## 三、充注制冷剂

经过压力检漏和真空检漏合格后，应向系统充注制冷剂。在充注制冷剂之前有必要做好相关的准备工作。即充注前，应该对制冷剂质量进行检查。如果制冷剂质量不纯，内含较多的不凝性气体、油和杂质等，是不能直接向系统充注的，如有质量问题，应采取措施进行处理。

对制冷剂质量的检查，可采用下述两种方法进行检测。

第一种方法是测定制冷剂的沸点。如 R22 制冷剂在一个大气压下的沸点为 – 40.8 °C，如果制冷剂质量不佳，含有大量杂质时，它的沸点会发生变化。取一个清洁的硬质小口玻璃瓶（瓶壁不能太薄），放入带有绝热材料的盒内，插入温度计。将制冷剂钢瓶倒置，经过连接管向瓶内注入液态制冷剂，待瓶内液体占一半容积时，即可关闭制冷剂钢瓶阀，使制冷剂在大气压下沸腾气化，观察温度计在瓶内制冷剂逐渐蒸发冷却时的温度值（即温度值不断下降到恒定值为止），若测得的沸点为 – 40.8 °C，即为 R22 制冷剂。当制冷剂全部蒸发完以后，观察瓶内是否有剩余物和润滑油，以判断制冷剂在使用前是否需要再生处理。

第二种方法是制冷剂杂质含量多少的判断。简便判断方法为：取一张干净的白纸，对着制冷剂钢瓶的出口，放出一些液体制冷剂，观察它在自然蒸发后残留在白纸上的痕迹。质量好的制冷剂不会留下什么痕迹；质量差的制冷剂则会在白纸上留下染有颜色的痕迹。试验后如发现制冷剂的质量不好，还应复试一次。

### （一）制冷剂充注量的判定

充注制冷剂是制冷设备生产及修理中的重要操作工艺之一。在制冷设备的铭牌或使用说明书上，一般都标有充注制冷剂的品名和充注量，不能随便改换制冷剂或改变充注量。

在安装或维修过程中，制冷剂的充注量可按以下几种方法来判定。

#### 1. 称质量法

将制冷剂钢瓶放在台秤上，充注前先记下钢瓶总的质量，在向制冷系统充注制冷剂的过程中，随时关注台秤的指针，当钢瓶内制冷剂的减少量等于所需制冷剂的充注量时即可停止充注。

#### 2. 测压力法

制冷剂饱和蒸气的温度与压力是一一对应的关系，若已知制冷剂的蒸发温度即可查出相对应的蒸发压力，此压力的表压值可以通过高、低压压力表读出。因此，根据安装在系统上的压力表的压力值可判断制冷剂充注量是否合适。

### 3. 测电流法

以压缩机电机的满载电流值为标准，如测得的电流符合规定值，即表示制冷剂充注量合适。

### 4. 测温度法

蒸发器进、出口温度之差以及气液分离器出口与蒸发器出口的温度之差与制冷剂充注量有关，可以通过测量上述各点的温度情况来判断制冷剂充注量是否合适。

另外，根据系统的结霜情况也可判断制冷剂充注量是否合适。例如，结霜只限于毛细管前半段，表明充注量不足；结霜在蒸发器管路上，表明充注量过多；结霜刚好在毛细管与蒸发器的交接处，表明充注量较合适；若回气管结霜过长或邻近压缩机处有结霜现象，则表明充注量过多等。

## （二）充注制冷剂时的注意事项

（1）充注时，应注意安全。严禁吸烟或从事电焊、气焊等作业；加液导管最好采用铜管牢固连接。随时注意系统内压力变化。

（2）要防止大量制冷剂液体进入系统，应使制冷剂缓慢地多次进入。控制办法可通过压缩机间隙开停或调节修理阀的开度。

（3）在充注时，如发现系统内混入空气，应及时将系统内制冷剂全部放掉，重新进行充注。

## （三）充注制冷剂的方法

制冷剂的充注方法有两种：低压充注法和高压充注法。

低压充注法的优点是比较容易控制制冷剂的充注量，安全且不易损坏部件；缺点是充注的为制冷剂气体，充注速度慢，含水量较大，必须经干燥器处理。常用于小型氟利昂制冷系统的第一次充注或对系统制冷剂的补充。

高压充注法的优点是充注的为制冷剂液体，充注速度快，但较难控制制冷剂的充注量。高压充注法适用于系统经过抽真空处理的第一次充注，特别是大、中型制冷系统。它是依靠钢瓶内制冷剂与系统之间的压力差和高度差使制冷剂液体自行进入系统。应注意的是，采用该方法充注时，不得启动压缩机，以免发生“液击”等意外事故。

### 1. 开启式压缩机制冷系统的高压充注

如图 8-18 所示，将制冷剂钢瓶倒置于磅秤上，用加装三通修理阀的铜管把压缩机高压排气截止阀的多用通道口与钢瓶连接起来，钢瓶的支架位置尽可能地高于系统贮液器。将铜管与排气截止阀的接头拧松，稍旋开钢瓶阀门，利用高压制冷剂将铜管内的空气排出，待听到喷出的气流声后，立即将接头拧紧，将钢瓶阀门打开。读取磅秤指示的钢瓶质量，同时注意充注工具及磅秤不得承受外力，以免影响读数。顺时针方向旋开压缩机排气截止阀，使多用通道口与制冷系统处于连通状态，制冷剂由此进入制冷系统。

充注时要注意制冷剂钢瓶质量的变化，当达到规定的充注量时，立即关闭钢瓶阀。然后逆时针旋紧排气截止阀的阀，关闭多用通道口，拆下连接铜管，充注工作完成。

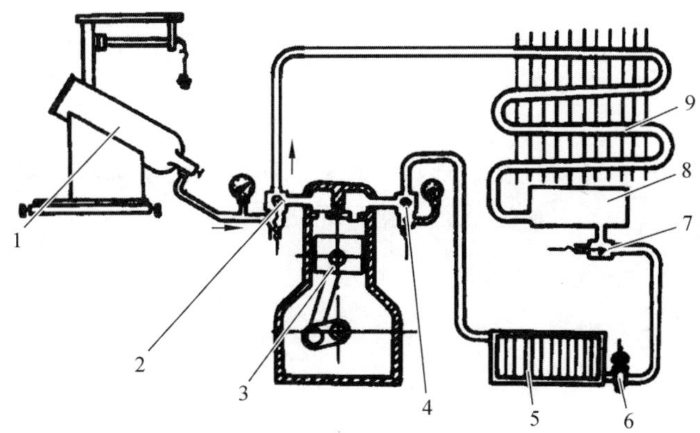


1—氟利昂钢瓶；2—排气阀；3—压缩机；4—吸气阀；5—蒸发器；
6—膨胀阀；7—出液阀；8—贮液器；9—冷凝器。

图 8-18　排气口充注制冷剂

2. 开启式压缩机制冷系统的低压充注

如图 8-19 所示，将制冷剂钢瓶直立放在磅秤上；将压缩机低压吸气截止阀沿逆时针方向旋紧，关闭多用通道口。连接铜管一端装干燥过滤器后连接在制冷剂钢瓶接口上，另一端则通过三通修理阀与压缩机低压吸气截止阀多用通道口连接。稍稍打开钢瓶阀门，使紫铜管中充满氟利昂气体，再稍稍打开三通换向阀接头上的接头螺母，利用氟利昂气体的压力将充注管及干燥过滤器中的空气排出，然后拧紧所有接头螺母，将钢瓶阀门打开，记下磅秤所示钢瓶质量。

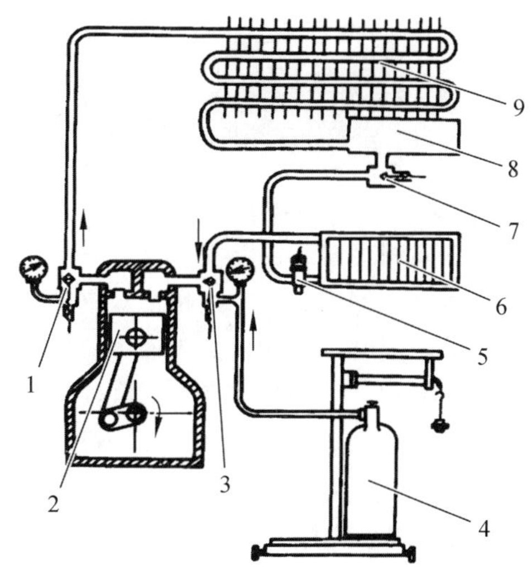


1—排气阀；2—压缩机；3—吸气阀；4—氟利昂钢瓶；5—膨胀阀；
6—蒸发器；7—出液阀；8—贮液器；9—冷凝器。

图 8-19　低压段充注制冷剂

按顺时针方向旋转压缩机的低压吸气截止阀，使多用通道口和低压吸入管及压缩机处于连通状态，制冷剂即由此进入制冷系统。充注时应注意制冷剂钢瓶质量的变化和低压表压力的变化（一般不超过 98 ~ 196 kPa）。如压力已达到平衡而充注量还未达到规定值，应先开冷却水（或冷却风扇），待冷却水从冷凝器出水口流出后，再启动压缩机进行充注。开机前应将低压吸气截止阀向逆时针方向旋转，关小多用通道口，以免发生液击（如有液击，应立即停机），然后按顺时针方向慢慢开大多用通道口，使制冷剂进入制冷系统。

当达到规定的充注量时，先关钢瓶阀门，然后逆时针旋转低压吸气截止阀，关闭多用通道口，再立即停下压缩机。卸下接管螺母、充注用具以及三通修理阀，将原先卸下的细牙接头、低压表等部件装上并拧紧。顺时针旋转低压吸气截止阀，使多用通道口与低压表及压力控制器相通（开启的大小以低压表指针无跳动为准）。

3. 全封闭压缩机制冷系统的充注

地铁车辆全封闭压缩机制冷系统一般采用低压工艺口充注，如图 8-20 所示。将装有压力表的三通修理阀一端接压缩机低压工艺管，另一端通过连接管与制冷剂钢瓶连接。

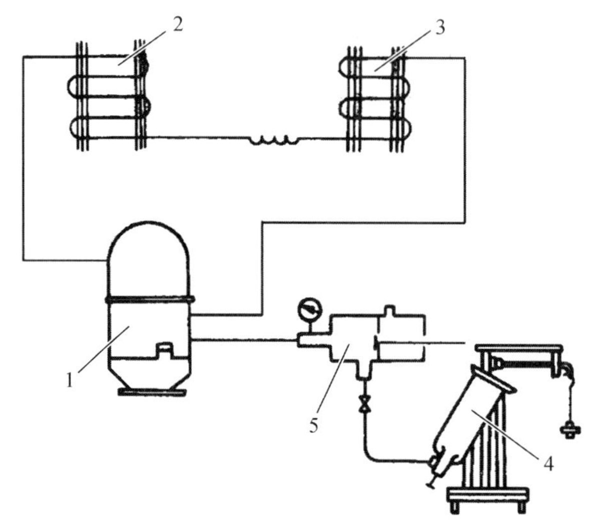


1—压缩机；2—冷凝器；3—蒸发器；4—氟利昂钢瓶；5—修理阀。

图 8-20　全封闭压缩机的制冷剂充注

稍稍开启制冷剂钢瓶并倒置，将连接管内的空气排出，然后拧紧接头螺母，关闭钢瓶阀门，并读取钢瓶质量。开启三通修理阀和钢瓶阀门，使制冷剂徐徐充入制冷系统，当充注量达到规定值时关闭三通修理阀。然后启动压缩机，观察蒸发器的结霜情况，当制冷剂充注量适当时，冷凝器和吸气管的温度、压缩机的工作电流均在额定范围之内。如充注过量，应放掉多余的制冷剂。充注完成后，关闭钢瓶阀门并拆除。在距压缩机工艺管口 20 cm 处，用封口钳夹扁，用焊锡封口并检漏。

小型全封闭的制冷设备制冷剂充注量过多或过少对制冷都不利，而制冷剂过多更不利，因此在充注氟利昂制冷剂时，充注量要稍少一点为好。另外，充注的制冷剂必须经过干燥、过滤处理。

## 任务四　空调机组的检修

【学习目标】

- 掌握空调单元的拆卸与安装。
- 掌握空调机组的检修。

8.4　空调机组的检修

【教学环境】

可利用多媒体设备进行直观的理论教学，利用图片和录制的视频进行初步认知教学，也可以到现场参观城轨交通车辆空调系统的组成。

【教学设施】

教学用的 PPT、视频以及相关教学引导资料。

【理论模块】

城轨车辆每节车装有 2 台独立的顶置式空调单元，用于客室通风与空气调节，司机室的通风单元安装在司机室的天花板上。下面以某车型为例介绍空调机组的检修。

## 一、空调单元的拆卸与安装

特殊工具：起吊质量 1 t 的行车。

1. 拆卸准备

（1）司机室通风单元：① 断开电源以防意外启动。② 打开顶棚盖板。

注意：拆卸司机室通风单元时必须取下控制面板。

（2）空调单元：① 列车必须停靠在行车可以到达的位置。轨道上方不能有接触网，否则不可能将空调单元从车顶吊离。② 断开电源以防意外启动。

2. 拆卸过程

（1）司机室通风单元：① 打开天花板，拔下电气接头，断开接地线，拆下风道。② 通风单元通过 4 个托架固定在顶棚上，使用 M8 套筒松下螺母，取下单元。

警告：拧下紧固螺母时应确信设备不会落下！

（2）空调单元：① 拆卸单元时断开所有电气插头、接地线、活塞供气管路。② 松开车体与折叠风道的连接螺栓。③ 将吊钩卡入起吊孔。④ 松下托架上的固定螺母，从车顶将空调单元吊起。

注意：确定空调单元已完全断电。

3. 安装准备

（1）司机室通风单元：断开电源以防意外启动。

（2）空调单元：① 列车必须停靠在行车可以到达的位置，轨道上方不能有接触网，否则不可能将空调单元从车顶吊入。② 断开电源以防意外启动。

4. 安装过程

（1）司机室通风单元：① 将通风单元放在司机室顶部。② 将单元固定在 4 个托架上，将 M8 螺母涂上油脂并紧固，扭矩为 18 N · m。③ 将风道接口连接到风道上。④ 连接接地线，连接电气接头。⑤ 检查单元位置，合上盖板。⑥ 紧固所有的螺母。

（2）空调处理单元：① 将空调总成吊装到车顶。② 将总成放置在 4 个避振胶垫上，拧紧固定螺母，扭矩为 18 N · m。③ 连接接地线，连接电气接头，连接气管。④ 安装过渡风道，合上盖板。

## 二、空调单元的检修

1. 双周检

注意：进行任何维护工作前，都要对单元断电。

工作时间与周围空气的污染程度有关，因此，更换空气过滤网与操作检查热交换器时要尽可能快速。

特殊工具：压力表组；材料：压缩空气或清水。

（1）检查空气过滤器：混合空气过滤器位于蒸发器外侧，过滤网的框架由两组导轨固定，框架可垂直向上取出，滤网引起的压降由托架上的测量探头测量，正常情况下滤网造成的压差小于 60 Pa，否则更换或清洗。

滤网安装在两片金属架中。打开金属架，更换滤网。清洁的滤网（用压缩空气清洁）再次使用时，滤网表面无洞眼，表面纤维无损伤。安装混合空气过滤器时，滤网的印刷面朝向蒸发器。外界空气过滤器位于新风挡板前方。外界空气过滤器的框架用弹簧搭扣和导轨固定。松开弹簧搭扣，向上取出外界空气过滤器。外界空气格栅通过螺母固定在框架上。格栅上积灰严重时，需要彻底清洁。

（2）检查冷凝器：使用压缩空气清洁冷凝器。气流方向与冷凝器进气方向相反。

2. 双月检

材料：压缩空气或清水；必要准备工作：单元断电。

（1）检查蒸发器：检查蒸发器表面有无污垢，必要时先将混合空气过滤器取出，使用压缩空气或清水清洗蒸发器。

（2）查看制冷剂液位：查看视液镜，检查制冷剂液位，制冷剂液流应无泡沫。如果运行 5 min 后视液镜里的制冷剂里含有泡沫，可能是制冷剂少的缘故。

系统抽真空前，先查找系统可能存在的微堵，系统微堵处的温度要低于周围温度。检查干燥过滤器、液体管路上的焊接头，如果找不到微堵而视液镜中有泡沫，就对系统查找漏点。通常鉴别管路和其他部件上的油迹是查找漏点的方法，作业后油迹必须擦拭干净。

## 思考与练习

1. 温度测量仪表的种类有哪些？
2. 常用的湿度测量方法有哪些？
3. 测量风速的常用仪表有哪几种？
4. 简述制冷装置安装的一般原则。
5. 紫铜管有哪些连接方法？
6. 制冷装置检漏的方法有哪些？
7. 什么是压力检漏？如何进行？
8. 真空检漏有什么作用？如何进行？
9. 充注制冷剂的方法有哪几种？如何充注制冷剂？

# 项目九　城轨车辆空调运转及保养

项目概述

本项目主要介绍了城轨车辆空调的性能试验、安装及试运转、保养与维护以及维护软件的使用。城轨车辆单元空调机组检验一般包括出厂检验、抽样检验和型式试验，型式试验包括25种。在安装及试运转中应注意安装顺序和安全事项。在空调机组的保养与维护中，重点介绍了主要部件的检查工具、作业步骤及对应的检修类别，最后结合广州地铁，介绍空调机组维护软件的使用。

## 任务一　城轨车辆空调装置试验

【学习目标】

9.1　城轨车辆空调装置试验

- 理解城轨车辆单元空调机组试验的主要内容。
- 熟悉城轨车辆空调机组的安装步骤。

【教学环境】

可利用多媒体设备进行直观的理论教学，利用图片和录制的视频进行初步认知教学。

【教学设施】

教学用的PPT、视频以及相关教学引导资料。

【理论模块】

### 一、单元空调机组试验

城轨车辆空调机组检验一般包括出厂检验、抽样检验和型式试验。型式试验包括一般检查、标志、包装、绝缘电阻、电气强度、接地电阻、制冷系统密封、运转、淋雨、气密性、制冷量、机外静压、制冷消耗功率、最大负荷制冷、热泵制热、热泵制热消耗功率、电加热功率、能效比、性能系数、凝霜、噪声、低温工况、热泵最大制热、自动除霜和振动试验25项指标；抽样检验则从出厂检验合格的产品中抽样1台，进行其中的前19项指标检查，如不合格，则需逐台检查；出厂检验一般只对其中的前10项指标检查。

主要试验方法及要求：

1. 制冷系统密封性能试验

空调机组的制冷系统在规定的制冷剂充灌量下，用灵敏度为 14 g/a 的制冷剂检漏仪进行检验。试验时，制冷系统制冷剂漏泄量不大于 14 g/a。

2. 运转试验

空调机组应在接近名义制冷工况的条件下运行，检查空调机组的运转状况、安全保护装置的灵敏度和可靠性，检验温度、电器等控制元件的动作是否正常。所有检测项目应符合设计要求。

3. 淋雨试验

在空调机组运转下，向空调机组顶部均匀喷水 15 min，喷水压力、喷水量、喷头位置及喷水角度符合 TB/T 1802 的要求。与车体接口部位各处焊缝及接缝处不应漏水。

4. 气密性试验

将空调机组的出风口、回风口及新风口封闭，向空调机组的空气处理腔内部充入气体压力至 4 000 Pa 以上，停止充气后，测量空气处理腔内部气体压力从 4 000 Pa 降至 1 000 Pa 时所需要的时间。空调机组空气处理腔内部的气体压力从 4 000 Pa 降至 1 000 Pa 时所需要的时间不小于 50 s。

5. 制冷量试验

按国家标准规定的名义工况和轨道车辆空调机组制冷（热）的试验方法进行。空调机组实测制冷量不应小于名义制冷量的 95%。

6. 机外静压试验

按国标规定的试验方法，在制冷量测定的同时，测定空调机组的机外静压。机外静压应符合技术协议规定值。

7. 制冷消耗功率试验

按国标规定的试验方法，在制冷量测定的同时，测定空调机组的输入功率、电流。空调机组实测制冷功率不应大于名义制冷消耗功率的 110%。

8. 最大负荷制冷试验

在额定功率，试验电压分别为额定电压的 90%和 100%条件下，按规定的最大负荷工况稳定运行 1 h，然后停机 3 min（停机期间电压上升不得超过 3%），再启动运行 1 h，空调机组各部件不应损坏，并能正常运行。

9. 凝露工况试验

按规定的凝露工况连续运行 4 h。凝结水不应从空调机组随风吹出，而应顺利从排水孔（管）排出。

10. 低温工况试验

按规定的低温工况连续运行 4 h。空调机组应能正常运行，且蒸发器风道不应被冰霜堵塞，空调机组出风口不应有冰屑或水滴吹出。

11. 电加热制热功率试验

（1）在电加热器制热工况下，空调机组制冷系统不运行，将电加热器开关放在全热的位置，测定其输入功率。

（2）空调机组在热泵名义制热工况下运行，待热泵制热量测定达到稳定后，测定辅助电加热器的输入功率。

采用管状电加热器的实测制热消耗功率要求为名义值的 90%～105%，采用 PTC 电加热器的实测制热消耗功率为名义值的 100%～110%。

12. 热泵最大负荷试验

在额定功率，试验电压分别为额定电压的 90%和 100%条件下，按规定的最大负荷工况稳定运行 1 h，然后停机 3 min（停机期间电压上升不得超过 3%），再启动运行 1 h，空调机组各部件不应损坏，并能正常运行。

13. 自动除霜试验

将装有自动除霜装置的空调机组的温度控制器、风机速度调到室外侧最易结霜的状态，按规定的除霜工况运行稳定后，连续运行两个完整除霜周期或连续运行 3 h（试验的总时间应从首次除霜周期结束前开始），直到 3 h 后首次出现除霜周期结束为止，应取其长者。

除霜所需总时间不应超过试验总时间的 20%。在除霜周期内，室内侧的送风温度低于 18 °C 的持续时间不超过 1 min。

14. 噪声试验

在额定电压和额定功率下，按规定测量噪声。

噪声测量值：室外侧不超过 69 dB（A），室内侧不应超过 65 dB（A）。

15. 振动试验

按规定在振动试验台上进行。

振动试验时，零部件应不受损坏，紧固件无松动，性能符合要求。

16. 绝缘电阻试验

用兆欧表测量空调机组带电部位对非带电部位的绝缘电阻。

空调机组带电部位和非带电金属部位的绝缘电阻应不小于 2 MΩ。

17. 电气强度试验

按规定的试验电压进行电气强度试验。

空调机组带电部位和非带电的金属部位之间的绝缘应能承受电气强度试验，历时 1 min，应无击穿和闪络。

## 二、空调机组装车后试验

### 1. 通风系统性能试验

（1）为了确保旅客舒适，通风机在额定电压下运行，新鲜空气量应不低于表 9-1 和表 9-2 的规定。

表 9-1 通风系统性能试验规定 1

| 通风方式 | 人均通风量/（$m^3/h$） |
|---|---|
| 机械通风 | 30 |
| 空气调节器 | 10～13 |

表 9-2 通风系统性能试验规定 2

| 外界气温/°C | 人均新鲜空气，最少供给量/（$m^3/h$） |
|---|---|
| <－20 | 8 |
| ≥－20～－5 | 10 |
| ≥－5～26 | 20 |
| >26 | 25 |

（2）每 1 $m^3$ 空气的含尘量不超过 0.5 mg。乘客所处的空间内，为使气流速度不致影响乘客的舒适度，气流速度应符合客室温度与气流速度的关系曲线（见图 9-1，曲线为生理上允许的最高温度）。

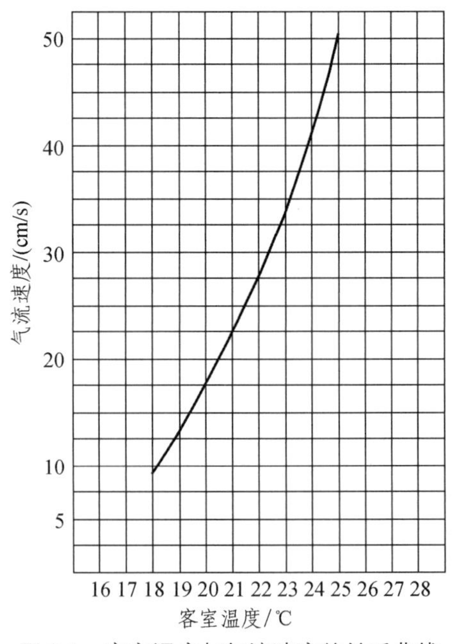


图 9-1 客室温度与气流速度的关系曲线

### 2. 空调设备性能试验

（1）装有空调装置的地铁车辆，调节器处于中立位置时，空调设备在指定的环境温度下应能达到预定的温度，如图 9-2 所示。

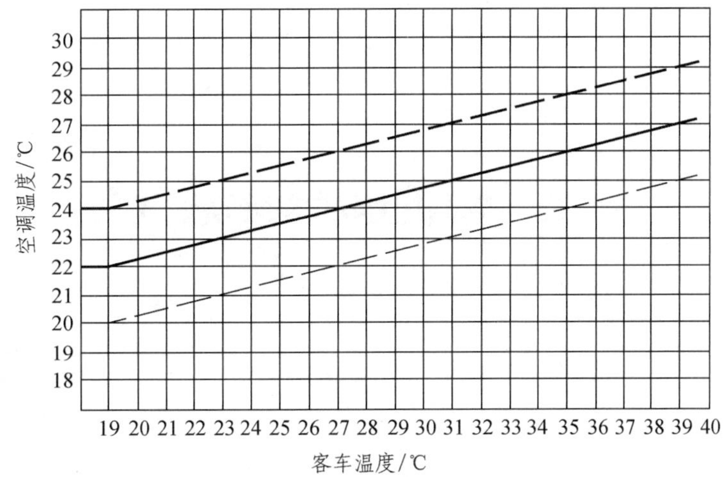

图 9-2　客车温度与空调装置的关系曲线

（2）司机室和客室装有空调装置的地铁车辆，调节器处于中立位置时的客室和司机室温度。

① 环境温度低于 30 °C 时，客室和司机室温度应为 18 ~ 25 °C。

② 环境温度高于 30 °C 时，客室和司机室内的温度应为

$$T_1 \leqslant 20\ ^\circ\mathrm{C} + 0.5(T_2 - 20)\ ^\circ\mathrm{C} \tag{9-1}$$

式中　$T_1$——客室和司机室的温度；

$T_2$——环境温度。

③ 在外界气温较低、梅雨季节较大的地区，客室温度与湿度的关系如图 9-3 所示。

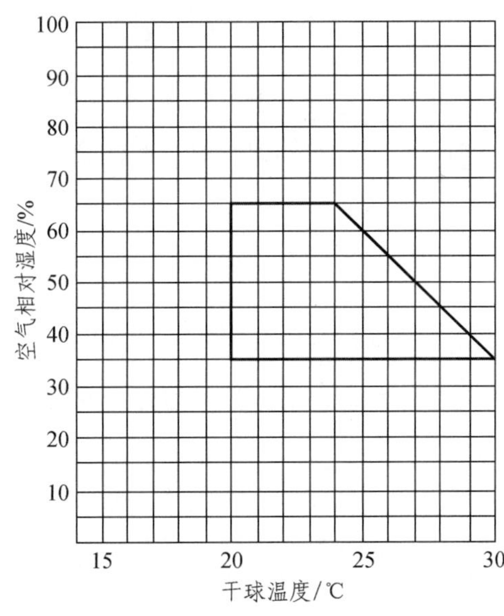

图 9-3　装有除湿装置的地铁车辆的客室温度与湿度的关系曲线

3. 车体密封试验

（1）车体及安装在车体外部的电气设备的所有开孔、门窗、孔盖、盖板的缝隙都应进行漏雨试验。

（2）开动通风机，让车辆驶过喷射的龙门架，降雨量大于 6 mm/min，压力 200 kPa，时间 15 min（例行试验可缩短到 5 min）内部应无可见的水滴出现。

# 任务二　空调机组的安装及试运转

【学习目标】

9.2　城轨车辆空调安装及试运转

- 掌握城轨车辆空调机组试运转时的注意事项。
- 熟悉城轨车辆空调机组的常规维护和保养内容。
- 了解空调单元维护软件的使用。

【教学环境】

可利用多媒体设备进行直观的理论教学，利用图片和录制的视频进行初步认知教学。

【教学设施】

教学用的 PPT、视频以及相关教学引导资料。

【理论模块】

## 一、安装说明

1. 空调机组及排气装置安装

（1）防水密封胶条的安装。

先在车顶安装防水密封胶条的密封内框上均匀地涂上密封胶，再将密封胶条嵌在密封框内。为了防止雨水漏入车内，施工时要确保密封胶条粘接牢固、严密。

（2）空调机组及排气装置的吊装。

通过机组两侧吊耳孔将机组水平吊起，缓缓落至车顶安装位置，然后用螺栓将机组固定好。

机组减振器与车顶上机组安装座之间有间隙的话，应插入调整板进行调整，机组安装到位后，应保证空调机组处于水平状态。严禁用螺栓强行连接。

（3）电气连接器连接。

将连接器插头与车辆预埋电缆相连接，采用压接，必须保证压接正确、牢固，并做好连接器插头的防水密封。将连接器插头与空调机组侧对应的连接器插座连接，并确保连接正确、妥当。

排气装置连接器插座位于排气装置废气进口处，将接好线的连接器插头与插座连接，并将紧急通风逆变器按逆变器接线要求连接。

最后，将导流罩及空调机组侧罩板安装好。至此车顶上作业全部完成。

（4）在风机运转情况下进行淋雨检查，雨水不得从防水密封垫处漏入车内。

2. 司机室通风机安装

将司机室通风机进风口通过橡胶软风道与空调机组送风道相连，用螺栓将司机室通风机固定在司机室顶部安装座上。

3. 运转前的检查

在运转空调系统之前，必须对下列项点进行检查，在确认没有问题之后，方可开始运转。

（1）机组侧与控制柜侧的接线端子是否确实接好。

（2）电气回路是否正常。

（3）主回路及控制回路的绝缘电阻是否均正常。

（4）各风机的叶轮是否碰风筒的内壁。

（5）防止逆相连接。

空调电源（主回路）如果逆相连接，会造成空调机组制冷不正常，所以要注意避免逆相连接，请用相序检查仪进行确认。

4. 运转确认

关于空调机组的操作，可参考厂家提供的微机控制使用说明书。

（1）离心风机的运转。

离心风机运转时，首先请确认一下车内是否有风吹出，风量极小时，应检查风机是否反转。如果反转，请将电源相序调整正确，即将三相中的任意两相对调（注意，空调机组出厂时各电机的相序已调好，请不要随意调换），然后再确认是否有异常振动和异常噪声。

（2）送风均匀性的调整。

车内各出风口的送风量应基本均匀，否则将影响制冷效果及车内舒适性。

（3）轴流风机的运转。

请确认室外轴流风机的运转是否正常。风机正常运转时，气流应从机组上部中间吹出，从两侧吸入。

（4）制冷运转。

全制冷状态时，吸入和吹出的空气温差为 8 ~ 10 °C 时为正常。

请确认运转时是否有异常振动、噪声，同时用电流表测定压缩机运转电流值是否异常。

（5）当车内温度处于 19 °C 以下时的低温运转。

当蒸发器吸入的空气温度在 19 °C 以下时，即为低温运转。此时，由于可能在蒸发器上引起结霜现象，所以请避免在这样的条件下运转。

如果在不得已的情况下必须启动压缩机时，请利用电加热器提高环境温度，在 10 °C 以上运转时不超过 2 ~ 5 min，在 0 ~ 10 °C 运转时不超过 2 ~ 3 min。

（6）再启动。

在短时间内，请不要使轴流风机或压缩机反复启动、停止。由于启动电流将加快电机的绝缘老化和电磁接触器等配电盘电气元件的接点消耗，所以再次启动时，一定要间隔 1 min 以上（正常线路上运行过断电区的情况除外），每次运转时间 3 min 以上。

## 二、空调机组操作安全注意事项

（1）要停止运转，断开电源。

（2）检修时要断开电源，否则可能会触电，引起火灾。

（3）不要把手或其他物品伸进风扇叶，否则可能造成事故。

（4）不要踩踏冷凝风机保护罩，否则可能造成损伤及风机故障。

（5）不要用手直接接触热交换器的翅片表面，否则可能损伤手。

（6）不要用手去摸工作中的冷媒配管及压缩机。因为工作中的冷媒配管里的冷媒处于流动状态，或高温或低温，用手接触可能烫伤或冻伤。

（7）机组的拐角及突出部分也不要用手直接触摸，因为机组的外壳及部分零件是用较薄的钢板制成，用手直接接触可能会划伤。

（8）机组的盖取下后，请不要让机组运转。

① 此时通风机过载运转会引起通风机电机发热损坏。

② 制冷运转蒸发器会结霜引起低压故障。

（9）对空调机组进行焊接操作及其操作后一定时间内，不要触碰空调机组内的铜管和元器件，以免因为高温而烫伤。

（10）机组与车体的所有连接螺栓均应确保牢固，并经常检查，否则可能因松动造成危险。

（11）机组前后盖的连接螺栓、活动盖铰链开口销、盖锁均应确保牢固，并经常检查，否则可能因松动而落下造成危险。

（12）机组地线要接好，否则可能造成触电。

（13）在进行制冷剂回收或充注制冷剂时，要防止气液态制冷剂喷射到手上或身体其他皮肤表面，以免造成冻伤。

# 任务三　空调机组的保养与维护

【学习目标】

熟悉城轨车辆空调机组的常规维护和保养内容。

【教学环境】

可利用多媒体设备进行直观的理论教学，利用图片和录制的视频进行初步认知教学。

【教学设施】

教学用的 PPT、视频以及相关教学引导资料。

【理论模块】

9.3　城轨车辆空调保养与维护

## 一、检修规程

空调机组不同修程检修标准和要求如表 9-3 所示。

表 9-3　空调机组不同修程检修标准和要求

| 类别 | 检修内容 | 检修类别 | | | | | 检修标准及要求 |
|---|---|---|---|---|---|---|---|
| | | 日检 | 双周检 | 年检 | 架修 | 大修 | |
| 空调机组 | 1. 检查新风过滤网是否脏污 | | ○ | ○ | ○ | | 用中性清洁剂清洗干净，并尽可能多地增加清洗次数 |
| | 2. 检查回风滤尘网是否脏污 | | ○ | ○ | ○ | | |
| | 3. 检查空调机组内部及盖板以及送风机是否脏污、生锈 | | | ○ | ○ | ○ | 检修各部并清洁；将生锈部分喷漆 |
| | 4. 检查冷凝器是否脏污 | | | ○ | ○ | ○ | 1. 把压缩空气按运转时的反方向吹入肋片间隙或从脏物附着多的一侧用吸尘器进行吸尘。<br>2. 特别脏时，可将中性清洁剂在温水中冲开后，用柔软的抹布轻轻擦拭 |
| | 5. 检查蒸发器是否脏污 | | | ○ | ○ | ○ | |
| | 6. 检查配管、制冷配件、电磁阀等 | | | ○ | ○ | ○ | 配管无渗油现象发生，制冷配件无损坏，电磁阀动作正常 |
| | 7. 检查离心风机有无生锈、运转时有无异音 | | | | ○ | ○ | 除去室内送风机的锈，并进行防锈喷漆；<br>运转时无异常声音 |
| | 8. 检查轴流风机有无生锈、运转时有无异音 | | | | ○ | ○ | |
| | 9. 检查排水口是否脏污堵塞 | | | ○ | ○ | ○ | 排水口无杂物堵塞，排水通畅 |
| | 10. 检查绝缘电阻是否正常 | | ○ | ○ | ○ | ○ | 绝缘电阻大于 5 MΩ |
| | 11. 接线端子及各紧固螺钉是否松弛 | | | ○ | ○ | ○ | 紧固件完整，状态良好，无松动 |
| | 12. 隔热材/密封件类是否脱落 | | | | ○ | ○ | 隔热材/密封件类无破损、脱落，否则修复 |
| | 13. 风阀动作 | | | ○ | ○ | ○ | 状态良好，转动灵活，手动转动叶片无卡死 |
| | 14. 检查空调机组运转是否正常 | ○ | ○ | ○ | ○ | | 空调机组运转正常 |

## 二、单元空调机组保养及维护

1. 冷凝器的清扫

室外冷凝器的散热片落上灰尘异物时会影响换热效率，使高压侧的压力升高，所以进行检查清扫（吹风）或清洗，清洗时需拆下冷凝器上部盖板。

标准工具：软毛刷、护目镜、防水手套、防水工作服。

专用工具：高压热水清洗机、用于修理翅片的专用调片器。

消耗品：专用清洁剂、洁净抹布。

检修周期：1 年。

空调机组的运行周期和环境状况决定了换热器需要清洗的频率，可是在任何情况下冷凝器在每年的维护周期中都要被清理。

操作程序：

（1）检查表面的洁净状况，清除大的障碍物（在大修期间，把空调机组从车体拆下，用水直接向冷凝器内侧换热器喷射，同时用毛刷清除沉积的污垢）。

（2）任何与换热器相邻且与换热器的清理相干涉的元件都要被拆除，这个规则同样适用于任何与正在进行清理操作的设备相干涉的设备元件。

（3）拆下后左盖板和后右盖板。

（4）用软毛刷清除换热器表面的污垢。这样的清理必须使用软毛刷以免损坏换热器的翅片，直至清除所有的树叶、羽毛等。

注意：清洗时不要让杂物在换热器上大范围地移动，以免引起大面积的损坏。

（5）打开高压清洗机，选择热水挡，设置水温为 70 °C，清洁剂浓度为 2.0%或 3.0%。

（6）使用喷头以 90°方向向上和向下清洗换热器表面。

（7）关闭清洁机 5 ~ 15 min，使清洁剂慢慢地发挥效力。

（8）一旦换热器清理洁净，打开清洁机设置成热水挡（清水，无清洁剂）。

（9）用清水彻底漂净换热器，目视检查有没有残余，必要时重复漂洗。

（10）用冷水（无清洁剂）重复漂洗程序，直到换热器和翅片完全没有清洁剂残留。

（11）换热器清洗完毕后，清洗机组支撑架上的残留污垢。

（12）用专用调片器修理弯曲的翅片。

（13）安装空调机组各盖板，恢复机组。

#### 2. 蒸发器的清扫

蒸发器散热片表面落上灰尘，会使室内通风机风量减小，冷量不足，甚至会导致蒸发器表面的凝结水被通风机吹入风道内，并通过出风口滴入车内，所以视灰尘的附着情况应定期清扫或清洗。

所用工具、消耗品、检修周期及操作程序同冷凝器的清扫。

#### 3. 回风滤尘网的清洗

回风滤尘网落上灰尘使通风量减少，影响制冷效果，需经常清洗。回风滤尘网位于车顶回风格栅处，打开回风格栅便可很容易地抽出清洗。

标准工具：软毛刷、护目镜、防水手套、防水工作服、洁净的压缩空气。

备品：回风滤网 G4900013、回风滤料 TCS080-T10。

规格：8 × 1 167 × 350 一件。

消耗品：专用清洁剂、清水。

检修周期：2 ~ 4 周。

操作程序：

（1）打开车内顶回风格栅。

（2）抽出回风滤网框架。

（3）将压住滤网的钢丝从一端取下，取出滤料。

（4）使用加有中性清洁剂的水清洁回风滤料，在空气中自然干燥后待用。

注：滤料清洗 4 次后，应更换新的备件。

（5）将滤料重新安装到回风滤网框架内。

（6）将回风滤网框装回车顶回风格栅，注意钢丝侧向下。

（7）关闭车内顶回风格栅。

4. 新风滤尘网的清洗

新风滤尘网落上灰尘使新鲜空气量减少，需经常清洗。

标准工具：软毛刷、护目镜、防水手套、防水工作服、洁净的压缩空气。

备品：新风滤网 G4900001、新风滤料 TCS080-T10。

规格：8 mm × 830 mm × 205 mm 两块。

消耗品：专用清洁剂、清水。

检修周期：2～4 周。

操作程序：

（1）打开机组左中盖板和右中盖板。

空调机组中盖板采用压缩式门锁（方孔锁）进行锁闭，打开时逆时针转动方孔锁，锁闭时顺时针转动方孔锁，使方孔锁上刻痕相对时为锁闭到位。

（2）向上抽出左（右）中盖板下的新风滤网。

（3）打开新风滤网框架，取出滤料。

（4）使用加有中性清洁剂的水清洁滤料，在空气中自然干燥后待用。

注：滤料清洗 4 次后，应更换新的备件。

（5）将滤料按框架铝网的波浪形状重新安装到新风滤网框架内。

（6）将滤网框架重新装入机组，注意铰链侧向上，铝网侧向内。

（7）恢复机组。

注意：翻开盖板时需先将盖板二级安全防护装置打开，按压防护装置挂钩，然后缓慢抬起盖板，将支撑杆端部凹槽卡在支座孔内，用支撑杆将盖板撑起。作业完成后合上盖板前须将支撑杆卡在卡槽内，以免因振动产生噪声。应确保盖板可靠锁闭，方可允许空调运转，否则可能会发生意外。

5. 排水口的清扫

空调机组排水口采用存水弯方式，请在每年空调制冷运行前进行检查，将排水口清扫干净，使之不被垃圾或异物等堵塞。

6. 绝缘电阻检查

标准工具：必要的标准工具。

专用工具：500 V 兆欧表。

修程：500 000 km。

操作程序：

（1）断开空调机组主回路连接器与车辆电源的连接。

（2）将 500 V 兆欧表的一端连接在连接器的接触件上，另一端与空调机组机壳相连。

（3）使用 500 V 兆欧表测试绝缘电阻，确认绝缘电阻是否在 2 MΩ以上，在 2 MΩ以下时，请检查各部位的绝缘老化情况，进行修理或更换。

（4）恢复连接器与车辆电源之间的连接。

7. 保温材料的检查

标准工具：刷子、防水防护手套。

备品：401 胶 1 000 g、保温材料（厚度 9 mm、13 mm、19 mm）各 2 $m^2$。

凹凸吸音材料 2 $m^2$、NH 系列保温套管 $\Phi$22 mm × 9.2 m。

修程：125 000 km。

操作程序：

（1）打开前盖板、左中盖板、右中盖板。

（2）目测检查上述盖板上、蒸发腔、压缩机腔内的保温材料有无脱落、破损情况，如有上述情况，修复或更换保温材料。

（3）盖上各盖板，恢复机组。

8. 油漆的检查和修复

标准工具：油漆刷、防水防护手套、打磨机。

专用工具：空气喷枪、刮刀。

备品：聚氨酯油漆、合金原子灰、PLOYKIT IV。

消耗品：P150#和 P240#砂纸、洁净抹布、异丙醇。

修程：125 000 km。

操作程序：

（1）目测检查油漆部位是否有脱漆、破损现象。

（2）使用砂纸对需要喷漆的部位打磨并彻底清洁。

（3）配制原子灰腻子并使用刮刀使腻子填满凹坑和不平表面，将腻子打磨平整。

（4）喷 2 遍底漆（双组分环氧底漆）。

（5）底漆干燥后，喷 2 遍中涂漆（双组分中涂漆）。

（6）中涂漆干燥后，打磨并清洁表面。

（7）喷 3 遍面漆，间隔时间 15 min。

（8）自然干燥 24 h。

9. 冷凝风机的检查

标准工具：油漆刷、扳手、防水防护手套。

消耗品：防锈漆。

修程：250 000 km。

操作程序：

（1）打开后中盖板。

（2）检查冷凝风机的油漆是否有脱落现象，如有必要，使用防锈漆刷在油漆脱落的部位，防止生锈。

（3）检查设备固定螺栓。

（4）检查接线端子。

（5）检查轴承。

（6）检查电机轴和叶片，如有松动，将其紧固。

（7）用压缩空气清洗风机叶片，必要时用软毛刷和清洗剂清洗。

（8）盖上后中盖板，试运转冷凝风机，检查风机有无异音，如有必要，更换冷凝风机。

（9）换下的风机，如是轴承发生故障，则更换轴承。

10. 蒸发风机的检查

标准工具：毛刷、护目镜、防水防护手套、防水工作服、压缩空气。

消耗品：干净的抹布、清洁剂。

修程：125 000 km。

操作程序：

（1）打开前中盖板。

（2）检查设备固定螺栓。

（3）检查并紧固接线盒以及接线端子。

（4）检查轴承。

（5）检查电机轴和叶片，如有松动，将其紧固。

（6）用压缩空气清洗风机叶片，必要时用软毛刷和清洗剂清洗。

（7）如果电机有明显损坏，需更换电机以防发生故障。

（8）盖上前中盖板，恢复机组。

## 三、排气装置的保养及维护（见表 9-4）

表 9-4　排气装置不同修程的检修标准和要求

| 类别 | 检修内容 | 检修类别 | | | | | 检修标准及要求 |
|---|---|---|---|---|---|---|---|
| | | 日检 | 双周检 | 年检 | 架修 | 大修 | |
| 排气装置 | 1. 检查风机有无生锈、运转时有无异音 | | | | ○ | ○ | 除去室内送风机的锈，并进行防锈喷漆；运转时无异常声音 |
| | 2. 风阀动作 | | | ○ | ○ | ○ | 状态良好，转动灵活，手动转动叶片无卡死 |

## 四、司机室通风机的保养及维护（见表 9-5）

表 9-5　司机室通风机不同修程的检修标准和要求

| 类别 | 检修内容 | 检修类别 | | | | | 检修标准及要求 |
|---|---|---|---|---|---|---|---|
| | | 日检 | 双周检 | 年检 | 架修 | 大修 | |
| 司机室通风机 | 1. 检查出风口状态 | | ○ | ○ | ○ | ○ | 状态良好，转动灵活 |
| | 2. 检查风机有无生锈、运转时有无异音 | | | | ○ | ○ | 除去室内送风机的锈，并进行防锈喷漆；运转时无异常声音 |

## 五、控制系统的保养及维护

1. 检修规程（见表 9-6）

表 9-6　空调控制柜不同修程的检修标准和要求

| 类别 | 检修内容 | 检修类别 | | | | | 检修标准及要求 |
|---|---|---|---|---|---|---|---|
| | | 日检 | 双周检 | 年检 | 架修 | 大修 | |
| 空调控制柜 | 1. 控制柜外观检查 | | | ○ | ○ | ○ | 应无锈蚀、变色、脱漆 |
| | 2. 控制柜内部一般检查 | | | ○ | ○ | ○ | 应无锈蚀、变色、污染，无灰尘及其他异物 |
| | 3. 检查内部各螺丝是否有松动现象，特别注意接线螺丝 | | ○ | ○ | ○ | ○ | 应无异常，保证接触可靠、牢固 |
| | 4. 柜内配线及电器零部件检查 | | ○ | ○ | ○ | ○ | 接线端子处，配线应无过热变色痕迹或损伤，配线符号标记等不得脱落，电器件应牢固 |
| | 5. 重要部件状态检查：PLC<br>检查端子排上导线连接螺丝是否松动，检查各模块之间的连接电缆是否松动。<br>通电后检查PLC各模块是否工作正常，各指示灯状态是否正常 | | ○ | ○ | ○ | ○ | 端子排上导线连接螺丝应无松动，各模块之间的连接电缆应无松动。PLC 模块应能正常工作，各指示灯状态正常 |
| | 6. 重要部件状态检查：空气开关<br>端子紧固螺钉、电线安装螺丝以及导线连接螺丝是否松动，经常接通的空气开关是否有异常发热，触点是否有损坏或烧结现象。<br>在分断电流后，把空气开关拆下测量绝缘电阻是否小于规定的 5 MΩ，是否符合耐压试验要求 | | ○ | ○ | ○ | ○ | 端子紧固螺钉、电线安装螺丝以及导线连接螺丝应紧固且无氧化现象，经常接通的空气开关应无异常发热，触点应无损坏或烧结现象，空气开关绝缘电阻值不小于 5 MΩ 且符合耐压试验要求 |
| | 7. 重要部件状态检查：接触器<br>触头是否有损坏或烧结现象，电线连接部分是否牢固且无氧化现象 | | ○ | ○ | ○ | ○ | 触头应无损坏或烧结现象，接线螺钉应紧固且无氧化现象 |

2. PLC 的检查

检查周期：每年整备时必须检查，正常使用时，每个月检查 1 次，平日经常观察工作状态。

检查方法：

（1）检查端子排导线连接螺丝是否松动，如松动应及时拧紧。

（2）检查各模块之间的连接电缆是否松动，如松动应及时插紧。

（3）通电后检查 PLC 各模块是否工作正常，各指示灯状态是否正常，如有故障应及时查找原因并检修。安装或拆卸 PLC 各模块时应切断所有电源。

3. 空气开关的检查

检查周期：

使用初始每月检查 1 次，以后可根据环境条件定期检查，如表 9-7 所示。

表 9-7　不同使用环境的周期

| 使用环境 | 周期 |
| --- | --- |
| 清洁而干燥的环境 | 1～2 年 1 次 |
| 有少量灰尘，含有少量腐蚀性气体、蒸汽、盐分 | 1 年 1 次 |
| 除上述两项以外的地方 | 6 个月 1 次 |

检查方法：

（1）检查端子紧固螺钉、电线安装螺丝以及导线连接螺丝是否松动，应及时拧紧。

（2）经常接通的空气开关，定期检查时要进行反复开、关操作，以便清除触点，防止异常发热。

（3）触点烧损时，用细锉或砂纸轻轻打磨后，再用含有中性洗涤剂或汽油的布清扫触点。

（4）分断电流后，要把空气开关拆下来进行下列检查。

① 测量绝缘电阻，不应小于规定值 5 MΩ。

② 进行耐压试验，应符合要求。

③ 如达不到规定要求，应予以更换。

4. 接触器的检查

检查周期：

每年整备时必须检查。正常使用时，每两个月检查 1 次，平日经常观察工作状态。

检查方法：

（1）触点的损耗状态：采用银触点时，如触点突起较高，在烧损部分可以用细锉（200 目）把触点锉平，然后用浸有四氯化碳的布擦拭干净。

（2）触点的接触状态：接触不良的触点，和上述方法一样处理，以使接触良好。触点烧死，应立即更换。

（3）灭弧罩：用布轻轻地擦去灰尘或炭粉等。

（4）电线连接部分：检查接线螺钉的紧固情况，用螺丝刀拧紧，如有氧化现象，应用细砂纸打磨去氧化层，以保证接触良好。（注意：维修后检查，空调机组任何一处维修后都必须进行维修后检查。）

# 任务四　空调单元维护软件的使用

空调和城轨车辆许多部件一样，可通过使用 PTU 维护软件进行测试。测试时，PTU 将完全接管空调的运行控制。维修人员在 PTU 维护软件的测试界面中，能对空调机组各部件进行独立控制和操作，进行加卸载。此时空调顺序启动功能仍然有效，即启动顺序启动中的后一级时，前级设备将自动启动。

9.4　城轨车辆空调维护软件的使用

现以广州地铁 2 号线空调控制软件为例介绍。

## 一、空调控制软件监控

用 1∶1 并行线将 PTU 与空调控制板的 RS—232 接口连接，点击空调控制软件出现如图 9-4 所示的界面。

图 9-4　空调控制软件界面 1

此界面显示了不同的输入/输出信号、温度、设定温度值和现系统的状态。“R”栏表示的是各部件的时间状态，当其为灰色时，表示此相关部件关闭或未触发；当其为黄色或绿色时，表示此相关部件运行或已触发。“S”栏是在“模拟界面”时用来人工触发相对应的部件运行的。在此界面中还有一系列的“模拟”“MVB 信息”“故障”“更改参数”和“压缩机信息”框。

在界面的右上侧有 DI-1 和 DI-2 两个框，用来确定列车号，如表 9-8 所示。

表 9-8 确定列车号

| DI-1 | DI-2 | 定义 |
|---|---|---|
| 灰色 | 灰色 | 紧急通风 |
| 灰色 | 黄色 | A 车 |
| 黄色 | 灰色 | B 车 |
| 黄色 | 黄色 | C 车 |

“Close”键用来退出程序。

模拟模式允许用户改变空调的运行状态。在此模式下，空调温度控制被旁路，用户可通过点击空调各部件对应的“S”栏的框来开启或停止各部件的运行状态。

点击“Simulation”键进入“模拟”界面（见图 9-5）。点击后，“S”栏变为高亮状态，并且“Simulation”键变为“Automatic”。在此界面下，只能人工模拟温度和数字输出信号。

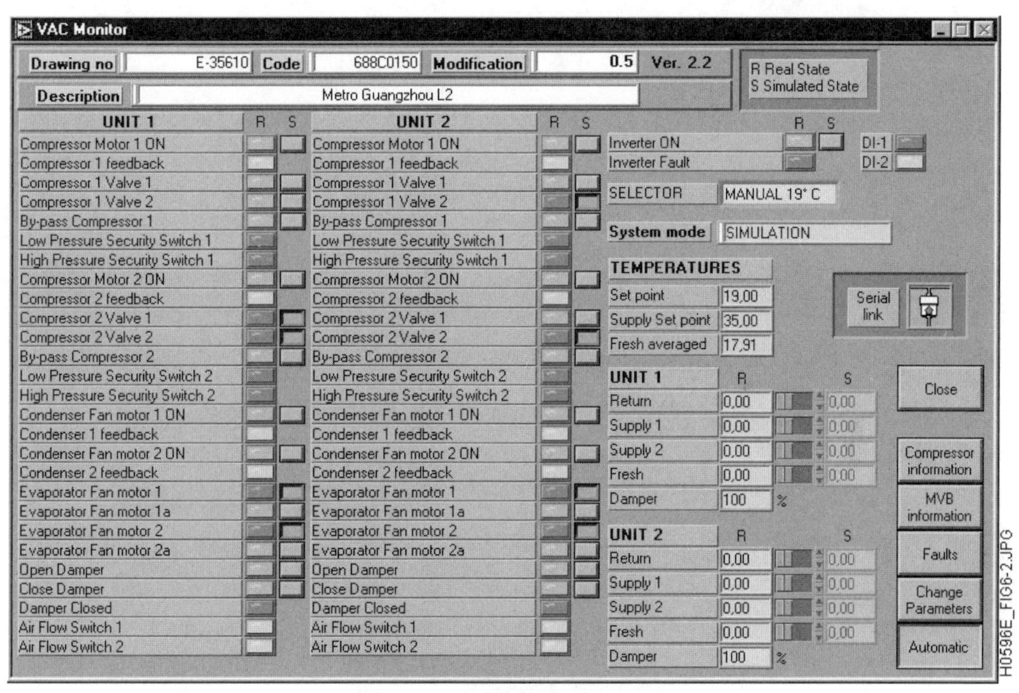


图 9-5 空调控制软件界面 2

注意：只允许有资格的人员进行此界面的操作。

点击“Automatic”键，模拟模式结束，空调控制器重启。

## 二、MVB 信号

点击“MVB information”键显示如图 9-6 所示的界面。

此界面显示用于通信的所有接收/送出的信号，并且用户可以人工模拟触发这些信号。

通过点击“Simulation”键进入模拟界面，点击后“S”栏显示为高亮状态，此时人工可以模拟 MVB 总线信号。

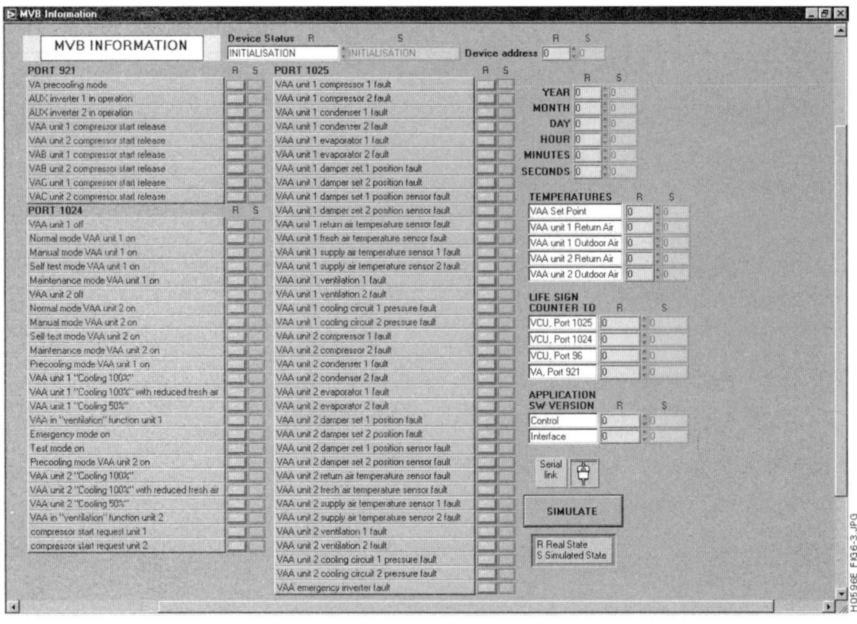


图 9-6　MVB 界面

通过点击“close window”键退出界面。

各个部件的真实状态通过其右侧相对应的框来表示。当框内为灰色时表示此部件关闭，当框内为绿色时表示此部件正在运行。

## 三、故障监控

故障监控界面如图 9-7 所示。

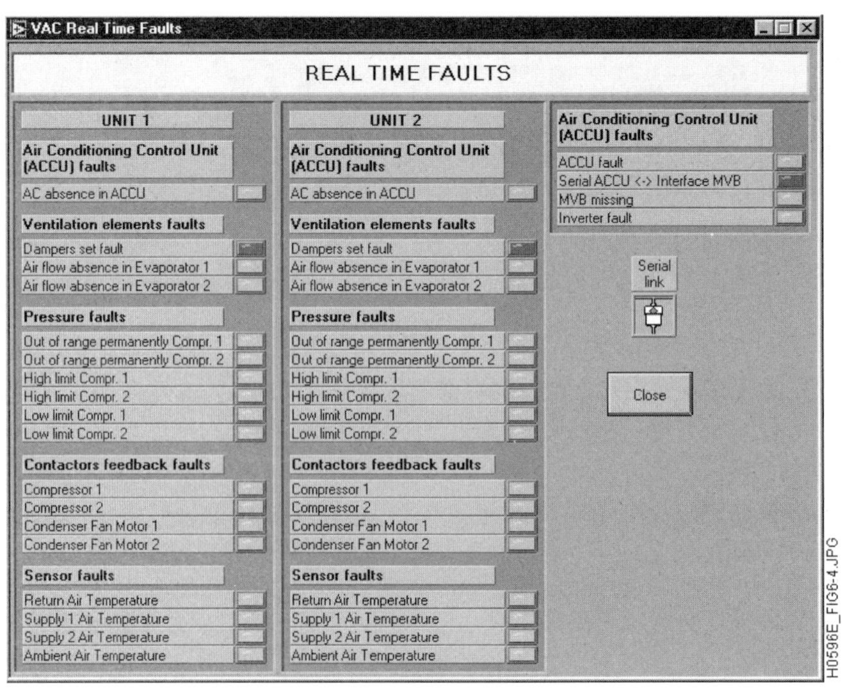


图 9-7　故障监控界面

点击“Fault”键后进入故障监控界面，其显示控制器监测到的各个故障信息。如果空调部件故障，其相对应的右侧框内显示为红色。

点击“Close”键退出故障监控界面并回到主界面。

## 四、更改参数

点击“Change Parameters”键后进入更改参数界面，用户在此界面可检查参数值的实际值并可更改参数和发送空调控制的新值，如图 9-8 所示。

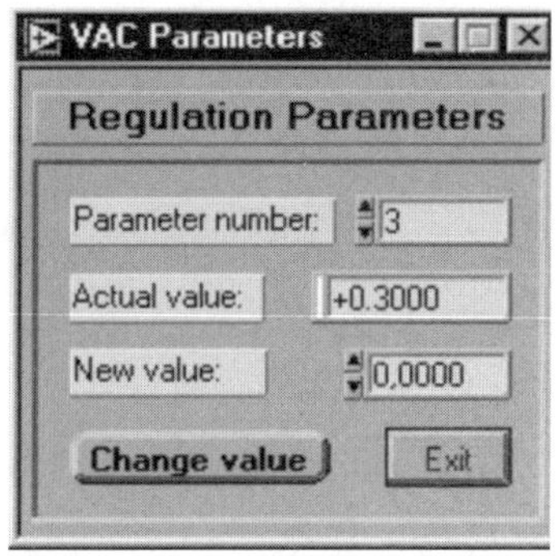


图 9-8　更改参数界面

## 五、压缩机信息

如图 9-9 所示，点击“Compressor information”键后进入空调压缩机信息界面，此界面显示了压缩机总共运行的时间（R 栏），并且用户可修改此时间值［点击压缩机时间值（R 栏）右侧的滑标，当滑标至右侧后可在右侧（S 栏）键入新的时间值，然后点击“RESET”键修改］。

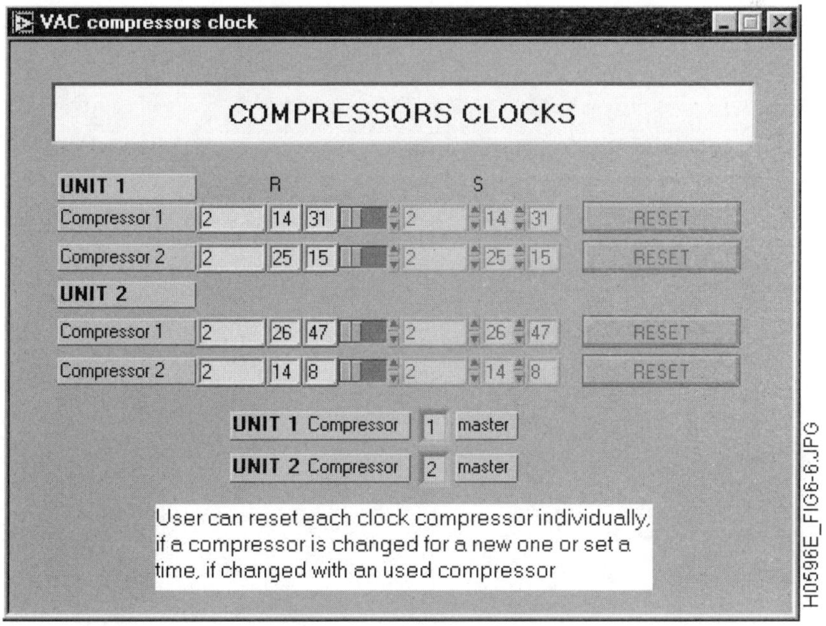

图 9-9　压缩机信息界面

## 思考与练习

1. 空调机组型式试验包括哪些指标?
2. 空调机组操作应考虑哪些安全注意事项?
3. 简述冷凝器的清扫步骤。
4. 试述控制系统接触器检查的作业内容。
5. 结合广州地铁 2 号线，简述空调维护软件的使用。

# 项目十　城轨车辆空调装置的故障分析与处理

## 项目概述

当城轨车辆空调与制冷装置在运用中出现故障时，经常表现为制冷量不足、不制冷、压缩机停机、漏水和异常噪声等，应进行详尽分析和检查，借助感官、检查软件、检测仪表和科学的检查方法进行判断。

故障检查前首先必须熟练掌握机组工作中的正常状态，其次做好日常维护和检查，故障时应结合工作原理、部件结构、使用状况等进行科学分析，认真排查才能找出发生故障的部位并予以排除。空调机组常见的故障大致可以分为两类：一类是制冷系统的故障，一类是控制系统的故障。

本项目主要介绍了城轨车辆空调的故障检查方法、常见故障与处理、通风机故障和典型故障分析。通过结合地铁车辆空调常见故障分析其原因并提出处理措施，对通风机故障等展开介绍常见故障的处理步骤。最后以两例实际案例说明了空调故障处理方法。

## 任务一　城轨车辆空调机组的故障检查方法

【学习目标】

- 熟悉城轨车辆空调机组的正常工作状态。
- 掌握城轨车辆空调机组的日常检查内容。
- 理解常见的空调机组故障检查方法。

10.1　空调机组的故障检查方法-1

【教学环境】

可利用多媒体设备进行直观的理论教学，利用图片和录制的视频进行初步认知教学，也可以到现场参观城轨交通车辆空调系统的组成。

【教学设施】

教学用的 PPT、视频以及相关教学引导资料。

【理论模块】

要判断单元式空调机组的工作状态，须通过客室降温、通风情况、控制设备的工作状态和显示情况等进行分析推断。

首先必须熟练掌握机组工作中的正常状态，以区别发生故障的不正常状态，才能较为准确地判断空调机组的运行情况。其次做好日常维护和检查，及早发现空调故障隐患。当发现空调装置出现这些故障时应结合工作原理、部件结构、使用状况等进行科学分析，认真排查，才能找出发生故障的部位并予以排除。

## 一、空调机组的正常工作状态

（1）当闭合制冷工况转换开关启动机组，通风机、冷凝机运转后，压缩机应延时启动，并且各台压缩机的启动时间应相互错开。各电动机在启动时应没有异常的振动及摩擦声响。压缩机的启动应平稳，无剧烈振动，没有敲击声或拉锯声。机组工作后应运转平稳，无特别噪声。

（2）机组启动一定时间后，客室各出风口应有冷风吹出，室内温度均匀下降。

（3）机组在“强冷”（双机组工作）时，回风口和出风口温差在 8 ~ 10 °C 范围内是正常的。

（4）机组工作电流的大小对反映压缩机组工作状态有重要参考价值，具体车型应具体分析。

（5）空调温控情况良好，外温在 36 °C 左右时，客室内温度能控制在 22 ~ 27 °C。

（6）通风系统良好，各空气滤网清洁，无堵塞现象，出风口或回风口无水滴出。

（7）司机室 MMI 空调单元、空调控制柜界面显示正常。

## 二、空调机组日常检查

### （一）空调控制系统检查

平时应注意检查连接导线是否断裂、脱落，绝缘是否老化，接触是否良好，经常清理电器元件上的污垢和灰尘，雨季要防止绝缘受潮漏电。电气设备的接地线必须可靠，维护时还必须注意安全。

#### 1. 空调控制柜的维护

电气控制柜内的灰尘、潮湿和污垢易造成绝缘电阻下降、触头接触不良、散热条件恶化，甚至造成接地或短路故障，因此应注意检查各电器元件有无污垢和绝缘破损的现象，经常清扫灰尘和污垢。

在车辆运行中，电气控制柜内电气连接紧固处易松动，可能引起发热、短路、打火等故障，因此必须经常检查柜内各电器和接线端的安装紧固情况，对接触器、接线端子、引线有烧焦变色痕迹的地方要进行检查和更换修理。

对温度控制器和各保护电器整定值的调节要合理适当，不要随意调整改动。

防尘密封垫应无裂纹、变形、变色、剥离，而且应有弹性。

2. 电气设备的检查

空调客车电气设备绝缘检查是日常维护保养的重要内容之一，各主要电气设备日常按检修规程严格进行绝缘检查，如压缩机电机、通风机电机和其他电器等。

3. 电加热器的维护

定期清扫电加热器，检查其引线及绝缘情况。春夏季，可以将电加热器电源断开。

4. 电气线路的维护

电气线路主要进行各分线盒内接点的紧固情况及绝缘检查。各接点必须紧固，绝缘板不得有变色、焦痕。必要时更换新绝缘板。

## （二）通风系统的检查

1. 查看风机部分

（1）查看风机的转动方向。

（2）查看风机的风扇叶是否打滑。

（3）查看风机转速是否有下降。

（4）查看风机电机是否转不动。

2. 听风机运行声

（1）听运行时是否有碰撞声。

（2）听风机电机噪声。

3. 触摸风机有关部位

（1）触摸风机电机温升。

（2）摸风机的抖动情况。

（3）手感风量大小。

## （三）制冷系统的检查

1. 观察压缩机吸气管结露程度

（1）压缩机的吸气管全部结露，以至压缩机外壳有小部分（吸气管进泵壳处周围）结露。这时的吸气温度比较低，有利于降低排气温度，其制冷剂量也适中。

（2）压缩机吸气管不结露，排气温度高，外壳较热（但不烫手），说明制冷剂量偏少。

（3）压缩机吸气管结露以至整个外壳结露或 3/4 以上外壳结露，说明制冷剂量多。

2. 查看泄漏点

查看接管各焊接点处是否有油迹，有油迹的接头处一般可能会泄漏。

3. 空调机组的运行噪声

空调机组的主要噪声来自压缩机和风机，压缩机的噪声是由振动产生的，因压缩机经过一系列避振措施后，其运行噪声是比较低的。风机中的噪声主要是气流声，其次是电机轴承摩擦声及电磁噪声。这些噪声限制在标准规定的范围内，是允许存在的，超出这个范围的噪声，其表现为较强烈的振动，属于不正常运行。

4. 节流元件的流动声

无论是毛细管或是热力膨胀阀，由于节流时的流速突然剧增（压差很大，能达到 1.1 ~ 1.5 MPa），其流动声音比较明显，可以听其流动声来辨别其流量，进而判断制冷剂量是否充足。

（1）正常的流动是气液混合体的流动（液体占 80%以上），其流动声比较低沉，说明制冷剂量充足。

（2）不正常的流动是气体流动（极大部或大部）。若其流动声比正常声音大，一般说明制冷剂量不足。

5. 机组运行时有碰撞声

一般压缩机吸排气管抖动时，有与壳体碰撞声。如果压缩机振动较大而引起与底盘的共振，这种声音便不正常。

6. 触摸压缩机的吸排气管的冷热程度

压缩机的吸气管应是凉的，一般应 15 °C 左右为好，因为有结露，摸上去是湿润的。若手触摸吸气管感觉不凉，且无湿润感，说明运行不良或缺氟，会引起排气温度上升。

压缩机的排气管是热的，而且温度高，甚至会达到 100 °C 左右，若排气温度过高（如超过 130 °C）也不好，会使冷冻机油结炭；若排气温度太低，手触摸不觉发烫是缺少制冷剂或有其他故障的预兆，应引起注意。因此排气温度要适中。

7. 摸压缩机组的振动程度

手触摸机组感觉振动很大，属于不正常现象，应检查压缩机地脚螺栓的避振器安装是否正常，检查机组底座基础的刚性。

8. 嗅查空调机组发出的异常气味

空调机组出现故障时，有时会溢出一种气味（一般为烧焦气味），这是电气绝缘材料烧焦的缘故，也是电磁线圈烧坏的预兆（包括电机绕组、接触器线圈、变压器线圈等）。其原因：一种情况是受过高热；另一种情况是烧坏。应检查全部有绕组的电器。

## 三、检查方法汇总

10.1　空调机组的故障检查方法-2

运行着的空调制冷装置故障检查方法很多，既可以借助压力表、电流表、温度计等仪表进行监测和检查，又可以借助人体自身的感官进行观察、监听和感觉来判断。在长期的检修实践中，形成了一套行之有效的检查方法，即通过一看、二听、三摸、四测、五析的方法对空调机组进行故障分析和检查。

1. 眼　看

（1）看空调控制柜界面显示状况是否正常。

（2）看室内的降温速度。若降温速度出现显著降低，则是不正常现象。

（3）看压缩机内的润滑油是否处在指示器所规定的高度范围内，若发现油面有显著下降，则是缺油的表现。

（4）看蒸发器和吸气管的结霜或结露情况。正常的吸气管应有结霜或结露现象，若无结霜、结露或结霜、结露管段很短且机壳较热，说明制冷剂偏少。若压缩机吸气管及机壳外表大部分结霜、结露则为制冷剂量偏多。

（5）看管道及各接口处是否有油渍，若有则可能出现制冷剂漏泄。

（6）看连接部位是否松脱，各电器接线有无断开。

### 2. 耳　听

（1）听压缩机运行的声音是否正常。小型全封闭式压缩机正常运转时的噪声很小，一般小于 40 dB；若压缩机出现异常，检修人员可以根据其发出的声音辨别是何种原因引起的故障。

（2）听制冷管路内制冷剂的流动声音是否正常。正常时可以听到制冷剂在管内流动时发出的均匀而轻微的“咝、咝、咝”声。反常的则是连续而较响的“咝、咝”声，或断续而较响的“咝、咝”声。

（3）听风机运行的声音。正常时声音平稳，无碰撞声。否则应检查风叶的固定状况和电机轴承的摩擦情况。

### 3. 手　摸

（1）摸过滤器表面的冷热程度。正常时单级制冷压缩机的过滤器表面温度稍高于环境温度。若手摸时明显感觉比较凉或过滤器末端出现结露现象，则为过滤器出现局部堵塞。

（2）摸制冷装置的吸、排气管温度。正常开机运行一段时间后，用手摸吸气管感觉冰凉，并伴有结霜或结露。排气管很热，夏季手摸时感觉烫手，冬季手可触摸，感觉很热。否则即为不正常。

（3）摸电机的温升和抖动情况。若电机外壳手感微热，可视为正常；若电机温升过高且伴有电流增大，或抖动现象，说明风机的轴承或风叶的动平衡性有问题，应停机检查。

### 4. 测　量

为了准确判断故障的性质与部位，常常要用仪器、仪表检查测量空调器的性能参数和状态。如用检漏仪检查有无制冷剂泄漏；用万用表测量电源电压、各接线端对地电流及运转电流是否符合要求，测量各空调控制盘控制点的电位是否正常等。

### 5. 分　析

经过上述几种检查手段所获得的结果，大多只能反映某种局部状态。空调器各部分之间是彼此联系、互相影响的，一种故障现象可能有多种原因，而一种原因也可能产生多种故障。因此，对局部因素要进行综合比较分析，从而全面准确地判定故障的性质与部位。

空调制冷装置出现故障时，可从控制系统、制冷系统、通风系统和采暖系统几个方面进行检查。

（1）应排除空调机组本身问题造成的故障。例如，温度控制器温度整定值设定不合适，夏季设定得过高，冬季设定得过低，空调机组中的制冷或加热系统当然不会运转。另外如电源电压过低，空调无法启动。在检查分析时，应首先排除这方面的问题。

（2）检查控制系统。电机通电后不运转，可以从电源主回路查到控制回路，也可以从控制回路查到主回路。最好能够先确认是否是负载本身的故障。同时，把一个与负载有关的电路分成若干段查找，并且从简单容易的电器线入手。

（3）如果控制回路本身没有问题，故障发生原因往往在于制冷系统，可以在掌握制冷循环系统的基本构造原理和典型故障事例的基础上，进行制冷系统的故障查找和分析。

在查找制冷系统故障原因时，将制冷系统共有的故障与制冷系统各部分的具体特点结合起来分析，容易取得好的效果。在实际查找制冷系统的故障时，一般不要急于寻找故障点，而是先确认系统的基本状况，排查不良的地方。例如，可以先检查制冷剂量是否充足，若不够补充；空气滤尘网是否清洁；各电机运转是否正常等。这样，可以缩小故障排查的范围，能更快地确定故障的部位。

## 任务二　城轨车辆空调常见故障和处理方法

【学习目标】

- 理解常见的空调机组故障检查方法。
- 掌握空调机组常见故障原因分析及处理方法。

10.2　城轨车辆空调常见故障和处理方法

【教学环境】

可利用多媒体设备进行直观的理论教学，利用图片和录制的视频进行初步认知教学，也可以到现场参观城轨交通车辆空调系统的组成。

【教学设施】

教学用的 PPT、视频以及相关教学引导资料。

【理论模块】

### 一、常见故障

空调机组常见的故障大致可以分为两类：一类是制冷系统的故障，一类是电气控制系统故障。

（1）制冷系统中制冷剂泄漏是最常见的故障，其泄漏部位主要发生在管路的焊接处、压缩机吸排气口的连接处，电磁阀、压力开关的引接处等，由于管路焊接不良或车辆运行中冲击、振动造成连接螺钉松动或连接部位多次振动后出现裂纹等原因均可引起系统泄漏。

制冷剂的泄漏因原因不同，其泄漏程度也不尽相同。较轻微的泄漏可引起制冷量不足、低压压力过低而压力开关保护动作、蒸发器吸热不足等现象，严重的泄漏可造成机组制冷不良。在制冷剂已漏光，系统中混入空气，压缩机继续运转将最终导致压缩机因过热而被烧毁。

制冷剂的检漏可采用（在停机状态下进行）以下方法。

① 外观检查：由于制冷剂泄漏会渗出冷冻油，一旦发现管路某处有油迹的话，可用白布擦拭或用手直接触摸检查，并做进一步确认。

② 泡沫检漏：这是一种简便的方法，用混有清洁剂的水涂在预计可能发生泄漏的被检处，若该处有泄漏的话，将会出现气泡，从而可以确定确切的泄漏发生位置。

③ 电子检漏仪：用电子检漏仪接近被检处，一旦检漏仪测到有泄漏，将发出异常的声音予以提示，此时应擦拭干净触头，在怀疑处再次测试确认。

④ 压力检查：回收完制冷剂，充注氮气到 2.4 MPa 保压 24 h，检查压力变化。

制冷系统低压压力过低可能的原因有：制冷系统有泄漏；制冷剂不足；制冷系统内的干燥过滤器或毛细管堵塞；外界温度过低；回风过滤网、蒸发器入口堵塞；回风阀门、新风阀门堵塞或不能正常开启；通风机反转或工作异常、风轮叶片脏污结垢；或是其他原因使通风机送风量不足。

制冷系统中高压压力过高的原因有：系统中混入了空气；外界温度过高；冷凝器入口或出口有堵塞；冷凝器脏；制冷剂过多；冷凝风机反转、不工作或工作异常。系统中混入空气的危害性极大。空气可能是在机组低压部分压力偏低时被压缩机吸入，或者是在维修中因操作不当而使空气混入到系统中。由于空气是不凝性气体，它在系统中的存在将直接产生如下不良后果：压缩机负荷增大，且温升异常，电机过热或烧损；冷凝压力上升，制冷量下降；高压压力开关动作，系统无法正常运行。一旦发现有空气混入系统中，必须立即加以处理。

（2）通常电气控制方面出现的故障，可根据 PLC 显示屏记录的故障，结合电路控制图的控制逻辑进行查找。

## 二、空调机组常见故障原因分析及处理方法（见表 10-1）

表 10-1　空调机组常见故障原因分析及处理方法

| 故障 | 故障原因 | 故障处理方法 |
| --- | --- | --- |
| 无风出 | （1）通风机电机绕组损坏或烧坏 | 测量绝缘电阻，或更换电机 |
| | （2）热继电器动作 | 如果所测电流或电机正常，重调热继电器 |
| | （3）离心风机的配线有断线 | 查看电路的接通情况，进行拧紧修理 |
| | （4）控制线路及电气故障 | 检查电路及元件，测量电流及阻值，对控制线路或元件修理或更换 |
| 制冷效果不良 | （1）由于控制系统故障，一台压缩机未启动，机组处于半冷状态 | 查找压缩机未启动原因，在全冷状态下再检测制冷效果 |
| | （2）通风机、通风回路故障使出风和回风小有通风机反转、回风过滤网堵塞等原因 | 查找风量小的原因，并处理 |
| | （3）有一台或两台制冷系统有漏泄，制冷剂加注过少过多，系统内进空气，系统内有过滤器堵塞等故障 | 对制冷系统进行全面检查，处理漏点后重新灌注制冷剂，或更换过滤器等设备重新检漏抽空后，加注制冷剂 |
| | （4）压缩机反转，液管电磁阀不动作，旁通电磁阀、容量电磁阀误动 | 检查压缩机、电磁阀是否良好 |
| | （5）冷凝风机反转，冷凝器脏堵散热不良 | 换相再运行冷凝风机或清洁冷凝器 |
| | （6）回风阀门、新风阀门关闭开启不良 | 对阀门进行调整或对阀门执行器进行更换 |
| | （7）回风温度传感器和新风温度传感器传感温度存在偏差，安装位置不当 | 对安装位置进行调整 |
| | （8）客室内外环境温度过高（新风温感器检测到外温超过 42 °C），容量电磁阀动作，机组压缩机一直处于减载工作状态 | 在压缩机运行在未减载状态时全面检查机组的制冷效果 |

续表

| 故障 | 故障原因 | 故障处理方法 |
| --- | --- | --- |
| 出风小 | （1）回风过滤网堵塞 | 清洗过滤器 |
| | （2）蒸发器冻结 | 停压缩机，开通风机，除霜 |
| | （3）通风机反转 | 使电源接线相序正确 |
| | （4）风道等连接部分有泄漏 | 依次对风道进行盘查，修理 |
| | （5）风机叶片积垢 | 对风机进行检查，并清洗 |
| | （6）蒸发器散热片脏堵 | 目视检查，对换热器进行清洗 |
| | （7）风阀未打开或部分打开 | 目视检查，并对风阀和其执行器进行检修 |
| 压缩机不工作或运转不良 | （1）接触器故障、工作线圈电线损坏、接触不良 | 更换接触器 |
| | （2）压缩电机绕组损坏或烧坏 | 测量绝缘电阻，若损坏更换压缩机 |
| | （3）压缩机机械部分卡住 | 测量电流，或更换压缩机 |
| | （4）低压、高压压力开关动作 | 检查和高压压力开关作有关的部分 |
| | （5）压缩机过流继电器动作 | 检查压缩机启动运转电流和过载原因 |
| | （6）压缩机控制电路故障 | 检查压缩机控制电路回路，查找故障点 |
| | （7）压缩机内部温度继电器动作 | 查找继电器动作原因，检查是压缩机本身原因还是系统原因使压缩机温升过高 |
| | （8）压缩机反转 | 互换压缩机电源相线 |
| 低压压力开关动作 | （1）新、风过滤网堵塞 | 清洗新、风过滤网堵塞 |
| | （2）蒸发器冻结 | 停机查蒸发器冻结原因 |
| | （3）通风机反转 | 三相电源任意两相换接 |
| | （4）制冷剂泄漏 | 查找制冷剂泄漏点并处理 |
| | （5）风机叶片积垢 | 清洁风机叶片积垢 |
| | （6）蒸发器散热片脏堵 | 清洗蒸发器 |
| | （7）新风阀回风阀未打开或开启不良 | 检查阀门执行器动作情况，如执行器故障则更换执行器，如线路故障则查找线路故障点 |
| | （8）制冷循环管道内干燥过滤器堵塞或回气滤清器等堵塞 | 更换干燥过滤器或回气滤清器 |
| | （9）客室内外环境温度过低 | 车厢内温度回升后再重启 |
| | （10）低压压力继电器本身故障或线路接线故障 | 更换低压压力继电器，查找继电器接线回路 |
| | （11）制冷循环内液管电磁阀未正常开启 | 检查电磁阀是否良好，阀体不良时更换阀体，线圈不良时更换线圈 |
| 高压压力开关动作 | （1）空气或非冷凝气体混合 | 回收制冷剂之后，再充注规定的量 |
| | （2）制冷剂充注过量 | 回收制冷剂之后，再充注规定的量 |
| | （3）冷凝器脏堵 | 检查冷凝器脏堵情况，并进行清洗 |
| | （4）制冷剂管道不畅 | 检查制冷剂管道 |
| | （5）高压压力开关故障 | 更换开关 |
| | （6）冷凝风机不转或反转 | 查找不转原因并处理 |

续表

| 故障 | 故障原因 | 故障处理方法 |
| --- | --- | --- |
| 异常振动或噪声大 | （1）压缩机反相或安装不良 | 对压缩机三相电源任意互换或紧固 |
| | （2）通风机或冷凝风机安装不紧固 | 再拧紧安装螺栓 |
| | （3）通风机叶轮不平衡 | 重新调整叶轮平衡 |
| | （4）通风机叶轮与外壳互相干扰□ | 拆下叶轮，重新调整间隙 |
| | （5）空调固定螺栓松开 | 再拧紧安装螺栓 |
| | （6）位于空调安装部分的橡胶减振装置疲劳设置或破损 | 更换橡胶减振装置 |
| | （7）空调与车体直接接触 | 检查安装 |
| | （8）其他装置安装松动 | 再拧紧安装螺栓 |
| 漏水 | （1）排水口堵塞 | 清扫和疏通 |
| | （2）安装不良或密封垫老化，风口密封垫处渗水 | 进行正常安装 |
| | （3）机组顶部密封胶条破损或保温材料破损 | 更换易损件 |
| | （4）车内送风道有水，从出风口吹出 | 1. 检查水是否从机组出风口送出，检查机组蒸发器托水盘积水情况，蒸发器脏污和蒸发滤网堵塞情况。<br>2. 检查其他漏水原因 |
| 显示温度与实际相差很大 | （1）新风温度传感器断线 | 用电阻挡测量插座相应针脚，若没有电阻值，可判断为断线。找到故障点重新连接 |
| | （2）温度传感器安装位置不良 | 重新安装 |

## 三、司机室通风单元故障处理（见表 10-2）

表 10-2　司机室通风单元故障分析及处理

| 故障 | 故障原因 | 检查方法 | 处理措施 |
| --- | --- | --- | --- |
| 不出风 | （1）配线连接处螺丝松弛 | 查看电路接通情况 | 压紧 |
| | （2）电动机烧损或断线 | 测线圈电阻 | 更换电机 |
| | （3）控制线路及电器故障 | 检查电路及电器元件 | 修理或更换 |
| 风量小 | （1）软风道处泄漏 | 检查 | 修理 |
| | （2）风机叶片积垢 | 检查 | 清理 |
| 振动噪声大 | （1）通风机电机轴承异常 | | 更换轴承，必要时更换风机 |
| | （2）通风机不平衡 | 检查风机的平衡性 | 更换风机 |
| | （3）紧固部位松弛 | 检查各紧固部位 | 拧紧 |
| 不暖 | （1）电加热配线方面<br>① 连接器断线<br>② 配线连接部螺丝松动 | 查看导通情况 | 修理<br>拧紧 |
| | （2）通风机停转 | 查看导通情况 | 修理 |
| | （3）温度开关不良 | 检查工作温度，在常温下触点闭合，50 ℃以上触点断开，30 ℃时复位 | 更换配件 |
| | （4）温度熔断器熔断 | 调查熔断原因 | 排除故障更换配件 |

## 四、电取暖器故障处理（见表 10-3）

表 10-3　客室电取暖器的故障与处理

| 故障现象/信息 | 直接原因 | 处理方法 |
|---|---|---|
| 不出热空气 | 电加热管电阻丝断路 | 更换 |
| | 导线连接不良，电热管不能工作 | 检查电热管连线及接头，消除线路故障 |
| | 温控回路断路，电热管不能启动 | 常温下检查温控器及连线回路，消除温控器触点不闭合、连线开路故障 |
| 热风温度不足 | 电加热管缺 1 组运行 | 消除缺相线路开路故障，或更换失效的电热管元件 |
| 热风温度超温 | 55 °C 温控器因触点粘连失效 | 更换 |

# 任务三　通风机的常见故障

【学习目标】

10.3　通风机的常见故障

- 熟悉通风机组故障判断及处理程序。
- 了解两种空调机组典型故障分析方法。

【教学环境】

可利用多媒体设备进行直观的理论教学，利用图片和录制的视频进行初步认知教学，也可以到现场参观城轨交通车辆空调系统的组成。

【教学设施】

教学用的 PPT、视频以及相关教学引导资料。

【理论模块】

空调系统的通风机，是靠电动机带动的空气输送机械，它可对输送的空气进行较小的增压，以便将空气输送到需要的空调区。因而通风机在空调系统中是一个十分重要的设备。如果在日常维修保养中，忽略了对通风机的维护，那么当通风机出现故障，例如通风量降低时，就会直接影响到空气处理的效果，使空调区内的空气状态达不到设计要求，因此，对通风机应加强日常维护保养和定期检修。通风机的常见故障有以下几种。

## 一、振动及噪声

通风机在工作时，若出现振动或超过正常工作时的声音，说明有故障发生，应及时检查。

（1）叶轮旋转时碰擦外壳，此时会发出异常的声音和激烈的振动。原因是安装、使用过程中风机外壳或叶轮部件发生变形，或制动螺钉松动导致叶轮移位，或安装时叶轮与外壳间的位置未调好，应及时调整、检修。

（2）安装、使用过程中传动件或机壳变形导致叶轮动平衡破坏，使通风机工作时发生振动。原因是叶轮受压变形或叶轮与轴套的连接件松动，应及时检修，更换。

（3）风机支持轴承严重磨损，导致转轴跳动，产生振动和噪声。可断电后径向摇动转轴，若有明显跳动则说明是轴承磨损，应及时更换轴承。

（4）皮带损坏发出“噼啪”声，应立即更换皮带。

（5）风机地脚螺栓未拧紧导致通风机运转时产生振动，应及时检查并拧紧。

（6）风机的进出风管安装不正确而产生振动声。为减少通风机产生的振动噪声经风管传入室内，连接风管通常采用帆布或人造革制作的软风道。

## 二、通风机电机发热

常温下运行 1 h 后，发现通风机电机温升过高，则可能由下列原因之一造成。

（1）系统阻力过大或风机选配不合理导致电机超负荷运行，原因是管网阻力系数过大或管路系统的阀门未打开。

（2）电机轴承损坏，配合间隙小，不符合要求。

（3）电机断相运行或接线错误。

（4）电源电压过低。

## 三、轴承温升过高

风机轴承温度异常升高的原因有 3 类：润滑不良、安装不当、轴承损坏。

（1）润滑不良。首先检查加油是否恰当。应当按照定期工作的要求给轴承箱加油。轴承加油后有时也会出现温度高的情况，主要是加油过多。这时现象为温度持续不断上升，到达某点后（一般在比正常运行温度高 10 ~ 15 °C）就会维持不变，然后会逐渐下降。其次检查是否润滑油质量不良、变质，填充过多或含有粉尘粘砂、污垢等杂质。

（2）安装异常。轴承安装时轴承箱盖座连接螺栓的紧力过大或过小；或轴与滚动轴承安装歪斜，前后两轴承不同心等会造成轴承摩擦加强，温度升高。

（3）轴承损坏。由于轴承疲劳磨损出现脱皮、麻坑、间隙增大引起的温度升高，一般可以通过听轴承声音和测量振动等方法来判断。

## 四、电动机电流过大或温升过高

（1）开车时进气管内闸门未关严。

（2）流量超过规定值，或风管漏气。

（3）由于风机输送的气体密度过大而导致风压过大。

（4）电动机输入电压过低或电源单相断电。

（5）联轴器连接不正，皮圈过紧或间隙不均。

（6）受轴承箱振动剧烈的影响。

（7）受并联风机工作情况恶化或发生故障的影响。

## 五、风量不足

风量不足是指通风机的风量比正常情况下有显著减少。一般可用风对着手时的感觉来判断，也可用风速仪测量风口的平均风速来计算其风量。风量不足时可从以下几个方面来检查。

（1）传动皮带因长期使用而松弛，使皮带轮打滑，风机叶轮转速显著下降，此时，可调整电动机位置，拉紧皮带或更换新皮带。

（2）风机叶轮与驱动轴相紧固的制动螺钉松动，使轴空转，查清确定后应拧紧制动螺钉。

（3）叶轮反向旋转，查明后改变电机转向。

（4）空调器进风口处的滤尘器，长期工作时积满灰尘，应定期清洗。

（5）冷凝器灰尘堵塞，查明后用压缩空气吹洗。

（6）蒸发器灰尘堵塞，查明后用压缩空气吹洗。

（7）通风管路法兰漏风，查明后堵塞。

（8）蒸发器上结霜过厚会引起风阻增加，使风量下降，应定期除霜。

### 六、通风机的电动机不转

（1）电机轴承严重磨损，使转子与定子单边摩擦。当发生这种故障时，电动机发出“嗡、嗡”噪声，电流猛升。关闭电源后用手转动电机轴有轻重感，并有摩擦声，此时应拆开电机检查确认后调换轴承。

（2）电机线圈烧毁。用万用表或校验灯检测电绝缘是否击穿而碰壳体，并检测每相电阻值是否很接近（相等）。若有一相电阻值特别小（指三相电机），则是这相绕组烧毁或匝间短路，检测时应将电源线拆下，查明确有绕组烧毁，应重绕绕组。

（3）电机轴承“咬煞”。此故障一般因缺润滑油而使轴承咬毛抱轴（“咬煞”），可拆开电机检查确认后，更换轴承。

（4）电机控制线路或电器有故障。

（5）单相电机的运转电容击穿。检查时可将电容器的两根接线拆下，只接通电源几秒钟，断电后立即将两接线端碰一下，若有放电火花并有爆炸声，则表明电容器没有击穿；否则便是击穿了，应调换新电容器。

## 任务四　城轨车辆空调典型故障案例

【学习目标】

- 掌握某地地铁车辆空调机组漏水案例。
- 掌握某地地铁车辆冷凝风机故障案例。

10.4　城轨车辆空调典型故障案例-1

【教学环境】

可利用多媒体设备进行直观的理论教学，利用图片和录制的视频进行初步认知教学，也可以到现场参观城轨交通车辆空调系统的组成。

【教学设施】

教学用的 PPT、视频以及相关教学引导资料。

【理论模块】

## 一、某地地铁车辆空调机组漏水问题

### （一）漏水故障简介

在车辆运营过程中，空调机组风口漏水是常见的问题之一，时常会导致乘客的投诉和影响司机驾驶操作。如何消除运营中空调机组出现的漏水问题，提高乘客舒适度，是值得关注的课题。

空调系统在制冷工况时在蒸发器处产生冷凝水是正常的、必然的，这就需要一个有效的渠道来排放。空调机组产生的冷凝水的排放方式为：当新风和回风的混合空气在流经蒸发器翅片进行热湿交换时，随着空气在翅片中向前流动，不断有水蒸气通过结露析出。析出的冷凝水经机组底部排水孔排到车顶，再经车辆端部两侧排水口排出车外，以达到降温、除湿的目的。而客室内送风口的结露是非正常的，因此不会设有专用的管道排放。一旦产生，就会滴落到客室内。

进入制冷季节后，某地车辆客室内空调滴水现象时有发生，对车辆运营造成了一定的影响。为了找出问题的症结所在，下面将对此现象产生的原因进行综合分析，并就此提出了几个改善方案。

### （二）原因分析

车辆客室滴水通常存在两类现象：① 机组内形成的冷凝水进入客室；② 客室送风口结露滴水。

1. 机组内形成的冷凝水进入客室

如果排放通道畅通，且没有其他外力因素的影响，机组内形成的冷凝水可以正常排放。否则，冷凝水通常就会以下面两种非正常路径侵入客室，如图 10-1 所示。

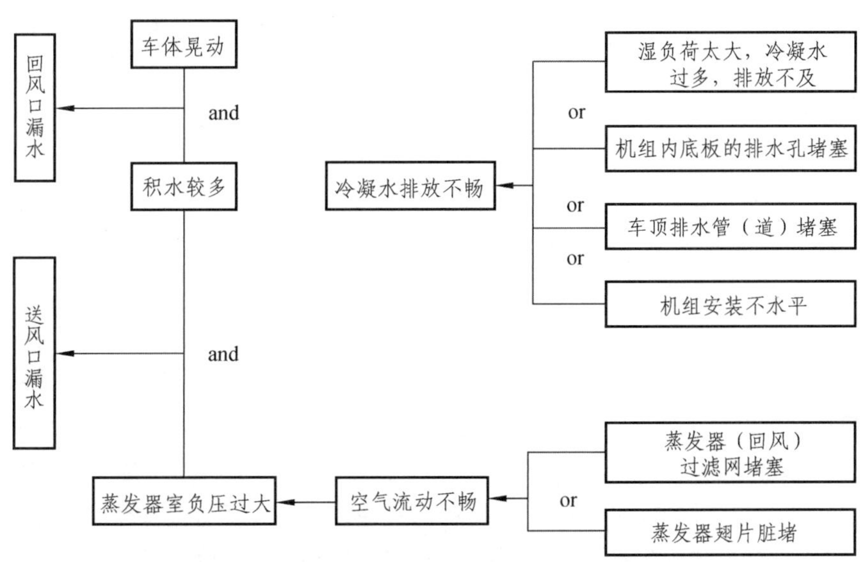


图 10-1　机组内产生的冷凝水进入客室的原因分析

（1）冷凝水被送风机吹入主风道，从送风口进入客室。此现象的发生依赖于以下两个必要条件。

① 冷凝水排放不畅，积水较多。其原因有以下几种：机组内底板的排水孔堵塞；车顶排水管堵塞；机组安装不在一个水平面上，致使内底面某处积水；车顶安装平面的某处积水多到与内底板的排水孔相通时，车外的正压使得排水受阻。

② 蒸发器室负压过大。通风机运转在蒸发室内产生的负压，是回风流动的动力。当蒸发器室的进风通道（包括蒸发器翅片及其滤网、回风道）不畅通时，蒸发器室的负压会不断加大，使得积水飞溅随送风（正压）进入风道。进风通道堵塞越严重，负压越大，滴水越严重，而且使得客室送回风口风量减小，客室舒适度降低。

（2）冷凝水从回风口进入客室。当回风口侧积水较多时，随着车体的晃动，冷凝水会从回风口倾入客室。

2. 客室送风口结露滴水

客室的送风口也是冷表面之一，当送风温度达到或低于客室内空气的露点温度时，在送风口会结露并滴落。

此现象由诸多因素共同造成，如图 10-2 所示。

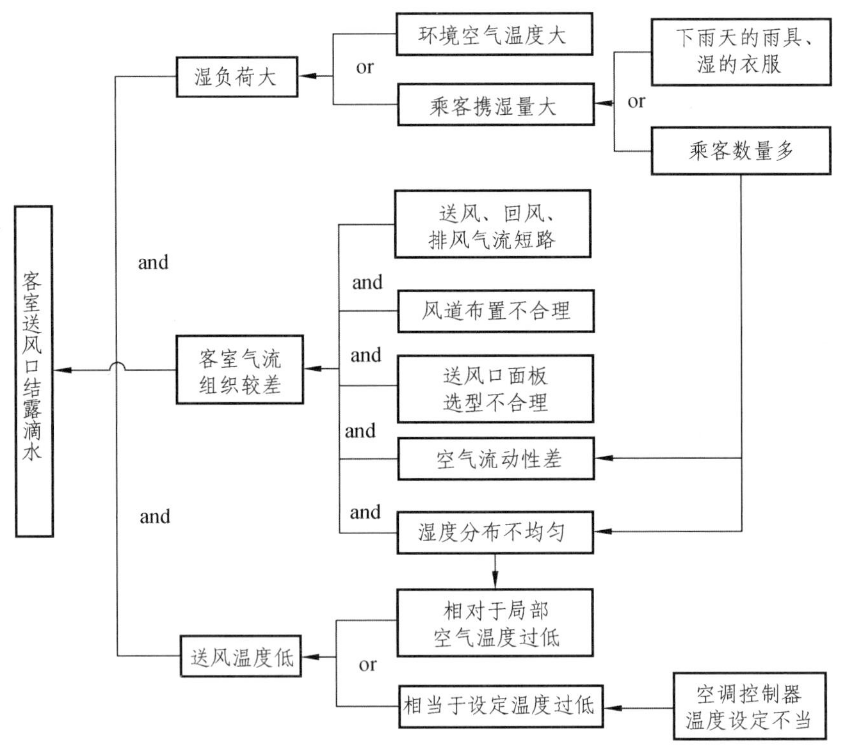


图 10-2　客室送风口结露的原因分析

1）送风温度低

通常情况下，该线车辆空调系统的送风温度由控制器 FPC24 进行调节，不会出现送风温度过低的情况。有时，由于车内拥挤闷热，将 FPC24 的一个可调参数设定在 –2 K，它表示：当 FPC24 通过接收的温度信号，计算出恰当的客室的制冷需求后，得出最佳实时运行曲线 L0，再将 L0 沿温度轴向下平移 2 K，得出一条新的实时运行曲线 L1，按 L1 来控制空调系统的运行。因此，在此模式下，机组客室内的送风温度会比最佳送风温度要低 2 K。当该温度低至客室内空气的露点及以下时，送风口将会出现结露现象。

2）湿负荷大

该城市的年平均湿度在 77%以上，最潮湿的月份是雨季 5、6 月。在这样的气候条件下，当乘客进入车厢时，其携带进来的湿气，一部分是由于天气闷热，人体散发的；另一部分来自湿的服装和雨具（虽然站厅里的空调系统可以除去一部分湿气，但由于停留时间较短，除湿效果有限）。

3）客室内的气流组织较差

（1）送风、回风、排风气流短路。

该车辆客室内的回风口、排风口与送风道，均位于客室顶部且相距较近，有不同程度的空气短路现象发生。乘客越多，短路现象就越严重，空气基本在客室上半部分流动。机组的送风与客室内空气未能进行充分的热湿交换就被吸入回风口或排出车外，既减弱了机组的除湿功能，也浪费了制冷量。

（2）风道布置不合理。

该车辆的风道分为两个部分，每台机组主要各连通半节车厢的风道。这样，当一端空调机组不能制冷时，客室的两端内会冷热不均、湿度不均，热端空气接触冷端送风口易发生结露。比如，在总线通信故障时，由于制冷需求不能及时传达，致使出现某车辆一端的机组制冷而另一端机组通风运行的情况。这种状况的出现使得客室的一端空气温度偏高，随着空气的流动，未经除湿处理的这部分空气与另一端制冷正常的空调机组的送风口格栅接触而形成结露。

（3）送风口面板选型不合理。

送风口面板选型不合理，造成送风口气流分布不均匀，出风阻力大。广州地铁 3 号线车辆客室内的送风口出口分布在两条送风口面板上。每条送风口面板又包含 3 小条送风条缝，每条送风条缝又被分隔成很多密集的小口，机组处理后的空气由这些小口喷出。用来分隔这两条送风口的铝合金条在送风口形成较多的小截面，造成的阻力不容忽视。而其他线路车辆，其送风口面板上分布的送风条缝较多，没有被间隔，整车贯通，中间送风条缝较密、两侧间距逐步加大，每个送风条缝断面的弧度也逐步加大。这种形式的送风口，其出风气流方向比较均匀，风道的送风阻力要低得多，并且对空气的流向有较好的引导，送风量的分配也较科学。

（4）乘客较多，湿度分布不均匀，空气流动性差。

在上下班高峰期和周末，该车辆内非常拥挤。由于人群的阻挡和气流短路，送风下降空间非常有限，客室空气将主要集中于客室上部空间流动。此时，随着乘客的涌入而带来的湿蒸气聚集在狭小的流动性较差的空间里；如果是雨天，随着客室下部空间的液态水的蒸发，局部空气湿度还会不断增大，而且中下部的湿空气团将会随它的温度升高而不断上升，当它遇到较冷的冷表面（送风口面板），且此时送风口面板的温度达到或低于该部分空气团的露点时，将在这部分送风口面板结露。随着不断产生的新的湿空气团的上升，送风口面板的结露会越来越多。湿度越大的天气，结露越严重。

### （三）解决方案

对于机组内形成的冷凝水进入客室的现象，主要可采取以下措施。

（1）定期疏通清洗排水孔、道。

（2）双周检时清洗蒸发器过滤网，年检时清洗蒸发器室。

（3）机组安装水平，底面与车顶安装面间距合理并基本相等。

对于客室送风口结露滴水的现象，可采取以下措施。

（1）控制送风温度。让空调系统沿着控制器得出的最佳实时运行曲线来工作，可防止送风温度过低。

（2）改善气流组织。气流组织是否合理是关键因素。

但是，对于在已成形的车辆构造，改变回风口和排风口位置及风道布置的代价和难度太大，但从送风速度、送风口形式等方面可以有助于改善目前的状况。送风速度的提高，可以使气流短路的距离延长，减弱气流短路的程度。

可以将空调机组内的供风扇电机改为双速电机或变频风机，使风速随客室热负荷而变化。速度的控制和转换可以由控制器通过温度信号来判断并发出指令得以实现（但需要修改控制软件）；改变送风口面板的形式，可以使送风口气流方向分布均匀，并减小送风阻力。

（3）控制湿度。下雨天，在站厅的合适位置发放雨伞胶袋，可以阻隔大部分液态水在客室内的蒸发，大大降低客室内空气的含湿量；通过缩短行车间隔，缓解高峰期客流压力，降低单车载客量，改善客室湿度大及分布不均匀的状况。

10.4 城轨车辆空调典型故障案例-2

## 二、某地地铁车辆空调机组低压故障

### （一）故障概述

自 2015 年 6 月至 2017 年 11 月，某地铁公司 13 号线司机室空调机组多次发生压缩机低压故障，2015 年、2016 年、2017 年各发生低压故障 8、6、10 次。所谓低压故障即低压开关断开值为（$0.19 \pm 0.05$）MPa。

司机室空调出现低压故障时，在故障记录仪中将记录“Compr_low_pres_cab 司机室空调低压”故障条目。该条目包含故障车号、故障发生时间、故障消失时间。空调控制软件的控制逻辑为 15 min 内机组低压故障次数累计超过 3 次时，将锁死故障并在司机显示屏上显示空调低压故障；如果空调控制接线无误、通风制冷正常，故障将自动消失。

### （二）故障原因分析

由于不同外界环境对车内空气温度的要求不同，某地铁公司 13 号线司机室空调机组以国际铁路联盟 UIC 553 标准的要求进行自动控制，制冷执行 UIC 553 曲线目标温度 $T_u$ 值。

$$T_0 < 19\ °C 时，T_u = 22\ °C \tag{10-1}$$

$$T_0 \geqslant 19\ °C 时，T_u = (T - 19\ °C)/4 + 22\ °C \tag{10-2}$$

式中 $T_0$——室内实际温度；

$T$——外界温度；

$T_u$——室内目标温度。

根据业内大量的故障统计，空调机组出现低压故障率较高的主要原因有：① 制冷系统有泄漏导致制冷剂不足；② 送风风量过小；③ 新风温度或回风温度过低；④ 送风与回风短路；⑤ 回风温度传感器读数与实际回风温度相比偏高。为此对上述 5 个原因进行逐一排查和分析。

1. 空调机组返厂测试分析

为尽快找到故障原因，选择 4 台司机室故障空调返原厂测试。故障件返厂后，对机组的制冷剂泄漏进行外观检查，对空调机组的运行状况进行测试。如图 10-3 所示，司机室空调机制冷原理为：正常制冷模式下，压缩机排出的高温冷媒被分配到冷凝器中散热，冷凝液体从冷凝器中流出后经干燥过滤器，然后进入节流装置（热力膨胀阀）进行节流降压；节流降温后的冷媒分配到蒸发盘管中吸热，过热的冷媒气体流出蒸发器再汇集到压缩机吸气管，回到压缩机再进行压缩循环。

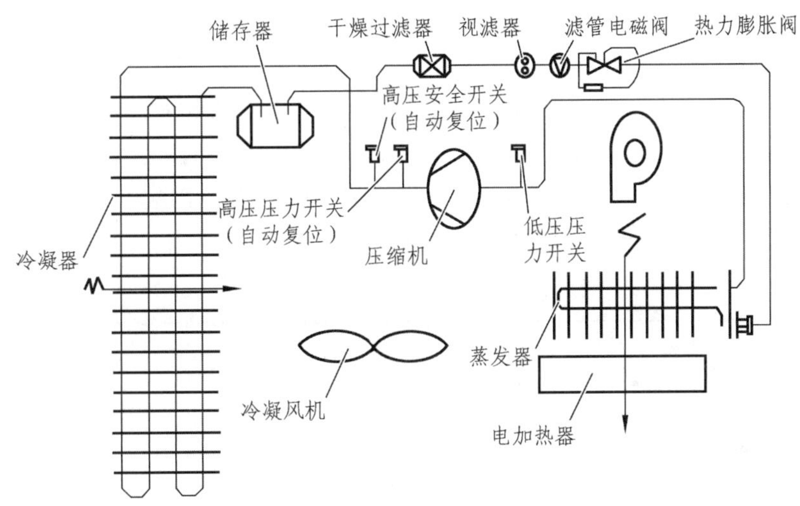


图 10-3　司机室空调机组制冷原理

1）制冷剂泄漏检查

当气体从空调压缩机总吸气管分出而流向压力开关时，由于制冷剂泄漏、环境温度过低等原因造成压缩机吸气压力过低，压力开关将断开压缩机工作电路令其停止。当压力上升时，压力开关自动复位。如果制冷剂泄漏会渗出冷冻油，一旦发现管路某处有油渍，可用白布擦拭或用手直接触摸检查，并做进一步确认。根据上述方法进行详细的外观检查，而实际检查过程中并没有发现有制冷剂泄漏现象。

2）空调机组运行参数测试

检测司机室空调机组运行压力等参数均正常，测试数据基本一致。表 10-4 所示为其中一台机组的返厂测试数据。从返厂测试记录看，机组自身运行正常，低压压力值在 0.40 MPa，远高于动作值（0.19 ± 0.05）MPa。这说明出现低压故障的原因不在制冷系统本身，可能为运营时的外界条件造成，如温度、操作习惯等。

表 10-4　空调机组返厂测试数据

| 环境温度/°C | 回风温度/°C | 出风温度/°C | 低压值/MPa | 高压值/MPa | 压缩机运行三相电流值/A |
|---|---|---|---|---|---|
| 30 | 28 | 20 | 0.49 | 1.6 | 2.86/2.96/2.64 |
| 29 | 27 | 19 | 0.50 | 1.6 | 2.85/2.99/2.66 |
| 25 | 22 | 17 | 0.40 | 1.5 | 2.72/2.76/2.47 |
| 31 | 26 | 19 | 0.48 | 1.7 | 2.90/3.02/2.73 |

2. 装车运行测试分析

故障的空调机组经返厂测试后又装车运行，发现送风风量过小、新风温度或回风温度过低、送风与回风短路、回风温度传感器读数偏高 4 种因素仍会对空调机组运行压力造成影响，从而出现偶发的低压故障。

1）送风风量过小

送风风量过小会影响蒸发器侧的换热，造成压缩机吸气压力越来越低，直至低压开关动作，低压故障出现。司机室送风格栅分左右两部分（机械互锁，不会出现同时关闭的现象），可以手动调节。现场检查发现，由于司机对舒适性的要求，开度都非常小。司机室通风机风速选择不统一，高低速均有。司机室空调机组送风风量设计参数：高速挡为（750 ± 100）$m^3/h$，低速挡为 500 $m^3/h$。通过对送风格栅各状态下的高、低速挡位送风量的测量，未发现送风风量小于设计要求的现象（见表 10-5）。

表 10-5　司机室送风风量测试结果

| 送风格栅开度/% | | 高速挡风量/（$m^3/h$） | 低速挡风量/（$m^3/h$） |
|---|---|---|---|
| 左送风 | 右送风 | | |
| 100 | 100 | 815 | 650 |
| 50 | 50 | 790 | 630 |
| 100 | 0 | 850 | 680 |
| 50 | 0 | 780 | 650 |
| 25 | 0 | 750 | 600 |
| 25 | 25 | 710 | 540 |
| 0 | 25 | 760 | 610 |

通过对送风风量的测量，可以排除送风风量不足。因此，司机室低压故障应为其他因素造成的。

2）新风温度或回风温度过低

如果新风温度或回风温度过低，将会造成蒸发器前端混合风温度较低，影响蒸发器侧的换热，造成压缩机吸气压力越来越低，直至低压开关动作、低压故障出现。为了减轻新风温度或回风温度过低对制冷运行的影响，尝试对司机室软件进行了优化升级：新风温度

≥35 °C 时，司机室制冷目标温度最低限制为 21 °C；新风温度<35 °C 时，司机室制冷目标温度最低限制为 23 °C。

软件修改后故障仍未彻底消除。所以，新风或回风温度过低并非造成低压故障的唯一因素。

3）送风与回风短路

通过对司机室空调送风与回风口的检查，发现送风口与回风口距离很近，通过对司机操作习惯的观察，发现司机对送风格栅的开度和朝向、目标温度设定和风速设定没有统一标准。实际运营极有可能在以下工况下工作：司机室空调目标温度设定为 21 °C，风速设定为低速。如图 10-4 所示将右侧送风格栅（朝向司机）全关，通过调整左侧新风格栅开度，对送风温度和回风温度进行测量，7 个测点的测量结果如表 10-6 所示。

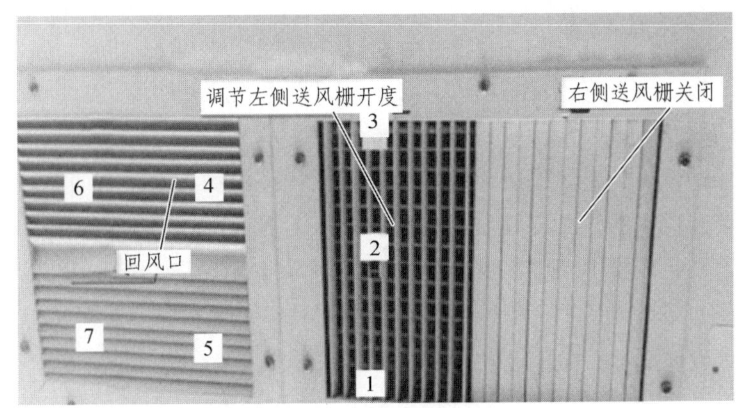


图 10-4　送风、回风温度测点布置

表 10-6　左侧送风格栅开度不同时送风与回风温度

| 左侧送风格栅开度/% | 模式 | 送风温度/°C | | | | | | | 回风温度的均匀性 |
|---|---|---|---|---|---|---|---|---|---|
| | | 测点 1 | 测点 2 | 测点 3 | 测点 4 | 测点 5 | 测点 6 | 测点 7 | |
| 25 | 制冷 | 15.3 | 15.2 | 15.0 | 19.2 | 20.6 | 20.5 | 22.9 | 不均匀 |
| 25 | 制冷 | 15.2 | 14.9 | 14.5 | 18.4 | 19.0 | 19.1 | 23.6 | 不均匀 |
| 25 | 制冷 | 14.1 | 13.9 | 13.5 | 20.1 | 20.6 | 19.7 | 23.1 | 不均匀 |
| 100 | 制冷 | 15.9 | 15.6 | 15.2 | 22.1 | 22.2 | 22.1 | 22.9 | 较均匀 |
| 100 | 制冷 | 16.0 | 15.9 | 15.6 | 23.1 | 23.1 | 23.0 | 23.4 | 较均匀 |

注：新风温度为 43.3 °C；测试列车号为 1321，车辆为带司机室的拖车。

从表中可以得出如下结论：① 送风格栅开度为 25%时，回风口温度不均匀；其中测点 7 温度较高，测点 4、5、6 温度受送风温度影响而温度偏低，此时出现了送风与回风短路的现象。② 送风格栅开度为 100%时，回风口温度均匀，回风温度基本不受送风温度影响，不会出现送风与回风短路的现象。

4）回风温度传感器读数偏高

司机室空调温度控制逻辑要求“司机室温度低于设定目标温度时空调停机”，但实际使用中如存在以下情况时，制冷仍会运行。

（1）压缩机启动后为保护压缩机，即使室内温度低于目标温度，压缩机仍会在 3 min 内继续运行。

（2）回风温度传感器读取数值高于回风口实际温度时，参与制冷控制的回风温度值采用回风温度传感器的数值也会造成压缩机的继续运行。测试选取某地铁公司 13 号线 1302 号列车 $TC_2$ 车进行测试。回风温度传感器读取回风温度值与回风口测试温度值相比偏高：左侧送风格栅开度 25%时，回风温度值的读数偏高约 1.0 °C；左侧送风格栅开度 100%时，读数偏高约 2.0 °C。

回风温度传感器测试值偏高，可能与回风风道和传感器的位置布置有关。由于设计已经成型且车辆运营多年，风道与传感器均无法变更，故可通过软件对回风温度进行修正处理。

## （三）故障总结

根据上述测试分析，新风温度或回风温度过低，将导致蒸发器表面结霜影响蒸发器侧换热效率，造成压缩机吸气压力偏低，从而发生压缩机低压故障；送风口与回风口车内布置距离近，加上司机的操作习惯易造成送风口与回风口气流短路；回风传感器一般是安装在接近空调机组的回风风道上，而回风风道结构与布置的不同、传感器布置位置的不同都可能导致回风温度传感器读数偏高。

## （四）整改措施

### 1. 新风温度或回风温度过低

针对新风温度或回风温度过低，可通过软件进行优化：即当新风温度≥35 °C 时，司机室制冷目标温度最低限制取为 21 °C；新风温度<35 °C 时，司机室制冷目标温度最低限制取为 23 °C。

### 2. 送风与回风短路

司机室左侧送风格栅开度较小时，低温的送风直接进入回风口，影响蒸发器侧的换热，会造成压缩机吸气压力越来越低，直至低压开关动作、低压故障出现。应调整送风格栅，左侧送风格栅可加装止挡以禁止朝向回风口，从而避免送风与回风短路。

### 3. 回风温度传感器读数偏高

压缩机实际运行工况低于设定工况，蒸发器换热不充分，造成压缩机吸气压力越来越低，直至低压开关动作、低压故障出现。针对此故障通过软件修正回风温度传感器读取的数值，将回风温度传感器读取数值减去 2 °C 作为实际值参与控制。

针对某地铁公司 13 号线司机室空调机组的低压故障，从上述 3 个方面进行了整改，自 2018 年 2 月整改完成至今未出现一起同类故障，运营实际验证了整改方案完全符合要求。

## 思考与练习

1. 简述空调机组的正常工作状态。
2. 空调机组常用检查方法有哪些?
3. 制冷效果不良有哪些原因? 如何处理?
4. 通风机风量不足如何检查?
5. 结合地铁空调漏水问题，综合分析其原因。

# 参考文献


[1] 王元芳，张素洁. 车辆空调与制冷装置[M]. 成都：西南交通大学出版社，2021.

[2] 麻冰玲. 客车空调装置[M]. 北京：中国铁道出版社，2021.

[3] 国家铁路局. TB/T 1804—2009 铁道客车空调机组[S]. 北京：中国标准出版社，2009.

[4] 国家铁路局. GB/T 19842—2005 轨道车辆空调机组[S]. 北京：中国标准出版社，2005.

[5] 张伟，王华. 城市轨道交通车辆空调系统原理与维修[M]. 北京：中国铁道出版社，2017.

[6] 曾青中，邓景山. 车辆空调装置检修与维护[M]. 成都：西南交通大学出版社，2013.

[7] 解国珍，姜守忠. 制冷技术[M]. 北京：机械工业出版社，2019.

[8] 曾青中，韩增盛. 城市轨道交通车辆[M]. 成都：西南交通大学出版社，2006.

[9] 王寒栋. 轨道车辆空调系统检修与维护[M]. 成都：西南交通大学出版社，2021.

[10] 姬红. 城轨车辆空调通风系统幅流风机故障分析及处理[J]. 内江科技，2020，41（8）：26-27.

[11] 邢淑梅，姜旭龙，唐闻天. 大连 3 号线增购车辆客室内通风系统浅析[J]. 科技视界，2016（19）：71-72.

[12] 李熙. 地铁幅流风机自主化研制与应用试验[C]//第四届全国智慧城市与轨道交通学术会议暨轨道交通学组年会论文集，2017：444-447.

[13] 刁雷，李慧林，赵京，等. 幅流风机叶轮参数对内流特性的影响研究[J]. 流体机械，2021，49（2）：51-56.

[14] 杨延龙，刘保生，王岩. 基于 B 型地铁的空调通风系统设计[J]. 制冷与空调，2021，35（2）：225-233.

[15] 姚晔，胡益雄，侯志坚. 列车空调通风机性能检测装置的研究[J]. 铁道标准设计，2004（4）：93-95.

[16] 孟繁华. 新型幅流风机在城轨客车空调系统中的应用[J]. 科学家，2016，4（9）：145-146.

[17] 徐彦. 城市轨道交通车辆驾驶控制系统[M]. 北京：中国铁道出版社，2016.

[18] 张顺，付细群. 地铁车辆司机室空调机组低压故障分析及解决方案[J]. 城市轨道交通研究，2021，24（1）：4.

[19] 巫红波. 广州地铁 1 号线车辆空调压缩机故障分析及改进建议[J]. 电力机车与城轨车辆，2005，28（5）：52-54.

[20] 周禄. 广州地铁 4 号线和 5 号线空调制冷等级调节分析[J]. 机车电传动，2011（6）：64-65，69.

[21] 李龙煊，钟碧羿. 深圳地铁 5 号线车辆空调控制系统[J]. 电力机车与城轨车辆，2011，34（5）：31-33.

[22] 冷庆君. 北京地铁 4 号线列车空调通风和采暖系统控制方式设计[J]. 电力机车与城轨车辆，2008，31（3）：19-22.

[23] 穆广友，臧建彬. 地铁车辆空调系统设计要点分析[J]. 城市轨道交通研究，2008（11）：29-32.

[24] 高增权. 制冷与空调维修工问答 390 例[M]. 上海：上海科学技术出版社，2009.

[25] 戴路玲. 制冷装置制造与检测[M]. 北京：机械工业出版社，2012.

[26] 刘培琴. 制冷与空调设备维修技能训练[M]. 北京：机械工业出版社，2012.

[27] 许然平. 深圳地铁环中线空调冷凝风机故障分析及整改[J]. 科技信息，2013（20）：448.